感统游戏

135个促进感觉统合的游戏，在欢笑中玩出聪明和健康

THE OUT-OF-SYNC CHILD HAS FUN

[美] 卡洛尔·斯多克·克朗诺威兹 / 著
T.J. 威利 / 插图　周 常 / 译

中国发展出版社
CHINA DEVELOPMENT PRESS

图书在版编目（CIP）数据

感统游戏：135个促进感觉统合的游戏，在欢笑中玩出聪明和健康/（美）卡洛尔·斯多克·克朗诺威兹著；周常译．— 北京：中国发展出版社，2023.1（2023.12重印）
ISBN 978-7-5177-1322-7

Ⅰ.①感… Ⅱ.①卡… ②周… Ⅲ.①感觉统合失调—训练—儿童教育—特殊教育 Ⅳ.①G76

中国国家版本馆CIP数据核字（2023）第005841号

THE OUT-OF-SYNC CHILD HAS FUN：ACTIVITIES FOR KIDS WITH SENSORY PROCESSING DISORDER
By CAROL STOCK KRANOWITZ

版权贸易合同登记号 图字：01-2016-4169

书　　名：感统游戏：135个促进感觉统合的游戏，在欢笑中玩出聪明和健康
著作责任者：［美］卡洛尔·斯多克·克朗诺威兹
译　　者：周 常
责任编辑：沈海霞
出版发行：中国发展出版社
联系地址：北京经济技术开发区荣华中路22号亦城财富中心1号楼8层（100176）
标准书号：ISBN 978-7-5177-1322-7
经 销 者：各地新华书店
印 刷 者：北京博海升彩色印刷有限公司
开　　本：787mm×1092mm 1/16
印　　张：23.75
字　　数：408千字
版　　次：2023年1月第1版
印　　次：2023年12月第3次印刷
定　　价：58.00元

联系电话：（010）68990642 68360970
购书热线：（010）68990682 68990686
网络订购：http：//zgfzcbs.tmall.com
网购电话：（010）68990639 88333349
本社网址：http：//www.develpress.com
电子邮件：fazhanreader@163.com

致谢

在写这本《感统游戏：135个促进感觉统合的游戏，在欢笑中玩出聪明和健康》（以下简称《感统游戏》）的过程中，最令我欣慰的是与那些理解我的人们一起共事。他们非常认可感觉统合的概念，从头至尾一直都在支持这个项目。正是因为有了他们的慷慨相助，才共同“浇灌”出了这本书。

最初，我本来打算把自己这25年来一直应用的游戏活动整理出来，我已经有很多感觉统合的游戏活动，但在整理材料和写作的过程中，我把老师和父母们提供的感觉统合游戏活动加入进来，特别是那些家有感统失调孩子的妈妈们，她们非常愿意在这本书中分享自己的经验。

接下来，为了让这本书的内容更加丰富，我又从几位出色的治疗专家那里找来了非常适合家庭和学校应用的好办法。这几位治疗师都是我的偶像和人生导师，他们那些启发性的工作，彻底改变了我的教学方式。

本书囊括了前一版本中的活动，还增加了很多新的活动。有一些活动是用随性交谈的简单句子描述的，有一些活动则是按照治疗语言的固定语句和结构写成的。我非常开心可以将这些“瑰丽的宝石”安放其中，与所有人分享。

我把这些为本书作出贡献的治疗师的名字列在下面，我非常感激这些朋友们。他们是：职能治疗师特露德·特恩奎斯特博士、罗德琳·惠特尼和金柏莉·吉尔里，这三位著名的职能治疗师一直工作在感统领域，也为我编辑这些游戏活动提供了非常珍贵的实际操作素材。他们逐字逐句地打磨我的每个句子，及时提出宝贵的意见。他们甚至还指出了在文字的什么地方放置插图。他们这些“正念式”的温柔建议，我很受用，完全没有打击我的积极性，并且让我觉得感统活动能在任何时候适用于所有的孩子们。

茱莉亚·博瑞、劳拉·D. 格拉泽、戴安娜·亨利、奥布里·C. 兰德、露西·简·米勒、凯瑟琳·莫里斯、乔·纽曼、吉尔·斯波克尼· 库兹、珍妮特·怀特·斯坦福德，这几位治疗师和老师评估了手稿，提供了宝贵的意见，也和我分享了他们那些好玩的想法。

唐娜·贝克尔、劳瑞·莱克和安吉拉·吉尔伯特，这三位精力旺盛、似乎不知疲倦的妈妈（家里都有感统失调的孩子），研究了我的手稿，并提出了很多宝贵的意见。

T. J. 威利，曾帮我第一本书《帮孩子找到缺失的“感觉拼图”》画了插图，这本《感统游戏》也由他配了插图。我与他合作的整个过程都非常愉快。

Skylight 出版社的林恩·桑博格和梅格·施耐德，普瑞吉图书公司的前编辑希拉·柯里·奥克斯和后来担当此书编辑的玛利亚·丽兹在“别人还没有听说过”感统概念的时候，就开始坚定不移地支持我。同时，我也要把自己所知道的知识分享给那些正在为孩子的问题而苦恼的家长和老师们。正是有他们坚持不懈的支持和鼓励，才有了本书的面世。

艾伦·克朗诺威兹，我的丈夫，我们一起共事 35 年之久，他一直是我最高效的顾问。

我的孩子们每天都在鼓励着我。

我还要感谢我所遇到的有感统障碍问题的孩子。正是这些孩子，提供了我写作本书的第一手素材，他们也让我懂得了什么活动有效，什么活动无效，我应该进行哪些删节。这样操作下来，才能让每个人都感觉很好。我对这些特殊的孩子们倾注了我所有的爱、感激和尊敬。

保罗·阿其拉、大卫·布朗、莫林·本尼、马克·次威格，普菲勒一家，他们都是非常有思想的治疗师，也是我非常好的同事，在他们大力支持并发挥聪明才智给予帮助的情况下，我才担负起这个新版本图书的更新工作。事实上，我会永远对他们抱以感激之情，是他们和我分享了他们的工作、游戏、活动和想法，我才能在这里和大家分享。不过，本书中出现的任何瑕疵，都是我误解他们的贡献和建议造成的。

序 言

美国遭受“9·11”恐怖袭击以后，每个家庭都在寻找新的机会，大家能紧密地联结在一起。没有什么能比大家一起玩更好的方法了。父母和孩子一起玩，能增进亲子关系，这也是表达爱和依恋关系的基础。但是，并不是所有的孩子都能愉快地投入到游戏活动之中。

卡洛尔·斯多克·克朗诺威兹的第一本畅销书——《帮孩子找到缺失的“感觉拼图”》，曾向我们描述过很多感统失调孩子的症状，这类孩子很难和小伙伴们一起做游戏。这些孩子在组织感觉信号输入方面存在效率低下的现象。对这些孩子来说，他们可能存在触摸方面的过度敏感问题，可能对某些声音过度敏感，对某些刺激其平衡感和身体的运动无法适应。他们可能经常抱怨灯光太亮，或者衣服太紧了。感觉调节出现问题的孩子，往往喜欢不停地摇晃，从来不感到眩晕。

无数的家长、保育员、老师和研究感觉统合问题的治疗师们，已经把那本《帮孩子找到缺失的“感觉拼图”》当作了“救命稻草”，因为那本书帮了他们的大忙。卡洛尔用通俗易懂的语言，描述了一直令大家困惑不已又神秘莫测的难题，因此也获得了人们普遍一致的赞誉。

现在，卡洛尔又推出了《帮孩子找到缺失的“感觉拼图”》的续作——《感统游戏》。在这本书中，卡洛尔详细地告诉大家，怎样与感统失调的孩子玩游戏。其中的游戏都是经过实践验证非常有效的活动。她通过富有感染力的语言描述，非常认真又很专业的安排，让这本书具有很好的可读性。

她也建议，在实际的活动中，需以孩子的感觉和接受程度为准则。应该先与那些难以接触的孩子建立起信任，再开始活动。例如，她建议大人应该通过降低自己的音量，来减少孩子的恐惧感，大人们应尽可能轻柔地讲话。

尤为重要的是，为了改善孩子们的感觉系统，卡洛尔在此书中提供了 135 个游戏活动。她也告诉了我们，如何应用一些方法，让孩子易于接受游戏活动并陶醉其中。本书自始至终都有妈妈的感悟部分，也从父母和治疗师的角度呈现了一些游戏活动的有效性。这些都有助于读者感同身受，并能鼓励父母和老师们应用这些游戏，因为这些部分仿佛告诉读者：我们现在遇到的这些问题，别人也曾遇到过。所以，父母们能从中获得安慰，而不会感到孤立无援。

我要感谢卡洛尔的专业性和奉献精神。我认为，作为一名职能治疗师，她已经成功地提升了我们一直努力研究的感觉处理领域，并让这种方法成为一种主流治疗方式，也让这种疗法被大众所知。也是她，使简・艾尔斯博士名声大振。我们很多人曾一度对艾尔斯博士（感觉统合理论的倡导者）的理论感到失望。因为我们都不清楚具体的操作方法，艾尔斯博士的理论就像只能应用于专业机构内部，如果没有卡洛尔，这个理论就不可能被大众所知；而卡洛尔经过 30 多年的实践应用，也充分地证明了这种方法的效用。

以往，我曾见证过父母和老师们的巨大困境，大家虽然都试着去了解专业术语、临床术语和各种专业语言，但还是对治疗的过程迷惑不解，找不到头绪。大家不知道如何应用这个理论和相关的方法，无法区别这些游戏与普通玩乐有何区别。多年来，我一直努力地研究弗兰克・内特（Frank Netter）的神经解剖学知识，学习相关的专业词语，努力地向父母和其他老师们解释感觉处理的过程。现在有了卡洛尔的这本书，让我节省了很多时间。我只需要一本《帮孩子找到缺失的“感觉拼图”》、一个简短的报告和几幅孩子游戏的图片，就能轻松地向人们解释清楚这些深奥的知识。

作为一名婚姻家庭治疗师，我为这样一本书的出版，感到由衷的欣慰。因为这本书让那些绝望的家长们，又找到了与孩子和睦相处的方法。因为卡洛尔提供的这些专业性的游戏和方法，都非常适合在家庭中应用。我也知道很多感统障碍孩子的父母往往疲惫不堪，兄弟姐妹也经常无法容忍，反感家里的这个特殊的孩子。这类孩子自己

序 言

美国遭受“9·11”恐怖袭击以后，每个家庭都在寻找新的机会，大家能紧密地联结在一起。没有什么能比大家一起玩更好的方法了。父母和孩子一起玩，能增进亲子关系，这也是表达爱和依恋关系的基础。但是，并不是所有的孩子都能愉快地投入到游戏活动之中。

卡洛尔·斯多克·克朗诺威兹的第一本畅销书——《帮孩子找到缺失的“感觉拼图”》，曾向我们描述过很多感统失调孩子的症状，这类孩子很难和小伙伴们一起做游戏。这些孩子在组织感觉信号输入方面存在效率低下的现象。对这些孩子来说，他们可能存在触摸方面的过度敏感问题，可能对某些声音过度敏感，对某些刺激其平衡感和身体的运动无法适应。他们可能经常抱怨灯光太亮，或者衣服太紧了。感觉调节出现问题的孩子，往往喜欢不停地摇晃，从来不感到眩晕。

无数的家长、保育员、老师和研究感觉统合问题的治疗师们，已经把那本《帮孩子找到缺失的“感觉拼图”》当作了“救命稻草”，因为那本书帮了他们的大忙。卡洛尔用通俗易懂的语言，描述了一直令大家困惑不已又神秘莫测的难题，因此也获得了人们普遍一致的赞誉。

现在，卡洛尔又推出了《帮孩子找到缺失的“感觉拼图”》的续作——《感统游戏》。在这本书中，卡洛尔详细地告诉大家，怎样与感统失调的孩子玩游戏。其中的游戏都是经过实践验证非常有效的活动。她通过富有感染力的语言描述，非常认真又很专业的安排，让这本书具有很好的可读性。

她也建议，在实际的活动中，需以孩子的感觉和接受程度为准则。应该先与那些难以接触的孩子建立起信任，再开始活动。例如，她建议大人应该通过降低自己的音量，来减少孩子的恐惧感，大人们应尽可能轻柔地讲话。

尤为重要的是，为了改善孩子们的感觉系统，卡洛尔在此书中提供了 135 个游戏活动。她也告诉了我们，如何应用一些方法，让孩子易于接受游戏活动并陶醉其中。本书自始至终都有妈妈的感悟部分，也从父母和治疗师的角度呈现了一些游戏活动的有效性。这些都有助于读者感同身受，并能鼓励父母和老师们应用这些游戏，因为这些部分仿佛告诉读者：我们现在遇到的这些问题，别人也曾遇到过。所以，父母们能从中获得安慰，而不会感到孤立无援。

我要感谢卡洛尔的专业性和奉献精神。我认为，作为一名职能治疗师，她已经成功地提升了我们一直努力研究的感觉处理领域，并让这种方法成为一种主流治疗方式，也让这种疗法被大众所知。也是她，使简・艾尔斯博士名声大振。我们很多人曾一度对艾尔斯博士（感觉统合理论的倡导者）的理论感到失望。因为我们都不清楚具体的操作方法，艾尔斯博士的理论就像只能应用于专业机构内部，如果没有卡洛尔，这个理论就不可能被大众所知；而卡洛尔经过 30 多年的实践应用，也充分地证明了这种方法的效用。

以往，我曾见证过父母和老师们的巨大困境，大家虽然都试着去了解专业术语、临床术语和各种专业语言，但还是对治疗的过程迷惑不解，找不到头绪。大家不知道如何应用这个理论和相关的方法，无法区别这些游戏与普通玩乐有何区别。多年来，我一直努力地研究弗兰克・内特（Frank Netter）的神经解剖学知识，学习相关的专业词语，努力地向父母和其他老师们解释感觉处理的过程。现在有了卡洛尔的这本书，让我节省了很多时间。我只需要一本《帮孩子找到缺失的“感觉拼图”》、一个简短的报告和几幅孩子游戏的图片，就能轻松地向人们解释清楚这些深奥的知识。

作为一名婚姻家庭治疗师，我为这样一本书的出版，感到由衷的欣慰。因为这本书让那些绝望的家长们，又找到了与孩子和睦相处的方法。因为卡洛尔提供的这些专业性的游戏和方法，都非常适合在家庭中应用。我也知道很多感统障碍孩子的父母往往疲惫不堪，兄弟姐妹也经常无法容忍，反感家里的这个特殊的孩子。这类孩子自己

第4章

本体觉活动

第5章

视觉活动

第2章

触觉活动

第3章

前庭觉活动

目 录

第 1 章

孩子必须动起来——以安全为前提

也很自卑，往往无法融入各种活动中。为什么只有那些健康的孩子能痛快地玩耍呢？对于这类存在感觉障碍的孩子，能实现“痛快地玩耍”实属不易。

那些过度敏感的孩子往往害怕和很多人在一起打打闹闹。他们也不喜欢和其他小朋友产生身体接触，更不喜欢参与磕磕碰碰的摔跤活动。因为他们有感觉统合方面的问题，所以只能站在一旁，看着别人玩。我们想办法让这类孩子逐渐地对活动感兴趣，当他们投入活动之中的时候，我们才发现，原来这些孩子也能玩得很开心。渐渐地，这些孩子不再被人忽视了。这类孩子也发现，自己能融入游戏之中，而且这是多么美妙的一件事情。这本书就是告诉读者们，如何让这类孩子融入游戏当中。

那些“感觉寻求”的孩子们，那些被贴上“过度反应”和“失去控制”标签的孩子们，需要别人的帮助，才能知道什么时间以及怎样停下来。所以，全家人可以在某个周六早上一起来搭建一个防撞垫、障碍训练场地或者可以玩轮胎内胎游戏的地方。这些方法在全国各地的职能治疗诊所中都很常用，并且非常有效，只需要简单地花一点心思，就地取材，就能达到锻炼孩子感觉统合的目的。本书中提供的操作方法，能让有感觉统合障碍儿童的家庭充满欢乐的气氛。

最后，我还要补充卡洛尔游戏活动的一些优势。我的女儿卡斯米（Casmir），目前正在攻读护理专业，她也曾是个感统失调的孩子。我当时也为女儿的行为感到苦恼，那时我的女儿就在华盛顿卡洛尔所在的这家幼儿园。有一次，我看到老师正在进行一项音乐活动，那是卡洛尔在和孩子们玩“姜饼人”游戏。有两个小朋友单独在一旁坐着观望，没有加入，卡洛尔用了很多方法让那两个孩子参与，最后，那两个孩子终于加入到游戏当中。再后来，那两个孩子都喜欢上了所有的游戏活动，其中一个就是我的女儿。10年后，我的女儿卡斯米各方面都发展得很好，她还帮助父母编辑了一本书，而且还帮助其他老师们做了很多工作。

卡洛尔，我为您喝彩，谢谢您这么及时地写出了这么一本了不起的书！

职能治疗师特露德·特恩奎斯特博士（Trude Turnquist）

第6章

听觉活动

第7章

嗅觉和味觉活动

第 8 章

口腔运动技能

第 9 章

动作计划能力

第 10 章

精细动作能力

第 11 章

双侧协调和跨中线活动

后　续

更多游戏活动

第 1 章

孩子必须动起来
——以安全为前提

无论您是父母、老师还是保育员，是否会遇到那种时不时“不在状态”的孩子呢？您是否曾带孩子去接受职能治疗，来改善他在家里、学校或社区的表现呢？您可能也留意到了，无论有没有治疗师对孩子治疗，只要让孩子参与某些活动，例如游泳、跳跃、推拉重物，孩子的行为就能得到改善。就像鸟儿要飞翔、鱼儿要游泳一样，您可能也发现了孩子们需要活动与抚触。您是不是迫不及待地希望学到一些帮助孩子的游戏活动呢？

妈妈心声

来自康涅狄格州的佩妮·凯丽谈到她的 4 岁女儿凯蒂的时候说：“我让女儿做一些其他小孩禁止做的活动。我希望能对她的感觉系统有帮助。我让凯蒂在床上蹦跳，让她在客厅玩豆子，就算有时撒一地也没关系。我让她在垫子上跳来跳去，把她夹在垫子中间假装是“三明治”。我陪她一起玩很多其他小孩不允许的游戏。当然，若是在别人家，我就不准她玩这些游戏了。正因为她在家里已经获得了足够的刺激，所以出门时，她都能表现得很好。

如果是这样，这本《感统游戏》就是为您而写的。本书是多次再版的畅销书《帮孩子找到缺失的“感觉拼图”》的续作。我在这本书中收集了很多活动，有些是我自己非常喜欢的活动，许多游戏活动都是我自己设计的。我在教幼儿园的时候，经常带领孩子们一起玩这些游戏活动。有的游戏活动是我带领孩子参加夏令营时玩的，有的是举办生日宴会时玩的，有些是陪自己的孩子玩的，还有些游戏活动是现在陪伴孙子孙女的法宝。有些游戏活动是根据专业治疗师设计给孩子们在家进行的“感觉套餐”改编而来的，有些游戏是细心观察孩子行为并有所收获的父母们提供的，还有些灵感来自小朋友本身，他们能告诉我们什么活动对他们“很适合”。

虽然本书重点是面向感觉统合方面存在问题的孩子，但无论您的孩子是否存在感觉统合失调，都会被本书中的游戏和活动所吸引，正常的孩子一样会喜欢这些游戏活动，并乐在其中！

感统失调孩子的状态

大多数的孩子都有某些“不在状态”的时候，他们唱歌跑调，无法适应某个地方，不听话，情绪失控或者什么都不对劲儿，这种时候，他们也能知道感觉不能统合的那些感受。

然而，有一些孩子却总是“不在状态”。因为这类孩子的神经系统发育存在某些问题，所以他们在日常生活中会遇到重重困难。我们现在可以预想一个感统失调的孩子可能会有的状态：

- 对触觉、运动、视觉或听觉的刺激过度敏感。
- 对触觉、运动、视觉或听觉的刺激反应不足。
- 活动能力偏高或偏低。
- 任性、冲动、坐立不安、注意力不集中或经常心不在焉。
- 缺乏对自己身体的觉察能力。
- 大肌肉群的粗大动作能力（跑步、爬行）与小肌肉群的精细动作能力（画图、剪东西）还未发育成熟，经常出现动作不协调，或者笨手笨脚的，也经常跌倒或被绊倒。
- 两侧协调能力（同时使用身体两侧）不佳，跨中线动作（身体一侧的眼睛、手或脚在另一侧动作）存在障碍。
- 动作计划能力（组织身体执行复杂动作）不足。
- 容易疲劳、无精打采或行为懒散。
- 口腔肌肉动作能力（嚼食或说话）不足。
- 无法正确判断自己和其他人或物体之间的距离。
- 韵律感和时间感不好。
- 对别人提出的指示或询问的问题反应很慢，或表现出非常激动不安的样子。
- 当事情没有按照自己期待的方向发展时，很容易情绪化并容易感到受挫。

- 喜欢“按照以前的老规矩，不能有任何变化”，拒绝接受新的样式。例如，拒绝其他种类的食物，不去不熟悉的地方，只穿同一件衣服，只玩一个或一种玩具，只玩一种游戏，只听一个故事，唱歌只按照一个腔调唱，家具不能变换位置，不接受不熟悉的保姆或代课老师。
- 在活动的时候，对变换玩法很痛苦，即使是从一项熟悉的活动转到另一项熟悉的活动，也很难适应。
- 很难让他兴奋起来，也很难让他平静下来；早上经常赖床不起，晚上又经常熬夜不睡，或者睡着了，又经常容易醒来。

孩子出现这些令人困惑的行为是为什么呢？只言片语很难回答这些问题。不过，可以肯定的是，孩子之所以出现这些行为，与孩子的各种发育迟缓因素有关，也与孩子的生理缺陷、健康情况或情绪问题有关，因为这些因素都会影响孩子的行为。但在所有的因素之中，感觉统合失调可能是最大的原因，特别是那些对感觉出现异常反应的孩子们，更可能是感觉处理方面出现了问题。

什么是感觉处理

感觉处理是指我们的感觉神经组织对日常生活中的感觉信号进行有效处理的神经生理过程。我们可以用自己的感觉幸免于难，我们能用我们的感觉实现心愿，我们也能用我们的感觉进行学习和实践，自如地做出各种动作。

最典型的是，我们的大脑会接收来自周围环境的感觉信息，然后解读接收到的信息，进而组织加工，再做出各种回应。就像我们爬楼梯一样，大脑会意识到我们正在往上、往前运动，并且身体的左右两侧还会交替前进。通常，我们不由自主地就能做出这些适当的反应。我们会弯曲并伸展双脚、左右脚交替行走，也知道把着扶梯，保持平衡、站立，同时还能注视着前进的方向。身体在协调这些活动的时候，我们根本没有特别注意就完成了。

大多数人都能说出五类感觉，分别是视觉、听觉、嗅觉、味觉和触觉。事实上，还有其他几类重要的感觉。依据感觉处理理论最初的提出者简·艾尔斯博士的研究可知，主要的感觉系统是以下几项：

1. 触觉。触觉是指主要通过我们的全身皮肤表层传递信息，告诉我们关于某物体的质地、形状和大小。它也会告诉我们，自己是在主动地触摸物体，还是被动地受到了碰触。触觉能让我们分辨什么东西危险，什么东西不危险。

2. 前庭觉。前庭觉是通过内耳传达给我们有关重力、空间、平衡和运动的信息，它也能告诉我们目前自己的身体和头部所处的地表位置。

3. 本体觉。本体觉是指通过我们的关节、肌肉与韧带提供身体各个部位的信息，它能告诉我们身体伸展的时候是怎样的，身体的这些部位正在做什么动作。

早在胎儿时期，以上提到的触觉、前庭觉和本体觉就开始发育了。这些感觉会影响到稍后发育的视觉和听觉，也会影响到嗅觉和味觉的发育。因此可以看出，正常地进行感觉处理，是按照大自然母亲的计划，形成自我控制、自尊、动作能力以及更高水平的认知功能的基础。

如下项目都离不开感觉处理：

- 学习能力
- 注意力
- 听觉辨别力
- 平衡感
- 身体两侧协调能力
- 身体觉察力
- 身体姿势
- 情绪安全感
- 脚眼协调
- 手眼协调
- 小肌肉的精细动作能力
- 健康的人际关系
- 运动觉
- 肌张力
- 姿势稳定性
- 运用肢体能力，也包括动作计划能力
- 自我安慰
- 自尊
- 自我保护
- 自动调节
- 社交能力
- 言语和语言能力

- 灵活性
- 触觉辨别力
- 力量或运动分级
- 视觉想象力
- 重力安全感
- 视觉辨别力
- 粗大动作能力
- 惯用手

如果孩子在上述能力方面存在困难，就可能是由感觉统合障碍引起的。

什么是感觉统合障碍

感觉统合障碍（Sensory Integration Dysfunction，SID），也被称为感觉处理障碍（Sensory Processing Disorder，SPD）。所谓感觉统合障碍是指，在大脑无法对外界环境和本体进行有效统合的时候，个体很难对每天的感觉进行适当的回应，而这些感觉是正常人不需要特别注意就能从容处理的。

通常来讲，出现感觉统合障碍的危险信号就是在触觉、前庭觉、本体觉、触摸、被触摸、身体移动和被移动方面出现异常反应。同时，视觉、听觉、嗅觉、味觉也出现异常反应。

感觉统合障碍的症状因人而异，每天都有不同，即使是同一个人，也可能因为疲倦、情绪低落或饥饿等因素而出现不同的症状。感觉统合障碍同时伴随着多动症或注意力缺乏症（AD/HD），同时也可能会伴随着阿斯伯格综合征（Asperger's Syndrome）、自闭症（Autism）、脑性麻痹（Cerebral Palsy）、唐氏综合征（Down's Syndrome）、胎儿酒精综合征（FAS）、X 染色体脆折症（Fragile X）、脊柱裂（Spina Bifida）、广泛性发育障碍（PDD）、非言语型学习障碍（NLD）、躁郁症（Bipolar Disorder），以及其他疾病。在以上疾病中，感觉统合障碍的症状有时很严重，有时却很轻微。

如果孩子出现了逃避某些正常感觉或过分追求某些感觉刺激的行为，身体不能协调，组织行为能力差，总是与别人格格不入，那么，这个孩子就可能存在感觉处理方面的问题。他也和其他的孩子一样，能接收到感觉信号，也会感觉到衣服穿在身上的触感，坐在秋千上也能感觉到前后晃动，同样能听到狗叫声，也能闻到香蕉散发出来的味道，也能咀嚼面包，也能看到别人走来走去，但这个孩子就是与大多数孩子存在差异，会经常误解或无法有效地利用信息。例如，他可能因为衬衫上的标签剐痛了皮肤而大哭大闹，却注意不到自己把裤子穿反了。他可能在秋千上面摇晃几秒就头晕，或者荡秋千荡起来就没完没了，一直大叫“还要，还要，永远都要荡秋千”，还往往坚持要荡得更高。当狗对他汪汪叫的时候，他可能会表现得非常害怕，或者根本没有察觉到狗想要扑倒他。他可能因为食物的味道或口感而呕吐，也可能不管是什么东西，能不能吃，就统统塞进嘴里。他可能对闪烁的霓虹灯这类视觉刺激感到害怕，也可能完全无视来往的车辆，鲁莽地横穿马路。

为什么有感觉统合障碍的孩子和其他的小朋友不一样呢？根本的原因或许与感觉功能的异常处理模式有关。

职能治疗师的话

新汉普郡的注册职能治疗师珍妮特·怀特·斯坦福德说：“我们不能把固定的框框套用到有感觉统合障碍的小朋友身上。”

1. 感觉调节功能紊乱

如果一个孩子存在感觉调节功能紊乱，那么他的中枢神经系统就无法准确组织与调节行为，他对信号刺激的反应就会出现与别人“不一致”的方式。这种身体内部的异常生理反应往往又是孩子无意识的行为，所以孩子无法控制这些行为。毕竟，我们的肉眼是看不到发生在孩子大脑内部的反应的。我们只是知道他的某些行为频繁出现，情绪反应强烈，对某些感觉异常敏感或不敏感。

孩子有感觉调节功能紊乱而出现的无效感觉处理方式之一是，对某些感觉刺激信号过度反应，或称为“感觉防御”。例如，孩子会认为开关门的声音太大；光彩夺目的圣诞树太刺眼了；电梯上升的速度太快了；内裤上的橡皮筋太紧了。通常情况下，这些感觉逃避者的家长会认为他们是胆子小、谨慎小心，或者是在消极反抗、没事找事。

孩子有感觉调节功能紊乱而出现的无效感觉处理方式之二是，对某些感觉刺激信号反应不足。他可能很难唤起感觉，或者很难对某些情境进行反应，因为他往往不知道怎么办。就好像他的感觉没有参与其中似的，仿佛感觉刺激信号没有引起他的注意力似的。

孩子有感觉调节功能紊乱而出现的无效感觉处理方式之三是，对某些感觉刺激信号过度寻求，总是渴望更多的感觉刺激。他需要更多地玩旋转木马，更多地跳，更多地攀爬，嘴里塞满了食物还往里面送，总是不停地打碎东西。

除以上三种之外，还有一种无效的感觉处理方式，即过度反应和反应不足共存的现象。这类孩子可能会排斥某些刺激，如光线或突如其来的碰触，同时，他们又渴望某些刺激，如强烈的本体觉和前庭觉的体验。

2. 感觉辨别障碍

如果孩子有感觉辨别障碍，那么他就很难在多种感觉中辨别出一种，或者从两种感觉中辨别出一种。因为他的中枢神经系统无法准确地处理各种感觉，所以他就无法把接收到的信息有目的且灵活地应用到日常生活之中。

这类孩子会错误判断身边事物的重要性。他们无法像正常孩子那样“得到”可以保护自己的那些感觉信息，所以无法从周围世界中学习，更无法与别人成功地互动。

您经常会发现这类孩子往往无法分辨：是橡皮还是小饼干呢？是薄脆饼还是纽扣呢？

生日蜡烛有多烫呢？人行道边沿有多高呢？他的声音有多吵呢？他的嘴塞满了吗？杯子满了吗？要多用大力踩踏板才行呢？多久要踩刹车呢？自己的头能低到什么程度呢？握铅笔需要多大的力度呢？拿蜡笔画画

妈妈心声

住在肯塔基州列克星敦市的芭芭拉说：“我在养育自己儿子的过程中发现，告诉他‘小心一点’对他毫无帮助，反而会降低他的信心，无法让他更懂得避开伤害。所以我试着放弃说小心一点的习惯，而只是给他一些有用的信息，现在我会告诉他地板不平、手要抓牢，或楼梯板不平、手要抓牢，或楼梯间隔很大、杯子很滑等。这些都是他可能无法自己推测的额外信息。经常重复说小心一点没有多大帮助，告诉他做些什么比不能做什么有用多了。”

得用多大的力度呢？给洋娃娃换衣服、搭建积木、踢足球、抚摸猫咪、靠在朋友身上……都需要使用怎样的力度呢？对有感觉辨别障碍的孩子而言，理解这些日常需求，进而做出适当的回应，都是非常困难的事情。

3. 姿势控制障碍

如果孩子有姿势控制障碍，他就会在动作模仿、平衡感以及同时运用身体两侧（也就是双侧协调）方面遇到问题。如果孩子有肢体运用能力障碍（即在运用肢体动作方面有障碍），就很难进行预估、规划、组织并执行一连串不熟悉的动作。肢体运用障碍会阻碍一个人与外在物质环境成功互动，同时，这类孩子往往也伴有感觉调节障碍和感觉辨别障碍的问题。

有肢体运用障碍的孩子针对不熟悉的动作往往无法应付自如。即使是熟悉的行为，可能也无法一口气成功地完成所有的步骤。比如，穿衣服、把牛奶倒入麦片里、乘坐校车、打开物品柜，对他们来说可能都很困难。削铅笔、把活页纸对准穿孔夹好、规划读书报告的撰写步骤，这些对他们来说更是困难。系鞋带、踢球、跳绳、做三明治、帮忙摆餐桌、朗读生字、放学后到新朋友家玩……所有这些活动可能都让他们非常沮丧。这类孩子总想费力赶上其他小朋友，但就是做不到，所以经常会感到沮丧，对他来说，真是烦透了。

感觉统合治疗

感觉统合障碍是个很复杂的问题。这种问题会影响孩子的发育、行为、学习、沟通、友谊和玩耍能力。感觉统合障碍也会影响孩子的一种或全部的感觉系统，也可能会妨碍正常生活所需的相关感觉能力，可能会导致孩子过度保护自己或不知道如何保护自己。那些存在感觉统合障碍的孩子，往往存在最强烈的“感觉”问题就是没有安全感。

有感觉统合障碍的孩子经常觉得自己不够安全。当他们试图去完成那些普通的任务时，往往做出的反应是无效的，或笨手笨脚的。他们尽其所能地谨小慎微，战战兢兢地想要去完成任务，但往往就是无法做到。非常不幸的是，并不是说存在感觉统合障碍的孩子长大后，这些感觉统合问题就好了。感觉统合障碍的症状会成为他们生命的一部分，他们会找到其他替代的方法来处理困惑、处理茫然与害怕的种种感觉。为了存活下去，他们需要竭尽全力，如履薄冰般地与感觉统合障碍和平相处。

通常情况下，存在感觉统合障碍的孩子都需要特别的帮助。如果您发现孩子存在感觉统合障碍，就需要专业的感觉统合治疗。您最好寻求那些懂得运用感觉统合专业知识的职能治疗（OT/SI），对孩子进行治疗。职能治疗（Occupational Therapy，简称 OT），能对孩子进行评估、诊断、治疗并提供咨询。

职能治疗是采用有目标的活动，来帮助受限于身体上的损伤或疾病、知觉障碍、心理障碍、精神疾病、发展或学习障碍和不利的环境状况的个体，尽可能地增强个体的独立性，并维持个体的健康。对这些孩子来说，有目标的活动包括游泳、攀爬、跳跃、扣纽扣、画画与写字，这些活动就是他们的“工作”。

职能治疗师（Occupational Therapist，简称也是 OT）是专业的医护人员。他们必须学习生物学、理疗学、医学、行为科学，还要有很长时间的实习经验，获得学士或硕士学位（自 2007 年以来，职能治疗师需要学士以上学位）。他们所学的课程还包括神经学、解剖学、整形外科、心理学和精神病理学。

职能治疗师可以一对一地对孩子在家里进行治疗，也可以按照团体治疗的方式，在学校、诊所、医院、社区的康复中心进行治疗。理想的职能治疗师最好是专攻儿科的医生。另外，他们必须具备在研究所接受感觉统合理论与治疗专业临床训练的经历。

物理治疗（Physical Therapy，简称 PT）也能帮助有感觉统合障碍的孩子。物理治疗是改善肢体能力的一种专业治疗方式。物理治疗能帮助孩子加强动作协调能力和肌肉控制能力，尤其是大肌肉群，能增强他的自主动作。有越来越多的物理治疗师在接受感觉统合理论与治疗专业培训。

在受过感觉统合专业训练的治疗师的指导下，孩子会对活动充满兴趣，也会配合这些有意义、自然的活动，积极地参与活动之中。那些有感觉统合障碍的孩子，都很喜欢参加感统治疗活动，因为这能帮助他们学习并获得成就，他们非常喜欢这些统合感觉的游戏活动！

SAFE 活动：帮助孩子的感觉变得统合

在日常生活中，家里有感统失调孩子的父母，遇到感统失调孩子的老师以及其他与孩子打交道的从业者，大家应该怎样做，才能让孩子们的感觉变得统合起来呢？

想一想您童年时期玩过的那些有趣的游戏，您自己曾度过的最快乐的时光，那都是锻炼感觉的最佳时刻。您玩的那些传统的游戏，也是锻炼感觉的最佳方式，它们会让您觉得很安全，很有成就感，变得很开心。比如：游泳、爬树、溜冰、骑脚踏车、跳绳、堆沙堡、丢雪球，在泥坑里重重地踩上一脚，在洒水器喷出来的水雾中奔跑，咕噜咕噜地喝“巧克力汤”，等等。

现在，想一想您的孩子都在玩些什么。他们可能很少有机会去触摸实际的东西，甚至很少活动身体，每天都离不开电子产品，很难发挥自己的想象力、不受约束地自在玩耍。他们可能也“玩”足球，或者做广播体操，但都由教练带领，按照规范的动作进行，也可能是不断地盯着电视、电脑或其他的电子屏幕。现在城市里的孩子们属于受电子产品支配的一代，他们经常都是独自一人在玩。

教育家、医生、心理学家、视光师、职能治疗师、大脑研究人员都曾提出过这样的观点：孩子每天坐在“发光的盒子” 前超过一个小时，会妨碍孩子的心智成长。以看电视和玩电脑来取代活动类游戏，对培养孩子的基本感觉动作能力没有任何帮助。尽管这一类的报道在报纸杂志上很常见，但很多家长仍不断地给孩子买那些教育价值令人质疑的电子产品。

这里有个例子说明了这种让人忧心的趋势。一位热心的妈妈在“帮孩子补上感觉拼图”的研讨会后，兴奋地来找我，向我描述孩子幼儿园里正在玩最新推出的计算机“教育”游戏：孩子只要点一下鼠标，马上就有三个橙子一个一个地跳进水桶里，再点一下，三个橙子又一个接着一个地从水桶里弹跳出来。用这样的方式来学数学，不是很棒吗？还可以培养孩子的手眼协调能力，同时也能让她那个看起来懒散、不爱动也不擅长运动的儿子得到娱乐，不是很好吗？

“您怎么不给他一个真的桶和三个橙子呢？”我回答她，“因为这样，他可以摸，可以捏，可以把橙子放进水桶，再拿出来，可以把橙子拿起来闻一闻，把橙子在地上滚一滚，还可以把橙子抛起来。孩子在整个过程中都能享受到真实的感觉体验。过几年，他都能上台变戏法了！”

“那些都是我和妹妹小时候做的事情。”这位妈妈一脸不屑地说，“我们以前会自己榨橙汁，和奶奶一起把丁香混在橙子皮里，做成香袋。可是现在，这样的活动似乎太……嗯，我不知道，太过时了，太传统了吧。”

传统的那些游戏活动都是比较好的锻炼感觉统合的活动啊！而且，很多时候传统游戏对孩子的发育更好！

时代在变，但孩子并没有改变。无论孩子的能力或发展情况如何，他们仍然需要过去那些一直深受喜爱的美好经验。立体的、需要动手做的和努力付出的游戏，都会对孩子的大脑和身体发育有益。

然而，那些有感觉统合障碍的孩子可能缺乏相关的知识，不知如何开始进行这类对他们最有益处的活动，而孩子的家长，也不确定什么游戏活动对孩子有益处，也不知道何时、何地以及如何提供这些活动。

这本书会为您提供一些有用的建议，让孩子快乐地度过美好的时光，同时提供他们生活所需的必备能力。这些活动只是一个起点，希望能鼓励您，进一步尝试其他游戏——也许这些活动也曾是您很喜爱的活动。这些活动都能帮助孩子恢复感觉统合。本书所罗列的游戏都符合如下提到的 SAFE 理论，也都有需要遵循的严格的准则。

SAFE 理论：感觉动作、适合、好玩、简单

您需要保证参与游戏活动的孩子的安全，这一点非常关键。正如教育心理学家和作家珍 •M. 海莉博士所说：“大脑需要安全感与主动投入学习的经验。如果小孩子对学习没有动力，请先检查他们是否觉得安全！”

S= 感觉动作（Sensory-Motor）

本书所罗列的每项活动都是感觉动作游戏活动。“感觉动作”指的是感觉与动

作之间的关系。我们从自己的身体和周围环境接收到感觉信息，接着由中枢神经系统（CNS）进行统合和处理这些信息，然后再根据这些感觉信息，产生有意义的动作反应（例如移动）、想法或感受。

有感觉统合障碍的孩子往往无法做出连贯的感觉动作。他们虽然竭尽所能地去尝试，但经常以失败告终，不能令人满意。所以，这类孩子往往很快就不想再尝试了，或者对某些游戏活动就失去了兴趣。他们可能会倾向选择不太需要响应动作的感觉游戏。例如看电视、听音乐或阅读。结果，长期下来，感觉输入与动作响应之间的落差就越来越大。孩子越少参与类似的活动，以后就越不愿意参与。

有感觉统合障碍的孩子仿佛被一张错综复杂的蜘蛛网（指感觉的部分）罩住了，也不知道如何反应（指动作的部分）。我们可以帮这个孩子把他周围的蜘蛛网清除，但这个孩子却无法“把这张网整合在一起”，所以他无法做出有效的反应。他可能会因此变得非常焦虑和沮丧。

在他“抓狂”、不知如何是好之前，为什么不让他玩“‘胶水’走开”游戏（见第 2 章）呢？或是根据当时的情况，玩玩改编的“蜘蛛网走开游戏”——搓一搓脸颊，用手指头抓梳头发，在脑海中想象或真的动手把“蜘蛛网”从手臂、手掌、手指头、身体和腿上扒拉开。

这些游戏活动很幼稚吗？也许吧！

这些游戏活动有用吗？当然！尤其是熟悉玩法后，对孩子的感觉统合治疗会更有用。

孩子越早开始这些游戏活动，就能拥有越多的感觉动作经验。为了让孩子的感觉处理过程能够顺畅——就像给刹车上润滑油一样，他们的确需要大量的能牵动全身感觉动作经验的训练活动。

A= 适合（Appropriate）

本书的活动适合大多数孩子（如果有疑问，请随时与您的治疗师讨论活动内容）。

就像逃避感觉刺激的孩子会避免对他们有益的体验一样，追求感觉刺激的孩子，则会要求更多的体验，即使鲁莽轻率、可能造成伤害也无所谓。还有些孩子，事实上可能是后者，却表现得像前者。他们往往表现出低度“觉察”的状态，就是欠缺“起而行”的动力。我们的任务是确保孩子的安全与健康，并帮助他们满足自己的感觉需求。

所以，当追求感觉刺激的小朋友不在乎自己不会游泳，而爬上跳水板，我们就必须把他这样的鲁莽行为引导到别的方向上。弹跳床或充满乐趣的大圆桶游戏（第 3 章）都是不错的选择，能提供给这类孩子剧烈的活动体验。

逃避感觉的孩子只是在一旁看别的小朋友玩，却没有加入的时候，他的行为可能是在告诉我们：如果他可以的话，他很想加入。他可能很想尝试“缓冲垫”游戏（第 4 章），这个活动能导引他加入团体，而且使他的身体运作自如。

低觉察状态的孩子不容易开始做一件事，但一旦开始又停不下来，像“身体动作游戏”（第 9 章）可以帮助他改善节奏感与时间感，以及身体的知觉与动作计划能力。

每一项活动都有其特殊意义。当孩子不适合某项游戏活动时，我们必须适时阻止与干预，而不会强迫孩子继续去做某项游戏活动。之后，我们可以用更适合的活动来引导他们。您在本书中，可以找到很多适合孩子的游戏活动。

F= 好玩（Fun），也代表功能性的（Functional）和家庭建设者（Family Builders）

本书的活动都很好玩。乐趣对许多存在感觉统合障碍的孩子来说，是很难获得的感受。他们想要以社会能接受的方式感到游戏的乐趣，却往往不能做得很好。

简 • 艾尔斯博士在《感觉统合与孩子》（*Sensory Integration and the Child*）一书中写道：“当孩子面对一项挑战，而且能作出有效回应时，他就会‘觉得好玩’。从某种程度上来看，‘好玩’就是用小孩的话来表达‘感觉统合’的词语。”我们能做的就是提供游戏活动，让孩子选择，孩子才能乐在其中。同时，孩子逐渐学会了应对复杂的情境，才能变得更加成熟。艾尔斯博士写道：“这些游戏活动就是与长大有关的所有事情。”

具备 S、A、F、E 这四个条件的活动，能增进感觉处理的能力，让爱玩的孩子们投入其中。更为重要的是，还能增加孩子的各种能力，所以是具有功能性的；而父母、兄弟姐妹也会被这些游戏活动所吸引，一起和这个孩子参与游戏活动。所以，游戏活动能塑造健全的家庭。当您尝试“吹走坏心情”的游戏（第 8 章）、“丢沙包游戏”（第 5 章）或“障碍游戏场”（第 9 章）的游戏活动时，您就能体会到这些游戏活动的妙处。

E= 简单（Easy），也代表经济的（Economical）、环保的（Environmentally Friendly）和在情绪上令人满意的（Emotionally Satisfying）

您只要收集好必备的游戏活动材料，这些游戏活动就很容易进行，有些需要简单的烹饪、缝纫与木工材料。如果您觉得玩面团（第 2 章）、T 形椅（第 3 章）或缓冲垫（第 4 章）的材料不好找，您可以根据附录的“建议材料”，适当地挑选。

请选择那些能让您的孩子体验到成功滋味的活动。如果活动的挑战性太大，孩子就会抗拒。想一想：对一个孩子来说，当他想要获得乐趣、取悦您，却做不到的时候，会是多么沮丧呀！因此，请尽力选择难度较低的游戏活动。即使孩子试图选择新的、较高难度的活动，您不妨也先让孩子玩玩那些低难度的活动。当您确定孩子完全熟悉了某个活动的基本动作后，再进行其他更高难度的游戏活动。例如在玩丢沙包游戏时，您只要孩子模仿您的动作，然后再让孩子做更复杂的动作。请您务必记住，游戏活动的关键在于“使挑战恰到好处”。

另外三个属于“E”的好处，第一，本书的活动都很经济（Economical），不会超出您的预算。很多都可以用手边的废旧材料。如“各种各样的盒子”（第 5 章）与“吹‘海风’”（第 10 章）所用的材料，都是非常“可爱的垃圾”。很多材料都是家里可以找到的物品。现在您正好为那些废物找到用途啦！第二，这些游戏活动都非常环保。第三，让孩子在情绪上满意。当您在孩子旁边陪伴，一起参与游戏，一同分享孩子的愉快和成功时，您一定也会感到非常欣慰。

着手进行 SAFE 活动

本书每一章的重点分别强调感觉系统的某一方面，如触觉、听觉或是感觉处理的附属感觉能力，如双侧协调能力或精细动作能力。

很多 SAFE 活动会在不同章节中出现，例如改善孩子视觉的游戏活动，几乎总是会牵涉到触觉、姿势与动作计划能力。我根据主要的感觉系统及其所强调的感觉相关能力，把活动进行分类。

本书还会告诉您，做什么游戏活动、在哪里进行、怎么做，通常也会介绍活动的效果。在这本书中并没有说明“何时”可以进行某个游戏活动，因为相同的经验对不同孩子会产生不同的影响。同一个游戏活动也许能让某个孩子冷静下来，却会让另一个孩子兴奋起来，又可能让其他孩子不知所措。您必须及时地进行判断，找出什么样的游戏活动在某个特殊的时刻，最适合自己的孩子。每个孩子的需求都不同，只有您最了解自己的孩子。

请您务必记住以下两点：

1. 所有的活动都需要您的监督、同情与愉悦的态度，这些都很重要。

2. 只要活动是安全的，就允许孩子用自己的方式进行活动。给孩子机会，他们通常会让您知道，他们需要什么。

每项活动包含的主要信息

- **适龄孩子：**是指多大的孩子能成功进行某个等级的活动。发育年龄（developmental age）与孩子的实际年龄不同，是由孩子的能力而非出生日期决定的。大多数情况下，孩子的年龄会与他的表现相当。本书中，有些活动对很小的孩子较有吸引力，很多游戏则适合不同年龄阶段的孩子。例如“引人注目的化装舞会”（第 2 章），这项游戏活动适合的年龄是 2 岁以上，也就是说，2 岁或 7 岁，甚至未满 13 岁的孩子都能在穿脱不同材质衣服的活动中，获得感觉方面的锻炼。
- **活动材料：**这是一份用品清单。如果您不熟悉列出的用品与道具，请参考“建议材料”。
- **准备工作：**列出活动开始前必须完成的事，以便准备材料或场地。
- **您可以这样做：**“您”是指一位成人或年长的哥哥或姐姐。
- **孩子可以这样玩：**给他列出一些建议，而非规则。
- **多样玩法：**每个人情况都不同，您的时间、场地并非一成不变，孩子的兴趣与需求也是如此。

- **活动的益处：**SAFE 活动如何促进孩子的感觉系统，以及身体、认知、语言、社交与情绪等能力。
- **注意事项：**当孩子在活动中遇到麻烦需要大人协助时，这里的建议可以派上用场。
- **妈妈心声：**来自感觉统合障碍孩子的母亲的智慧话语，以及其他专家的建议。

父母应做的与不应做的

1. 应根据孩子的发育年龄进行游戏活动

一个孩子是否适合某项游戏活动，取决于他的能力发展到何种程度。举例来说，如果他的身体知觉还不成熟，一开始也许对玩的游戏会有些迟疑。孩子需要从他的能力着手，即使比您的预期低，也请尊重他。

2. 只要有可能，就应尽力在户外进行游戏活动

美国人往往一天中有 90% 的时间都待在室内，而孩子需要到户外呼吸新鲜空气，进行游戏活动。房间内的空气干燥、不新鲜、循环使用，会让孩子出现呼吸问题，而只有新鲜空气对健康才有帮助，且能促进内啡肽的分泌，让我们感到快乐，能达到消灭体内的病毒和其他病菌的作用。尤其是冬天，医生经常嘱咐人们到户外走走，就是这个道理。许多可以在室内进行的游戏活动，若能在室外走廊或是草地上进行，效果会更好的。所以请带着孩子走出房间，到外面尽情玩耍吧！

3. 应留意适合孩子的“自我治疗方法”

请注意观察您的孩子喜欢做什么。孩子追求的感觉刺激往往就是孩子的感觉系统需要孩子那么做的。例如，您的孩子喜欢原地绕圈吗？请和他玩“莎莉绕着太阳跑”的游戏（第 3 章）。您的孩子喜欢用手或身体的其他部位碰触东西吗？那就帮孩子准备好玩“手印游戏”（第 2 章）的材料。

如果您觉得很难判断那些感觉逃避的孩子存在怎样的感觉需求，不妨观察一下孩子在抚摸某些柔软又干燥的布料时，是否觉得舒服。请您和孩子一起玩“触觉小径”

> **妈妈心声**
>
> 芭芭拉说："对我的儿子来说，改善他的感觉处理问题，用手打鼓是最有用的，永远是最让他开心的。他喜欢大鼓的重量，喜欢手敲击在鼓面的感觉，他会仔细聆听渐渐止息的鼓声，没别的事情可做的时候，他会按照自己独特的方式奏出赛勒斯（Cyrus）的曲子。

这个游戏（第 2 章）。这个游戏能让孩子从一次一根手指或脚趾开始玩起，您慢慢地引导孩子进入游戏。另一个方法是拿出来所有的准备材料，不用事先和孩子讨论怎么玩，而是让孩子自己摸索着玩，如"花生酱与罐子"的游戏（第 11 章）。有时，过度敏感的孩子需要一点时间来评估一项新的活动，才能决定是否参与这项活动。

4. 应按照孩子的特别兴趣来选择活动

医学博士 T. 贝里 • 布列斯顿说："无论在什么情况下，发现了孩子喜爱的事物，都请加以重视。"如果孩子喜爱有关星球的事物，请尝试"飞向火星"的游戏（第 3 章）。如果他喜欢恐龙，不妨试试"恐龙早安"的游戏（第 8 章）。

在日常生活中也能进行练习，您可以把穿衣、洗澡、铺床或练习写字等任何日常例行的活动，赋予一个主题，将焦点放在能激发孩子想象力的事物上，就能让这些活动更令孩子们兴奋。赋予主题的方式到处都可行，无论是在家里，还是在学校里，或是在车上，引发孩子兴趣的玩笑、行动和想法，都能让单调乏味的活动更有意义，也更充满乐趣。

5. 应提供给孩子那些能获得控制感的 SAFE 活动

存在感觉统合障碍的孩子有很多如何做某事的想法，而当身体不配合他们的时候，他们就会非常受挫。所以，只要有可能，就请尽量让孩子自己做主。他们就会觉得游戏很有趣。比如，和孩子玩"手电筒捉迷藏"游戏（第 5 章）或"滑哨伸展运动"（第 6 章），这类游戏可以让孩子自己作为领导者，因此可以强化孩子的内在自我控制的能力，也能帮助孩子建立自尊。

把活动的各个步骤分解得更小、更容易掌握，尤其是在活动挑战较大的时候，对孩子会很有帮助。您也可以减少一些步骤，来减轻孩子的压力。一次只练习 2 或 3 个动作，而不是按照"抓熊去"（第 11 章）所建议的那样，做 15 个动作或其他数目。

活动最重要的目的是孩子能够觉得："太好了，我做到了！"而且主动要求："可以再来一次吗？"

6. 应抓住孩子完成一项 SAFE 活动成功后的好机会

一项具备 SAFE 四个条件的游戏活动，能帮助孩子组织身体的各项功能，也能让孩子的注意力更加集中。请您抓住这样的好机会！《感统聚焦杂志》的语言病理治疗师凯瑟琳·莫里斯提醒我们需要关注孩子有成就的这个关键期。举例来说，进行"马修的跷跷板"（第 3 章）游戏时，当孩子能成功平衡站立几分钟时，您可以奖励孩子读一个故事，只做 10 道数学题（本来很多数学题），或写一段文字，也可以吃一次丰盛的家庭晚餐。

7. 应再试一次

如果您尝试了"音乐呼啦圈"（第 6 章）这样的游戏活动，却没有见到任何成效，请不要灰心，可能现在的时机还不对，所以请再耐心等待，下个月再试一次，或在做其他游戏活动的时候，加入一小部分这个游戏。有时，一项活动要试很多次，孩子的大脑与身体才能准备好。因此，学习一项新的能力，重复练习是有必要的。

8. 应在感觉套餐中补充一些 SAFE 活动

由职能治疗师或物理治疗师所制定的一套均衡的"感觉套餐"（sensory diet），主要是为了满足特定的孩子需要而设计的。这本书中的这些游戏，不需要专业指导也能使用，用注册职能治

职能治疗师的话

理科硕士、注册职能治疗师奥布里·C. 兰德认为："把活动融入一个更大的故事里面，而且故事与孩子感兴趣的东西有关，会让活动更有激励作用，也能吸引孩子更多的注意力。孩子更能持续下去，觉得有意义。同时，还会加深孩子的记忆。举例来说，一个非常喜欢足球的孩子，可能需要在下午进行一项例行游戏活动，来帮助他度过枯燥的课堂时间，又不会让他失去控制。这时候，请让孩子对一排枕头进行'突击'，会对这个孩子很有帮助，然后他可以高举印有球队标志的冰柠檬汽水庆祝一番。这项例行活动可取名为'扑向枕头'，且可列入名为'美国职业足球训练计划'的感觉套餐疗程中。"

疗师戴安娜·亨利的原话说“这些活动都是配制妥当的秘方”，可以供父母和老师们在家里或在学校里自由使用。本书中介绍的这些 SAFE 游戏活动，是搭配正式感觉套餐的“配菜”或“零食”，使整个感觉套餐更有滋味。

例如“面团游戏”（第2章）就是一项传统的备用游戏，这项游戏能改善孩子的触觉、本体觉、精细动作能力，还能改善孩子使用工具的能力和手眼协调的能力。您不用等待治疗师的建议，就可以进行这个活动。本书中还包括了许多关于感觉套餐“主菜”以及其他“营养品”的详细描述。

请尽可能与孩子的职能治疗师或物理治疗师确认这些活动，您将学到如何重组、加强或避免某些活动。在如何治疗与陪伴孩子方面，您或许会与治疗师对某项游戏达成一致，彼此变得越来越默契，同时，治疗师也可能会从您那里得到新方法。

> **妈妈心声**
>
> 住在印第安纳州的黛比告诉我们：“我们一直将‘试一次就好’挂在嘴边，有时有效，有时却没有帮助。但我发现，我们一定要永远提供给孩子机会，让他们尝试新的或之前拒绝过的活动、食物和经验，因为大家很容易忽略能引向美好新发现的挑战。在提供活动的时候，必须允许孩子控制情况，即使有一点艰难。
>
> “我们发现，儿子一年前完全拒绝尝试的活动，现在却是他的最爱。不管对我们的孩子而言，还是对其他孩子而言，让他们等到觉得自己准备好并且有信心去做某件事，可以使他们获得应有的信心。当孩子做他已有所准备的事时，他的自信心一下子就明显地表现出来了。我们的社会总是积极催促孩子去经历他们尚未准备好的事，这给大家的生活增加了很多压力。”

9. 应让孩子放手去做

孩子能学会感觉动作能力的唯一方法就是动手练习。他们如果没有机会尝试，就学不会。您若帮他们做好了所有的事情，孩子就永远都学不会。孩子的能力是从动手去做获得提高的。

10. 如果孩子身体不适，不应继续游戏

富有爱心的大人，往往能根据自己的直觉判断，什么游戏让孩子达到了最好的效果。不过，我们的大多数父母或成人还是不具备职能治疗师的经验和能力，往往不知道孩子应该多长时间玩一次，玩到什么程度，玩多长的时间……过度地进行“温和的打闹游戏”（第 3 章）、“充满乐趣的大圆桶”（第 3 章）或“推推我，拉拉你”（第 9 章）这类完全运用体能的游戏，往往会导致孩子大发脾气，以及产生其他的消极情绪。所以，请务必小心谨慎地判断，只要孩子出现不适的情况，就立刻停止游戏。

11. 不应认为书中的这些活动能治愈有感觉统合障碍的孩子

对有感觉统合障碍的孩子来说，按照书中所提的方法和良好的建议进行游戏，是能够改善孩子的感觉处理问题的。虽然这些活动对促进孩子的发育非常合适，也对孩子的感觉统合有帮助，但本书并不能取代注册职能治疗师监督下的正式治疗。

声明：本书中所提到的这些游戏活动虽然都是经过注册职能治疗师和受过感觉统合训练的专家们验证有效的，也都非常适合父母和老师们在日常生活中应用，但是，其中有一些活动对某些孩子的挑战太大。所以，无论在什么情况下，都应该衡量孩子的能力和需求，根据孩子的实际情况进行游戏。无论出现什么紧急的情况，您都需要与孩子的治疗师进行沟通。无论孩子在做什么游戏，身旁都应该有大人在。以上这些提示至关重要。

必须中止活动的不适征兆

当孩子出现以下现象时，请向治疗师咨询。

- 执意要逃离
- 心跳频率剧烈改变
- 哭泣或非常不快乐
- 愤怒
- 大量流汗
- 过度换气（hyperventilation），太快或太深等不正常的呼吸现象
- 失去平衡，漫无目的地乱动
- 反胃或呕吐
- 疯狂大笑
- 大叫：“停下来、停下来！”
- 皮肤颜色改变

七个“下”

养育与教导有感觉统合障碍的孩子，需要您的理解和耐心，也需要技能与爱心。当您的孩子状况不佳时，请再想想这七个“下”。

1. 低下声音

当孩子暴躁、提出无理要求、大吵大闹，需要别人安抚时，请低下您的声音和孩子交流。当您轻声细语地讲话时，孩子比较容易接受。

2. 蹲下身体

关于压力与早期大脑发展的研究报告指出，当照顾孩子的父母或保姆蹲下来的时候，孩子会放松下来。明尼苏达大学儿童发展学会的梅根 • 古纳尔博士指出：“当孩子感受到照顾者对他的尊重和关切的时候，孩子的皮质醇（我们需要皮质醇才能活下去，因为它能让我们准备好保护自己。但如果释放过多的皮质醇，会导致孩子出现焦虑和好斗的负面情绪和行为，孩子的情绪无法平静下来）指数会降低。大人居高临下地站着，双手叉腰，或是坐在椅子上，都会增加孩子的压力和紧张感，而大人坐在地上或与孩子平视，则能减轻孩子的压力。

精神病理学家斯坦利 • I. 格林斯潘也支持“与孩子一起坐在地板上”这个观点。他的著作所阐述的“地板时间法”（Floor Time），是一套系统的方法，大人“与孩子平起平坐”，进行一对一的亲子互动，有利于孩子情绪的发展。

降低身体的高度，您会发现孩子能放松下来，开始与您互动。

3. 放下电视遥控器

您很珍惜看电视、看报纸或是专注于某事上的宝贵时光。但是，当孩子走近您，他并不需要什么，只是想告诉您他的想法或是提出问题时，请您抓住这样的机会。这是您与孩子进行具有建设性、有意义互动的好机会；如果您错过这样的时机，将不再有类似的机会了。

4. 放下您的保护

让孩子冒点危险——这里是指具备 SAFE 四条件的活动中的危险。学习新的技能总是需要经历一些风险的。所以，让孩子不时跌落到软垫上吧！生活总是有起有落，您不可能永远保护他。几乎可以肯定的是，他一定会跌倒，而他必须用自己的方式学会如何克服困难，重新出发。

5. 放下您的防御

您的婆婆说您对孩子太宽容，老师说孩子必须学习如何与他人相处，而隔壁的邻居目睹您在前院处理孩子的失控行为时，一直在摇头。人们都喜欢井然有序，而您的孩子却总是给您带来混乱。面对指责、误解和他人的摇头否定时，您要怎么办呢？请不要逃避，而是勇敢地去面对。

6. 放下电池

手电筒里的电池能让手电发光，但与给孩子一根蜡烛相比，经常拿着电池的孩子会缺乏感受蜡烛等实际物体的经验。用电池操作的玩具所扮演的角色，就好像电子保姆一样，会降低孩子对学习新的身体与心智技能的渴望。活跃的身体和脑细胞，是孩子的主要精力来源。请给孩子发挥“儿童能量”的机会。

7. 放下“玩乐毫无意义”的错误想法

我们天生就渴望追求乐趣。我们需要乐趣，否则人生是一片荒芜。好的感觉不是“额外的”，也不是一种奖赏，而是必要的体验。让我们一起运用最好的资源帮助感觉统合失调的孩子，去体会充满乐趣——当然也是 SAFE 的体验活动吧！

妈妈心声

每当向别人解释感觉统合障碍是什么的时候，邦妮·桑达斯都会这样说："我儿子凯尔有神经系统的问题，他的神经系统无法像我们一样正常地运作（就像糖尿病患者的内分泌系统不像正常人的那样）。事实上，我们拥有 8 种感觉通道，有 5 种我们已经在学校学过，还有 3 种分别是控制平衡、控制接触其他物体，以及控制我们感受到的压力水平的。比如我们要坐到椅子上时，我们知道屁股要往哪个方向移动，要蹲下多大程度，也知道为了避免从椅子上跌倒，要坐在椅子中间，这一切都不太需要思考。但有感觉统合障碍的孩子，他们的大脑却无法正确解读接收到的类似信息。

"这对凯尔会产生什么影响呢？您知道，当一只蜜蜂快要飞落在您身上时的感觉吗？您是不是会心跳加速呢？这是一种害怕的反应。有感觉统合障碍的孩子经常会出现害怕的反应，即使是面对别人并不会害怕的东西，他们的反应都会像我们面对蜜蜂的反应一样。我们会跳起来、挥舞东西想把蜜蜂赶走，会逃跑、打下去；或者根据我们学过的常识，像养蜂人一样静止不动，直到蜜蜂飞走。可能我们已经习惯被蜜蜂蜇，就像养蜂人一样。或者我们会过敏，根本就不想接近蜜蜂。对凯尔来说，某些事情就像'蜜蜂'一样，例如吵闹的噪声、其他人靠得太近，看起来令人眼花缭乱的墙壁等，他都非常敏感。感觉统合的治疗课程'指导'他的神经系统，帮助他摆脱这些困扰，就像养蜂人学习如何处理被蜜蜂蜇一样。

"因为凯尔的神经系统处理事情的方式与我们的不同，所以对事物的感觉与触觉给他的影响非常大，每个事物，在他的感觉通道中，似乎都被放大了。他根据自己的需求，找到了克服的方法。凯尔往往通过他的毯子、绕圈子和吸吮大拇指的方式，来调节感受外在世界的方式，这些就像是他的'胰岛素'一样。他就好像一个患有糖尿病的小朋友，需要通过借助'胰岛素'的帮忙和注意饮食，才能调整身体内部的运作。

"请大家想象一个需要戴眼镜的孩子：如果没有戴眼镜，他会眯着眼睛、扭动、想更靠近要看的东西，或者放弃尝试。这些都是身体因素（缺乏足够的视力）引起的'行为'。人们不会对他大吼：'不要眯着眼睛！'而是叫他把眼镜戴上。因此，毯子就是我儿子的眼镜，如果他找不到毯子，或是不能调整到令他满意的位置，或是毯子无法发挥作用时，我就会帮他，就好像我会帮助一个看不到的小朋友一样。

"然后，我会问大家有没有什么问题。大部分人会提出问题，接着，我们再继续讨论。"

第 2 章

触觉活动

为了庆祝爷爷奶奶结婚 50 周年纪念日，全家人齐聚一堂。其中有三个孩子存在触觉障碍的问题。

4 岁的艾米对触觉刺激太过敏感，有触觉防御问题。当爷爷走近，要抱她时，她总会退缩到墙边，不安地摆动着双手，焦虑地注视着房里喧闹的亲戚们。当某个堂姐走到艾米身旁，轻轻碰到她的裙摆时，艾米会马上尖叫："哎呀！她碰到我了，她会弄伤我！"艾米的爸爸本来在和亲戚们聊天，马上快步走过来，安抚她。幸好爸爸事先已学过，要为可能发生的事情做好准备。于是，他拿出一个"捏一捏"小球，艾米高兴地接过球，用手捏一捏小球，她平静了下来，至少暂时如此。

6 岁的泰迪则对触觉的反应不足。他总是横冲直撞、笨手笨脚的。这天，他在餐厅里到处乱跑，撞倒了各种东西，也撞倒了人。母亲努力要抓住他，但泰迪溜得很快，一不小心就撞上了服务员，害得两个人都失去了平衡而跌倒，服务员手上的托盘也被打翻了，一只猪蹄掉到了泰迪的头上。泰迪大笑、挣扎着爬起来，跌跌撞撞地朝一个大鱼缸走过去。他踩着椅子，把鱼缸上的板子移开，手伸进鱼缸里，东翻西搅。最后，奶奶制服了他，奶奶双手环绕着泰迪，让他坐在膝盖上。泰迪用头顶着祖母，慢慢地，总算不再乱动了。

10 岁的伊森存在触觉辨别能力不足的问题。他和堂哥溜到隔壁的走廊，堂哥开口向他借 25 美分，他想要玩电动玩具。伊森急急忙忙地在口袋里摸索，掏出一枚硬币。堂哥嘲笑道："我不是要 10 美分！难道你分不出 10 美分和 25 美分吗？"伊森涨红了脸。当他仔细地用眼睛看时，当然能分辨出两者的不同，但用手去摸，又是另外一回事。他希望下次不要再出错了。

在人们的身体活动、心智活动和情绪行为方面，触觉系统具有举足轻重的地位。我们每个人，从婴儿时期开始都需要持续的触觉刺激，好让我们维持组织协调性、功能健全和保持健康的状态。

我们通过全身皮肤下的感觉接收细胞（又称感受器）来接收触觉信号。压力、震动、移动、温度、发痒与刺痛的接触感觉信号，都会启动触觉接收器。我们一直在主动或被动地碰触他人、家具、衣服、汤匙、地板，感受周围的温度。孩子能够有效地处理触觉是非常重要的能力，因为触觉不仅有助于孩子的视知觉、动作计划能力和身体知觉的体验，还有助于孩子提高学习成绩，获得情绪上的安全感，进而改善社交能力。

艾米、泰迪、伊森在聚会时的表现很特殊，要了解他们潜在的感觉处理问题并不简单，虽然有时候其他人能及时地提供帮助，但并非总是如此顺利。

这些孩子的感觉系统无法顺利运作，导致他们难以适当地调节、分辨、协调和组织触觉信息。我在下面列出了触觉障碍的具体表现特征。

触觉障碍的表现特征

对触觉刺激反应过度的孩子，会出现如下症状：

- ◆ 对出乎意料、轻微的接触太过敏感的孩子会表现出触觉防御，会躲避亲吻或一般的碰触，经常把别人推开，不让别人靠近。
- ◆ 遇到无害的碰触，也会快速又强烈地表现出一副“想打架或非常害怕”或是“要逃走或僵住不动”的行为方式。
- ◆ 非常讨厌那些会把自己弄得脏兮兮的活动，例如烹饪、画画、用粉笔、用胶带。
- ◆ 排斥某种类型的衣服，对袜子的接缝处、鞋子还有衣服的标签特别敏感。
- ◆ 即使是大热天，也喜欢穿着长袖、长裤，或者即使是冬天也穿得很少。风大的日子（会吹乱头发）显得焦躁不安或有攻击性。
- ◆ 因为对某些食物的口感挑剔而非常挑食，例如米饭、有花生粒的花生酱、块状的马铃薯泥、蔬菜；或者对温度很敏感，只喜欢热的食物或冷的食物。
- ◆ 讨厌游泳、洗澡、刷牙或剪头发。
- ◆ 与兄弟姐妹的关系不好。

对触觉反应不足的孩子可能会出现如下特征：

- ◆ 总是在碰触别人或物体。
- ◆ 除非用力碰触他，否则他会浑然不知；对疼痛的反应不大，不晓得自己已经受伤。

- 掉了东西也不知道。
- 对身体的察觉能力不足。需要持续地用力，才能让他知道身体的什么地方被碰触了。
- 不太注意衣服是否舒适，衣服歪了也不知道。
- 对室温不敏感。
- 吃东西时囫囵吞咽，脸上、嘴上、鼻子上弄得脏兮兮的，也没察觉到。
- 会咬不能吃的东西，例如指甲、头发、衬衫袖口、衣领、玩具和铅笔。
- 会伤害他人或宠物的身体，无法体会他人的疼痛。
- 不礼貌地“侵入”他人的空间。

有触觉辨别障碍的孩子，可能会出现如下特征：

- 好像他的手不是自己的似的，总是不好用，像是不熟悉的附属品。
- 很难握住使用工具，例如不太会握笔或使用剪刀、叉子。
- 避免自发性的触觉体验，例如捡起地上很吸引人的东西。
- 不能理解物体的物理特性（质感、形状、大小、密度）。

若没有视觉线索的帮忙，会出现以下障碍：

- 无法指出身体哪里被碰触。
- 无法只靠触觉分辨出某个熟悉的物体。
- 无法做一些日常例行的事情，例如拉拉链、扣扣子、解开扣子、系鞋带、整理衣服。
- 比较喜欢站着，因为这样可以“看到”周围的环境。
- 动个不停或坐在椅子的边缘。

如果孩子有触觉处理的问题，感觉统合的专业职能治疗可以给他们很大的帮助。以下提议的 SAFE 活动，能让感觉套餐更完善。

有益于触觉发育的活动

1. 用可擦洗材料玩个痛快

触觉对所有的孩子来说都非常重要。但一些有感统障碍的孩子可能会逃避脏乱的游戏，而另一些有感统障碍的孩子则渴望玩得尽兴，弄得到处都很脏乱。现在介绍给大家如下几种不同的 SAFE 活动，目标都是围绕在：用容易擦洗掉的材料来玩。如泥巴、面团等，孩子把房间弄得很脏乱也没关系。

适龄孩子

◆ 2~7 岁的孩子。

活动材料

您需要从以下材料中选择几种。

◆ 剃须膏（最好是无香味的）或沐浴乳。

◆ 护手乳液。

◆ 湿的泥沙。

◆ 浓稠的泥巴。

◆ 每个孩子一个餐盘、烤盘或塑料餐垫。

◆ 毛巾和洗手的水以及汤匙。

◆ 用来铺在桌面或地板上的防水布或报纸（要是您的孩子喜欢在户外玩活动，那就不用担心会弄脏了）。

准备工作

◆ 挤出剃须膏或乳液。把泥沙或泥巴倒出来，或用汤匙挖到盘子上。

孩子可以这样玩

- 把两只手掌压在这些容易擦洗的东西上，或把它放在盘子里抹平。
- 用这些东西抹手指甲和脚指甲，或挖一些在手上或脚上摩擦。
- 在这些东西上面写字或写数字，或用一根或几根手指头一起弄出形状。
- 画 8 字。这是“大脑健身房”（Brain Gym）里的点子。
  - 站在盘子的正前方，用左手慢慢描绘一个横躺的 8 字，再从 8 字的交叉点开始，往左上方移动，画出逆时针的弧形。绕一圈后，再回到交叉点，继续往右上方移动，按照顺时针的方向画一圈。
  - 换右手往右上方依顺时针方向画一圈。
  - 两手并排，各用几根手指一起依序画 8 字。

以下是几个用可擦洗材料来玩的游戏：

- 在剃须膏里开车的游戏。
- 用黏稠的食物画画。
- 沙子游戏。
- 随意摆图案。

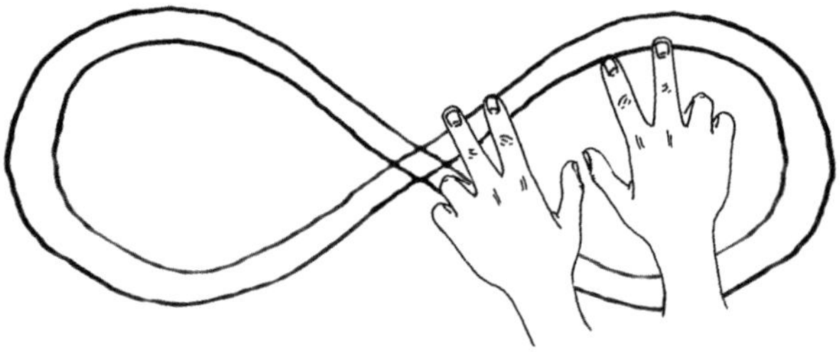

2. 在剃须膏里开玩具车

这项活动是由密歇根州商业小镇能力培养中心（Abilities Center,Inc.）的职员推荐的。

活动材料

除了餐盘、桌巾和清理用具，还需要：

- 放在塑料盒里的小玩具车（2 辆）。
- 剃须膏、冰棒棍、塑料积木、小球。

孩子可以这样玩

- 把剃须膏挤到盘子上。

- 拿玩具车在剃须膏里“开来开去”。
- 拿车子画直线、对角线或写字。
- 用塑料积木、棍子、小球盖一座像迷宫的洗车场。“开着”车子忽上忽下、绕过障碍物，在跑道上奔驰。
- 一次“开”两辆车子：
  - 开着两辆车子直线奔跑或沿着对角线横撞。
  - 开在 8 字形“公路”上（可以有交叉道路）。
  - 拿着车子往同一方向绕几圈后再换个方向，画出像米老鼠耳朵的高速公路“出口”。
- 清洗车子、擦干，收起来。

3. 用黏稠的食物画画

这个游戏活动是由澳洲的职能治疗师梅兰妮·霍克推荐的，它是很好的舔手指头游戏。这个游戏对那些把所有东西都塞进嘴里的孩子会有很大的帮助。在游戏开始前，请先确定餐垫和孩子的双手都洗干净了。

活动材料

除了微波炉、餐盘、桌巾、松紧带、小铃铛和清理用具，还需要：

- 奶蛋糊
  - 2 茶匙的牛奶蛋糊粉或玉米粉。
  - 1 茶匙的糖。
  - 少量调味用香精。
  - 2 杯牛奶，也可以用豆浆或其他替代品。
- 选择性材料：巧克力碎片或香蕉泥。

准备工作

- 将所有材料搅拌均匀，放入微波炉内加热两分钟，取出搅拌一次。再放入微波炉内加热两分钟，或是更久一些，直到材料变成浓稠的糊状物为止。

您可以这样做

- 在每个孩子的餐垫上倒一些奶蛋糊。
- 让孩子自由发挥。假如他不知从何下手，可以给他一些建议，比如您可以说："请画一个圆。"
- 请大一点的孩子在糊上写字。
- 如果他不记得要怎么写，可以这样帮他：
  - 提示（例如要写"大"，可以告诉他：要写出一个漂亮的"一"，就像画 一根筷子一样）。
  - 声音提示（用松紧带穿几个小铃铛，然后套在他用来写字的手腕或手指头上，这样他可以听到他的手移动时制造出来的声音）。

- 视觉提示（画一个图案让他模仿）。
- 运动觉提示（轻轻握住他的手引导他）。

孩子可以这样玩

- 伸出惯用手的食指插进奶蛋糊里，在餐垫上画出曲线或圆，画出滑溜溜的形状。
- 画出形状、数字、字母或由滑溜溜的字母组成的英语单词。
- 完成一个图案后，“擦掉”它，把手指头上的奶蛋糊舔净，然后重新开始。

多样玩法

除了奶蛋糊，也可以试试以下材料：

- 巧克力、香蕉、奶油糖果、香草或木薯布丁。
- 呈胶状的果冻类甜点。
- 甜的炼乳，也可以加食用色素。
- 谷物（淀粉、玉米片、粗麦片、小麦胚芽等），煮熟并冷却。

4. 沙子游戏

这个游戏活动同样是由密歇根州的能力培养中心提供的。

活动材料

除了餐盘、桌巾和清理用具，还需要：

- 清洗过的干燥沙子。
- 装满水的喷水壶。
- 玩具恐龙或海边会出现的动物（鱼、鸟、海螺、海星、人），还有海边用品（船、鸡尾酒上的装饰纸伞、用纸巾剪出的毯子、塑料椰子树）。
- 饼干印模。

孩子可以这样玩

- 把沙子撒在盘子上。
- 对着沙子喷水，把沙子弄湿。
- 堆一些沙丘和沙洲，用玩具玩“在海滩”的游戏。
- 把玩具放在一边，把沙子铺平，用手指头在沙子上写字或画画。
- 盘子里的沙子变干之前，用饼干印模切出形状。

活动 1~ 活动 4 的益处

- 用手在不同的材料上“画画”的游戏，能增进触知觉、身体知觉与发挥创意。
- 加深创造线条、圆形、字母和数字的经验，能改善对这些抽象概念的认知和想象力。
- 能提升使用工具的能力，增进手部的力量，促进手眼协调。
- 用手画画与拿玩具穿过那些容易清理的东西，能达到运动觉、精细动作技能和视觉动作的整合。同时，孩子不停地移动眼睛、手与身体，能达到锻炼这些能力的目的。
- 同时使用两只手，或两手各“开”一台玩具车，能改善对称与非对称的两侧协调能力。
- 做“8”字形的动作，能帮助身体熟悉中线与跨中线的动作。跨中线动作对提高手的控制能力非常有帮助，对阅读、写字以及其他肢体应用方面的技能都很有帮助。

◆ 玩一团“脏兮兮”的东西，可以加强嗅觉。

◆ 吃冷的意大利面、舔掉手指头上的奶蛋糊或其他食物，能加强孩子的味觉。

5. 随意摆图案

这个活动也是梅兰妮推荐的。您一定很希望孩子能用语言与动作表达自己，但是您是否想过鼓励他们用“意大利面条”表达自己呢？今天就试试看吧！

活动材料

除了餐垫、桌巾和清理用具，还需要：

◆ 一包意大利面。

◆ 在锅里注入半满的水。

准备工作

◆ 与孩子一起煮意大利面。

◆ 用冷水冲洗煮好的意大利面，等意大利面冷却到可以用手摸就行了（也可以放进冰箱加速冷却）。

您可以和孩子这样玩

◆ 先拿几条意大利面，在餐垫上“画”出自己想要的形状。可以弯曲意大利面

或弄成小段。

◆ 对需要帮忙才能开始的孩子，您可以先在自己的餐垫上做出图形，让他们观察或模仿。

多样玩法

◆ 根据孩子的年龄，带领他们做出几何图形（圆形、正方形、三角形等），或数字、字母。

◆ 准备其他形状的意大利面，创造更多发挥的空间。

◆ 把做成图形的面条，放在烤饼干用的蜡纸上晾干，然后粘到纸张或硬纸板上，给面条涂上颜色。

妈妈心声

佩妮·凯丽说："我在给女儿洗澡时，为她准备了有趣的泡泡浴。我在一家超市的沐浴用品架上找到这种有不同颜色可供选择，而且是沐浴乳与洗发精二合一的产品。凯蒂爱极了它的感觉，这是超棒的触觉经验。她学会了用一个手指去压喷嘴，让泡沫喷出来。这是最好的精细动作技能练习！我们在浴缸的墙壁上练习写字母，这又是另一种学习经验。她可以在自己身上写字，当然在我身上也行。在水面漂流的泡沫，也让她觉得很有趣。洗澡时玩泡沫不仅很有趣，而且也洗好澡了。"

注意事项

◆ 如果孩子拒绝碰触这些容易清理的东西，可以给他小棍子、汤匙、搅拌棒、吸管或麻花卷（材质是可吃的）。也可以试试戴上手指套，在药房可以买到。

◆ 如果孩子还是对这样的游戏感到不安，又很想玩，可以试试后文"15. 不会弄得到处都是的手指画"游戏。

6. 面团游戏

在家里让孩子玩面团，往往是最好的一项锻炼触觉的游戏。这项活动会让孩子很开心，也不会让家里太混乱。无论家里的孩子是否存在感觉统合障碍，每当孩子身体不舒服，或者觉得不开心的时候，就可以给孩子一块面团。这个游戏活动也能达到"吹走坏心情"的游戏的治疗效果。此外，孩子每天都可以玩面团。

适龄孩子

◆ 3 岁以上的孩子。

活动材料

◆ 2 杯面粉。

◆ 1 杯盐。

◆ 4 茶匙的塔塔粉。

◆ 2 杯水。

◆ 4 汤匙蔬菜油。

◆ 一个大锅和木匙。

◆ 选择性材料：沙子、塑料“冰块”、食用色素、香草精、薄荷精或其他萃取物（不要用精油，会灼伤敏感的手指）。

◆ 真空塑料盒，可以把面团存放几周（不玩的时候，把面团放入冰箱，能延长面团的使用时间）。

准备工作

如果您有时间的话，请和孩子一起动手做：

◆ 在大锅里加入面粉、盐、塔塔粉、水与油，开小火，加热并搅拌，当材料脱离了锅边缘形成了一个大面团的时候，就关火。让面团冷却。

◆ 为了增加孩子的摩擦触感，您可以向锅里加入沙子或耐热塑料做的“冰块”，和其他材料一起进行搅拌。

◆ 为了增加视觉体验，可以使用食用色素来染色。教育学硕士、注册职能治疗师芭芭拉 •H. 林德纳建议可以把面团分成两块，一块加入蓝色色素，一块加入黄色色素。让孩子揉捏面团，让整块面团均匀染上颜色。接着再把两块面团揉成一块，这时会变成绿色（试试各种颜色：蓝加红会变成紫色，红加黄变成橘色，蓝加红加橘变成咖啡色）。

◆ 为了唤醒嗅觉，可滴几滴香草精、薄荷精，或其他萃取物（别用肉桂精油，因为这些材料可能会灼伤孩子敏感的手指，可以用调味油）。

孩子玩面团需要的工具

- 擀面杖（或短的光滑木棍）。
- 儿童使用的安全剪刀。
- 抹奶油用的刀子、叉子和汤匙。
- 厨房用品，例如压蒜头的工具、打蛋器、马铃薯捣碎器和松肉锤。
- 饼干模型切割刀和制作饼干的模具，最好有字母和数字图案的模具。
- 硬币、钥匙、夹子、纽扣、塑料发卷、发夹、贝壳、弹珠、小鹅卵石以及其他的小东西。

孩子可以这样玩

- 把面团揉搓成胖胖的香肠或细细的长条。
- 把细细的面条用手指拽开或用剪刀剪开，分成很多个小段，这个动作可以锻炼孩子写字或阅读的方向感。
- 做一个鸟巢和几个小鸟蛋。
- 做几个鸡蛋，放到切蛋器里切片。
- 用压蒜器具压出面条。
- 捏出人或动物的形状。
- 用捣碎器和松肉锤做出有趣的图案。
- 拿饼干模具或其他东西压进面团里。
- 模仿其他人做的东西。

> **妈妈心声**
>
> 印第安纳州的雷切尔·维瓦切有一个很好的想法，她说：“您试过用面团充当握笔器吗？”

活动的益处

- 孩子在面团上捏、揉、捣、擀、挤压、戳，都可以发展触知觉、本体觉、上半身的力量、精细动作能力和动作计划能力。
- 使用压蒜器，操作其他用具，都能够加强孩子双手的灵活性及视觉动作整合能力，并锻炼孩子按照一定的方向进行动作的能力。

- 玩面团能刺激孩子本体觉的活动，因为孩子在玩面团的过程中能产生摩擦力，非常有助于孩子形成条理性，也能让孩子安静下来。所以，家长或老师在让孩子外出参加某项活动或者进行某项过于激烈的活动前，都是玩面团的最好时机。

注意事项

- 把食用色素揉捏进面团里，是很费力的事。如果孩子做起来较吃力，那么不必让孩子把全部面团都均匀染上颜色，大理石花纹的图案也很美。
- 在孩子的手上撒些干面粉，这样就可以避免潮湿的面粘在孩子手上。
- 若孩子存在严重的触觉防御问题，可以让孩子戴上医用手套来缓解敏感症状（但避免使用一般塑料手套，因为有些孩子会对这种人造合成材料过敏），也可以试着使用手指套（单独套在一根手指头上的套子，可以在药店里买到，或是从医用手套上剪下来）。
- 有些孩子在双手忙碌时，嘴也要一起忙，因为孩子的嘴是个了不起的组织者。有的孩子会吐舌头、咬嘴唇、咬衣领，这些都是能帮助孩子集中注意力的行为方式。如果孩子在玩面团时，嘴巴需要咬个什么，可以给他一段塑料软管或一片口香糖。
- 如果孩子对麦麸过敏，也不用担心，他们还是可以享受“玩面团”的乐趣的，可以用别的材料来做成“面团”。请参考丽莎•路易斯与卡瑞恩•索罗斯的著作，书中有其他建议。

7. 好重的手

一般教学用的黏土，都能创造出比面团具有更大阻力的治疗性黏土，这种黏土的黏性比较低，能维持较长时间的特性。玩黏土对发展孩子的感觉动作能力特别有益处。这种黏土没有味道，嗅觉很敏感的孩子也能乐在其中（黏土的缺点是不容易清洗，因此请留意不要把黏土沾到衣服和地毯上）。这项活动是马里兰州的注册职能治疗师泰瑞·克兹洛夫斯基推荐的，通过给孩子们安排好的活动，能帮助孩子感觉统合。

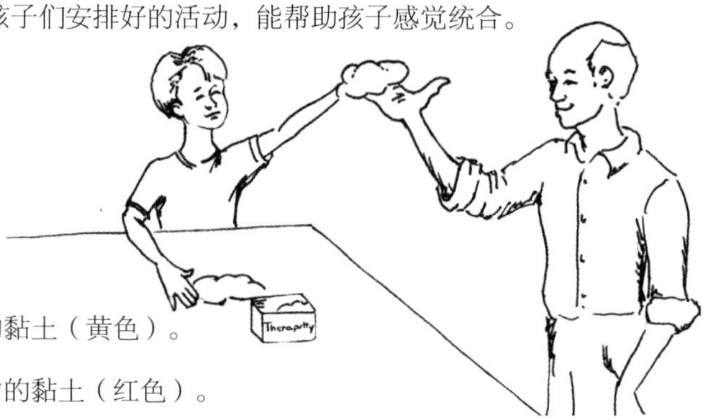

适龄孩子

◆ 2 ~ 8 岁的孩子。

活动材料

◆ 一磅黏土。

◆ 年纪较小的孩子用低阻力的黏土（黄色）。

◆ 已经上学的孩子用中度阻力的黏土（红色）。

◆ 工作服、保护地板的覆盖物。

您可以和孩子这样玩

◆ 您可以帮助孩子把手或脚埋进黏土内，让黏土把他们的手或脚包裹起来。

◆ 请分五个高度把孩子的手或脚慢慢地向上举起，孩子的手或脚每达到一个高度时，就要说“好重”，且音调渐渐提高，也可以唱音阶。

◆ 当手或脚举到最高后，让手或脚落下，同时用滑落的语调说“手”或“脚”，如下所示：

Heavy,

Heavy, hand

Heavy,

（好重） （手）

◆ 抓着他的手或脚玩几次后，可以问他：“你的手（或脚）在哪里呢？不见了吗？能不能把手（或脚）拔出来呢？”

孩子可以这样玩

◆ 推、拉或拨开手上或脚上的黏土。

活动的益处

◆ 把手或脚藏在黏土里，能降低孩子的感觉防御。

◆ 让孩子手上或脚上的黏土重量渐渐增加，能引起那些反应不足的孩子的注意力，也能改善孩子的身体知觉。

◆ 把制造阻力的黏土从身上移开，能加强本体觉，并能改善动作计划能力。

◆ 用双手把一侧脚上的黏土移开，能改善孩子的两侧协调能力。

8. 小玩具捉迷藏

注册职能治疗师泰瑞·克兹洛夫斯基认为，用小玩具玩捉迷藏是个很好的游戏，尤其是当事情一团忙乱、孩子又闹别扭时，比如晚餐前爸爸妈妈为了准备晚餐而分身乏术的时候。

适龄孩子

◆ 3.5 岁以上的孩子。

活动材料

◆ 一磅治疗用的黏土。

◆ 几个橡胶玩具，7~10 厘米高。

◆ 小小的“宝物”，例如纽扣、珠子、深亮的小石头和铜板。

◆ 可以拿来分类的小器具，例如装底片的罐子、装蛋的纸盒、珠宝盒、塑料杯子或小猪存钱罐。

小玩具捉迷藏（依难易度排列）

您可以这样做	孩子可以这样玩
1. 把几个橡胶小玩具（7~10 厘米高）用薄薄的一层黏土包住，然后问："你的紫色恐龙跑哪去了？"	1. 把黏土剥掉，露出玩具
2. 重新在小玩具上覆盖一层厚一点的黏土，留一个小洞让孩子可以看到玩具在里面	2. 从小洞窥视里面的玩具，接着把黏土剥掉
3. 重新用黏土包住玩具，这次不留任何小洞。要提高游戏的难度，可用黏土捏出几个"中空"的，看起来像是包着玩具的形状	3. 捏一捏，使用触觉辨别的能力来分辨哪一个黏土里面包裹了玩具、哪一个没有包裹玩具
4. 用黏土包住纽扣、珠子、铜板或其他小东西，然后分别藏起来，让孩子寻宝。给孩子几个盒子做分类	4. 寻找宝物，找到后拿起来分类、放进不同的盒子

活动的益处

- 挤压黏土能强化触觉辨别与本体觉。
- 剥掉黏土能改善动作计划能力、精细动作技能与两侧协调能力。
- 寻找想要的东西能提高注意力。

9. 西蒙说"准备我的晚餐"

"西蒙说"就像我们小时候玩的"老师说"一样。"西蒙"是一个老是要求这个、要求那个的孩子，尤其是他肚子饿时，要求更多。基于某些原因，孩子通常愿意对这个幻想人物伸出援手。可能是因为他的行为与孩子类似，所以孩子愿意忍受西蒙的那些搞笑又滑稽的行为。

这个活动是泰瑞•克兹洛夫斯基的另一个好点子。

西蒙晚餐的最佳材料是什么呢？就是丰富的想象力！

适龄孩子

◆ 3~8 岁的孩子。

活动材料

◆ 治疗用的黏土。

您可以这样做

◆ 陪在孩子身边和他一起玩！

您可以说	孩子可以这样玩
1. 西蒙说："我饿了，给我做晚餐！"	1. 坐在桌前准备开始"做"晚餐
2. 西蒙说："挤一些柠檬汁给我！捏几个肉球！"	2. 用黏土捏出"柠檬汁""肉球"
3. 西蒙说："给我一些糖霜！"	3. 用"糖霜"装饰"饼干"
4. 西蒙说："捏！"	4. 捏出"面包"或"饼干"
5. 西蒙说："拉！"	5. 扯出"奶酪棒""玉米穗"，或从黏土制作的"鸡"身上扯下"鸡腿"
6. 西蒙说："捏！"	6. 捏出"比萨饼坯""番茄酱包"或一点点"奥勒冈"
7. 西蒙说："搓！"	7. 搓一条"热狗"或"香肠"
8. 西蒙说："揉！"	8. 做一个"棍子面包"和一块"椒盐脆饼"

活动的益处

- 用各种手法操作黏土，能改善动作计划能力、精细动作能力、触觉辨别和双侧协调能力。
- 倾听口语指示能增进听觉的觉察力和沟通能力。
- 执行“做”东西的动作，能让孩子学到一些技能，以后玩厨房玩具或玩“过家家”以及帮助父母准备真的餐点时，都能派上用场。

注意事项

- 下达口语指示时，可以用手示范挤、推等动作，让孩子多一种视觉的线索来了解您的指示。
- 握住孩子的手，辅助孩子做出正确的姿势，能帮助孩子发展动作计划能力。

10. 摸摸罐子里有什么

用手当筛子过滤食物，用脚指头在不同食物中扭动，感觉都非常美妙。这个活动比弄得脏兮兮的活动更吸引那些有触觉防御的孩子。虽然这个活动也会制造一团脏乱，但是不会弄得湿漉漉的，而且非常值得（若要增加感觉刺激，可以加水到材料里，或是改用第 8 章“恐龙早安”的材料）。

适龄孩子

- 2 岁以上的孩子。

活动材料

- 咖啡罐。
- 火鸡烤盘或一般烤盘。
- 干燥的食物，例如各种豆类（扁豆、豌豆等）、米、燕麦片、玉米片、意大利面、爆米花、坚果。
- 字母和数字形状的泡棉，软软的小玩具如橡胶丝海胆球（koosh ball）、塑料小熊、毛毡指偶，海绵做的锯齿状拼图（至少两片）。
- 塑料布和垫子。
- 装东西用的纸箱。

准备工作

- 拿其中一种食物把罐子装半满。
- 把小玩具或字母泡棉埋进食物里。
- 在厨房地板上铺塑料布，然后放上垫子。如果能到户外进行，就不用烦恼弄脏地板了。
- 结束游戏时，请孩子把罐子盖上盖子，把塑料布折好收到箱子里，方便下次使用。

孩子可以这样玩

- 用手指抓干燥的食物，或用汤匙搅拌。
- 用手指头在罐子里寻找小玩具或字母泡棉，尝试只用手去感觉抓到的是什么东西（不可以偷看）。
- 假装动物或人形玩偶在食物里泼水、游泳、吃东西、追逐或是寻找其他人等。
- 把食物和其他东西一起倒进烤盘里搅拌。
- 光着脚丫在装着食物的箱子里走动，试着用脚指头夹起东西。
- 把字母、数字、球等分类成堆。

活动的益处

- 玩干燥食物能改善触知觉，而且非常愉悦。
- 干燥食物可以让过度敏感的孩子习惯物体的质感和味道。
- 用汤匙搅拌能提供听觉与本体觉方面的反馈。
- 用手去感觉、辨认、分类玩具和字母，能增进对形状的感知能力。
- 假装小玩具在做各种活动，能强化视觉形象化能力、社交认知能力、想象力，制造欢欣鼓舞的情绪。

11. 手印游戏

这个活动能让孩子的感觉愉悦又可爱，适合各种场合，哪怕场面一片混乱，也可以来玩这个游戏。这个活动一定能给你们带来很多的乐趣。这个活动是由住在伊利诺伊州的语言病理学治疗师科瑞斯勒·莱文达尔提供的。

适龄孩子

- 2 岁以上的孩子。

活动材料

- 玉米粉。
- 两块垫子（一块要深色的）。

准备工作

在其中一块垫子上撒上大量玉米粉。

孩子可以这样玩

◆ 脱掉鞋袜。

◆ 把手掌和脚掌贴在玉米粉上。

◆ 移到第二块颜色较深的垫子上，印出“手印或脚印”。

多样玩法

◆ 除了玉米粉，也可以使用面粉、手指膏或布丁（请勿使用滑石粉，因为大量吸入对身体有害）。

◆ 在餐盘上撒一些玉米粉，在上面写字或画画。

◆ 用手捧玉米粉。

活动的益处

◆ 可以改善触知觉，帮助触觉辨别。

◆ 摆弄各种姿势能改善本体觉、身体知觉、动作计划能力，以及手眼 / 脚眼协调能力。

◆ 玩玉米粉通常可以使孩子感到平静与舒适。

12. 制作脆饼人

当我的儿子们还小的时候，每当看到他们病恹恹、没精神的时候，做脆饼人是保证能让他们恢复精神的好方法。我们成功试验过很多食谱，但是食谱并不是最重要的部分，重要的是揉捏面团、做出人形、烘烤时发出的香味、品尝亲手做的饼干，这些过程都会让感官非常愉悦。

适龄孩子

- 2 岁以上的孩子。

活动材料

- 一份您喜爱的脆饼食谱，若是对小麦、奶制品、蛋或其他成分过敏，请准备不含麦麸和酪蛋白的食谱。
- 新鲜的食材。
- 碗、烤盘、烤架、橡皮刮刀等。
- 擀面杖、松肉锤、钝的刀子等厨房用具，以及其他可以拿来玩面团的工具。

准备工作

- 与孩子一起按照食谱准备面团，然后放着让它醒一醒（发酵）。醒面团需要一点时间，记得早一点准备面团。

◆ 面团醒好后，叫孩子们回到桌前，来制造快乐、有成果又有创意的“混乱”。

孩子可以这样玩

◆ 将一小块面团放在两掌间用力压扁，拿来做脆饼人的身体和头部。

◆ 用两手搓一个细细的长条，然后切成一段段，拿来做脆饼人的手脚，甚至可以做出手指头和脚指头。

◆ 可以把它捏成像自己、家人、宠物、动物园里的动物和怪兽的样子。

◆ 让孩子帮您放进烤箱烘烤，然后吃掉自己做的成品。

◆ 让孩子帮您一起清扫。

活动的益处

◆ 揉捏、搓面团或捏出形状，能改善触知觉、强化本体觉，而且带来情绪平静的经验。

◆ 制作脆饼人能改善身体触知觉、视觉形象化与精细动作技能。

◆ 准备面团与烘烤饼干时散发的味道，能刺激嗅觉。

◆ 嚼食饼干提供味觉与口腔运动的刺激。

◆ 制作脆饼人的过程，让孩子有机会培养社交互动技能与语言表达能力，而且享受一段充满笑声的欢乐时光。

13. 制作节日装饰

无论您的孩子是否喜欢脏兮兮的活动，这个游戏活动都非常有诱惑力。准备材料一点都不费力，而且能创造非常美好的气氛。

适龄孩子

◆ 2.5 岁以上的孩子。

活动材料

◆ 半杯肉桂。

◆ 半杯苹果酱。

- 选择性材料：为了避免物品碎裂，可以用一茶匙胶水（您如果担心孩子会把成品放进嘴里，就不要使用胶水）。
- 碗或附有拉链的大塑料袋。
- 烤盘或牛油纸。
- 擀面杖、饼干模具、橡皮刮刀、烤架。
- 牙签和漂亮的缎带。
- 能挂在圣诞树上的挂钩或吸盘挂钩。

孩子可以这样玩

- 用手在碗里搅和肉桂、苹果酱和胶水，若不喜欢直接用手，可以把材料装进塑料袋，通过捏或摇晃塑料袋来搅和。
- 把搅好后的像面团一样的混合物倒在烤盘或牛油纸上，用擀面杖把它擀成约一厘米厚。
- 用饼干印模压在厚实又芳香的面团上。
- 用牙签在每一个压好的装饰品上方戳一个小洞，洞不要太小。
- 把装饰品放在烤架上 12 个小时，等待它们干燥。
- 用漂亮的缎带从小洞穿过去系好，然后把装饰品挂在圣诞树上，或是挂在厨房窗户挂钩上。

活动的益处

- 用手混合各种材料是对触觉系统很有益处的“脏兮兮的”游戏。
- 双手一起使用擀面杖有助于发展双侧协调能力。
- 使用擀面杖在面皮上前推后拉，能改善本体觉与学习控制能力。
- 在装饰品上扎一个洞，从小洞穿过一条缎带，能训练手眼协调能力与精细动作能力。
- 面团的香味能刺激嗅觉。

妈妈心声

住在密歇根州特拉维斯市的斯蒂芬妮·贝克尔说：“这真是一个锻炼感觉统合的好处方！我们照着做了一些，结果令我非常惊讶。我的那个有触觉防御的儿子查尔斯碰它了。制作过程非常有趣，也很香呢！”

14. 礼物包装纸撕粘画

这个可爱的游戏活动是密歇根州能力培养中心员工的好方法，一个孩子能玩得很快乐，一群孩子一起玩更是乐趣无穷。

适龄孩子

- 3~10 岁的孩子。

活动材料

- 在一个小碗里，按照一份胶水、两份清水的比例稀释胶水。
- 礼物包装纸（深色的效果较好）。
- 白纸，报纸。
- 水彩笔刷（依个人喜好）。
- 剪刀。

准备工作

让孩子穿上工作服，在桌上铺上报纸。

孩子可以这样玩

◆ 用剪刀或直接用手把礼物包装纸撕成一条条的，或撕成其他形状。

◆ 用手指或笔刷蘸着稀释过的胶水，涂在撕下来的包装纸的一面。

◆ 将包装纸涂过胶水的那面朝下，贴在白纸上，用力压一压。

◆ 接着立即把包装纸撕下来、丢进垃圾桶，这时只有颜色仍留在白纸上。

◆ 利用不同颜色的包装纸剪成各种形状，重复上面的步骤，做成色彩缤纷的作品。

活动的益处

◆ 涂抹胶水，然后和湿软又黏黏的包装纸“奋战”，是很好的触觉体验。

◆ 剪切或撕扯包装纸，能改善精细动作能力，而把包装纸从纸上撕下来的动作，能强化手指捏住东西的能力。

◆ 使用笔刷与剪刀能培养使用工具的能力。

15. 不会弄得到处都是的手指画

这个游戏能带给所有孩子无穷的乐趣，尤其是有触觉防御的孩子。那些不能忍受手指碰到手指膏的孩子，也会很想玩这个游戏的。

适龄孩子

◆ 2 岁以上的孩子。

活动材料

◆ 红色、黄色和蓝色等颜色的手指膏。

◆ 有拉链、能密封的塑料袋。

◆ 胶带（可有可无）。

准备工作

◆ 挖一点红色和黄色的手指膏，放到塑料袋里，然后拉上拉链。若怕手指膏漏出来，可以将手指膏装在一个袋子后，将开口朝另一个袋子的底部，再套上另一个袋子，也可以用胶带封住开口。

◆ 准备另一个袋子放进黄色和蓝色手指膏，还有一个袋子装蓝色和红色手指膏。

孩子可以这样玩

◆ 将袋内的两种手指膏挤压混合，看看红加黄怎样变成橘色，黄加蓝怎样变成绿色，还有蓝加红怎样变成紫色。

◆ 用手指头在袋子上写字、写数字或画画。

变换玩法

◆ 同时放三种或四种手指膏在袋子里，来认识咖啡色！

◆ 试试各种凝胶状的材料，例如发胶、混合水后的玉米粉或番茄酱。

◆ 在塑料袋底部一角戳一个小洞，变成像做蛋糕用的裱花袋，让孩子在纸上或盘子上写字和画画。

活动的益处

◆ 这个动手做的游戏，让有触觉防御的孩子更能体会到乐趣。也许您的孩子会马上“进步”到会将原本不情愿的手指直接伸进手指膏罐里。

◆ 手指放松、缩紧与挤压袋子的动作，能改善精细动作技能与本体觉。

◆ 在这些容易清理的东西上写画，是练习写字的好机会。

16.“胶水”走开

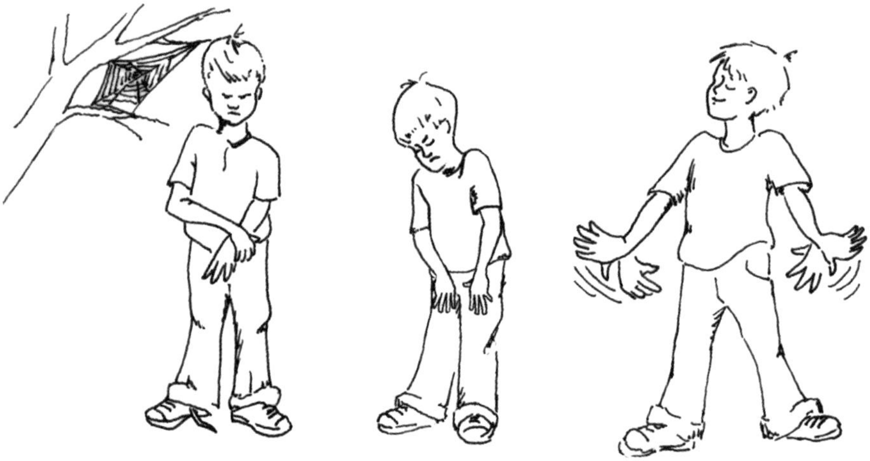

玩这个游戏的目的是教会孩子摆脱各种束缚。如果孩子遇到下列情况，可以使用这招：

1. 孩子遇到那些让自己不舒服的东西（如手指膏、湿漉漉的叶子、蜘蛛网或者沙子进了脚指头里）时，他们哭闹不止或者觉得非常别扭的时候。

2. 当他被“可能要去碰某个让人不舒服的东西”的想法吓到，快要受不了的时候。

3. 孩子对周围的游戏活动注意力不集中，或没有反应、需要刺激的时候。

4. 孩子一直注意力不集中，却需要安定下来、专心致志的时候。

5. 孩子需要您的帮助，才能顺利从一个活动转移到另一个活动时，例如从吃饭到听故事的转换时间。

6. 孩子需要有人帮他“跳脱”难过的心情或不能忍受的境况时（无论是否与“脏兮兮”有关）。

适龄孩子

- 3.5 岁以上的孩子。

您和孩子可以这样玩

- 说：“哦！又黏又恶心的东西！走开！走到一边去！”视当时情况而定，大喊出来或小声说出来。
- 为了彻底甩掉假想中的胶水，用手指用力梳头发（用力是为了增加强烈的触感）。用手在脸上、脖子上搓一搓，把肩膀、身体，还有手脚上的胶水搓掉。一次一根手指头，把胶水“拽”掉，就好像要脱掉很紧的橡皮手套。继续搓腿和脚，把胶水搓掉。
- 站直，双手向外用力甩一甩，把最后几滴胶水从手上甩掉。接着甩甩脚，上下跳一跳。
- 做几个深呼吸，然后说：“嗯，好多了。”接着就可以开始其他活动。

变换玩法

- “蜘蛛网走开！”
- “走开吧，恐怖的怪兽！”

活动的益处

- 有感觉统合障碍的孩子需要学习新方法，才能应付生活中的那些不如意的时光。这个活动就是很好的方法之一，每当孩子难过或害怕、不知道该怎么办的时候，他可以用这个方法来应对周围的环境。这个活动能够提醒孩子想到自己的身体，增加身体知觉，更能帮助孩子掌控环境。活动的前提就是，想象自己被一层胶水或蜘蛛网覆盖住。培养孩子的幽默感和发展触觉同样重要。

17. 触觉小径

外面太湿冷，不适合在户外玩要时，在室内铺上“触觉小径”，一定会吸引孩子们来参与活动的。

适龄孩子

◆ 3~10 岁的孩子。

活动材料

◆ 踩在上面感觉很愉快的“踏垫”，比如：

- 方形小地毯。
- 大片的绒毛布、灯芯绒布、缎面布料、薄纱。
- 羊毛地毯或人造毛皮。
- 泡棉（用来包水果防止碰撞的那种）。
- 羊毛围巾、绒线床单、一般毛巾。
- 用珠子或豆子填充的枕头。
- 形状像一颗颗蛋立在上面的泡棉。
- 大片的气泡包装纸。
- 瓦楞纸板、磨砂纸。

- 放在驾驶座上，由一粒粒木制小球穿成的椅垫。
- 纸箱，用来收纳以上各种踏垫，方便下一次阴雨天时可以再玩。

准备工作

- 把各种踏垫排成一圈。一开始圈圈要小，每一个踏垫要靠近一点，等到孩子越来越有自信时，可以加大踏垫间距，鼓励孩子伸展身体与跳跃。
- 要孩子脱掉鞋袜。

孩子可以这样玩

- 在不同材质的踏垫间，向前、向后或向两旁走来走去或跳来跳去。
- 躺下来，在“小径”上滚来滚去或爬行。
- 试着走在踏垫上不发出声音，哪怕是在气泡踏垫上。

活动的益处

- 双脚、双手和身体压在不同质感的材料上，能培养对触觉的觉察和区别。
- 判断下一步要跨出去的距离能增强注意力、动眼技能和视觉空间知觉。
- 从一块踏垫到另一块，关系到平衡与运动能力、本体觉、运动觉和动作计划能力。

注意事项

- 您的孩子若不敢在有变化的平面上走动，主要原因可能是孩子存在重力不安全感。为了不让孩子害怕，您可以牵着他的手，或让他跪着爬行。

18. 引人注目的化装舞会

触觉功能方面存在不足的孩子非常适合用那些干燥的物品来玩，而不喜欢玩那些脏兮兮的物品。收集衣橱里不要的衣服，放在一个耐用的箱子里，作为常备的“化装箱”，保证随时能做多种感知的游戏。

适龄孩子

- 2 岁以上的孩子。

活动材料

- 坚固的大纸箱或塑料箱子。
- 别致的衣服，例如将旧的婚纱改小，还有将约 1 米长的白色薄纱缝在头套（运动时套在额头吸汗的松紧带）上，就变出一个“新娘头纱”了。
- 西装和职业装，例如护士、医生、邮差、警察、消防队员、士兵、水手、航天员、飞机机长、公交车司机、建筑工人、牛仔、厨师、魔术师、小丑、芭蕾舞者、天使、公主、国王等的服装。
- 围巾、领带、蝴蝶结、围裙、丝质衬裙、衬衣、浴衣。
- 缝着羽毛的围巾、旧的毛皮外套、羊毛围巾、披巾。
- 零碎的布料，如缝有金线或银线的布料、丝绒、羊毛和人工毛皮。
- 一般的帽子、棒球帽、头套、皮带、腰带、潜水镜和眼镜。
- 鞋子，包括高跟鞋、拖鞋、凉鞋、木屐和靴子。
- 手提箱、手提袋、购物袋和背包。
- 坚固的首饰珠宝，例如嘉年华上戴的珍珠项链、戒指、项链、手链、夹式耳环。
- 舞台道具，例如一段水管、摇铃、钹、鼓和夸张的眼镜。
- 能照到全身的大镜子。

准备工作

- 将所有衣物分类，放到不同的箱子里。要使用容易开关的箱子，并把箱子贴上标签，注明是哪一类衣物。
- 每隔一段时间就要把衣物拿出来清洗、整理一番，替换一些新的衣物，保持衣物的干净和整洁。也可以放入衣箱里几个芳香袋。

孩子可以这样玩

- 打扮自己，站在镜子前看看自己变成什么模样，再尝试其他造型，玩“假装是谁”的游戏。

活动的益处

- 挑选不同材质的衣服、穿上和脱下衣服以及搭配不同的服饰，都能提供给孩子丰富的触觉经验，改善他们的触知觉。
- 身体穿穿脱脱衣服并搭配衣服的过程，能强化动作分解、动作计划和觉察身体姿势的能力。
- 拉拉链、卷袖子、打结、扣扣子等动作，能改善精细动作技能。
- 用各种衣服打扮自己，能鼓励孩子发挥想象力，让他们随意装扮成不同角色。
- 和其他孩子一起“演戏”，能促进孩子们的社交行为、语言交流和肢体动作。

19. 缠“木乃伊”

缠“木乃伊”让整个身体感受到均匀又强烈的压力，能让过度敏感的神经系统平静下来。注册职能治疗师琳妮·艾赛尔在家里和诊所都会使用这个活动，并获得了孩子和家长的一致好评。

适龄孩子

- 5 岁以上的孩子。

活动材料

- 普通质量、不含人工乳胶、约 50 米长的弹性绷带。

准备工作

◆ 将绷带缠绕在孩子身上，好像木乃伊一样，从肩膀缠绕到脚踝。缠绕时要注意力度，正好拉紧不会脱落，又不能太紧。力度越均匀，效果越好。

孩子可以这样玩

◆ 走动和打滚。

活动的益处

◆ 绷带传来的压力能组织触觉系统，让孩子感觉平静，进而达到调节触觉的效果。

一位职能治疗师，也是一个孩子的妈妈，这样告诉我们	另外一位妈妈这样说道
琳妮·艾赛尔说：“每当我的女儿感到紧张和焦虑的时候，我就和她玩缠‘木乃伊’的游戏。女儿对自己身体在空间中的移动与平衡，有不可思议的判断力（她能在体育馆的平衡木上翻筋斗），然而她总是很难提升自我调节的能力。每当她在结束一天 4 小时的体操训练课后，往往已经到了晚上 8：30 了。她会无法安静下来睡觉。只有缠‘木乃伊’这个活动能真正帮助她。大部分时间她会缠成‘木乃伊’，在弹簧床上跳跃，当然我会在一旁看着她，大约过 15 分钟她就会说够了。然后她准备睡觉，而且很快就能入睡。”	迪克希·亨德里克斯（Dixie Hendrix）说：“我那个 9 岁的儿子山姆属于感觉寻求的孩子，同时存在触觉防御的问题。他非常喜欢缠‘木乃伊’的游戏，尤其是用皱纹纸来玩。自从他在 4 岁被诊断出有感觉统合障碍后，我们就开始用不同的方式玩这个游戏，而且一直乐此不疲。现在每当我们要举办孩子的聚会，不论是生日宴会，还是万圣节、圣诞节，都会玩这个游戏，因为这个游戏的确具有调节能力，能令人平静。准备一大捆皱纹纸，先由一个人（大人或孩子）帮另一个孩子从脚缠绕到脖子，甚至缠到头上，但要注意让鼻子能呼吸。然后孩子从一层接着一层的皱纹纸中‘爆破’而出。我儿子喜欢在缠得不能动时，用脚跳来跳去，制造出声音。游戏结束后，孩子都变得非常乖巧，还会帮忙把破掉的皱纹纸扔进垃圾桶。”

20. 做“热狗卷”

这个活动带来的强烈触压会让孩子的全身都觉得非常美妙。请记住，有触觉防御的孩子能接受强烈的压力，而且还很喜欢这种感受。这个活动能让孩子放松并平静下来，所以，很适合在一段有强烈刺激的触觉经历前后（或只在之后）进行。

适龄孩子

- 年龄不限

活动材料

- 睡袋、泡棉垫子或弹性运动垫子。
- 一个大海滩球或治疗球。
- 选择性材料：
  - 不同材质的家居用品，例如浴巾、海绵、刷锅用的刷子、洗蔬菜用的刷子、烤肉刷或油漆刷子、木制足部按摩工具和碎布。
  - 振动按摩器。

准备工作

- 把垫子或睡袋铺在床上或地上。
- 让孩子趴在垫子的一端，请注意要把头伸出来。

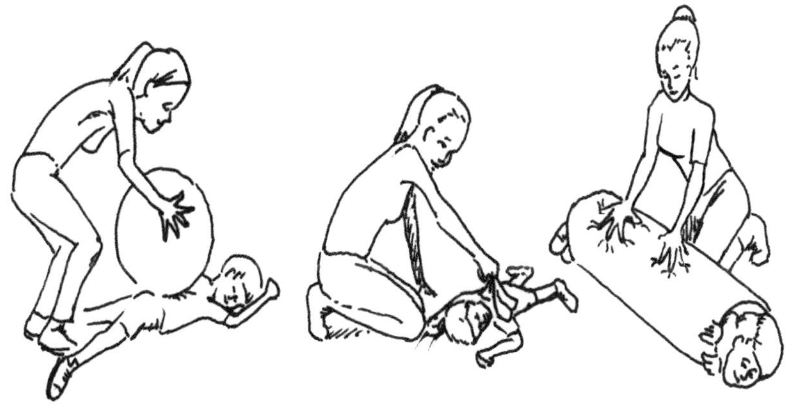

您可以这样做

- 请维持一定的力量，把球压在孩子的身上，从上到下，来回地在全身滚一滚（如果家里没有球，请试着把手掌压在孩子身上）。同时说："我正在检查这个热狗有没有真的被塞满。"
- 问孩子："要不要我更用力呢？不要太用力，还是更用力呢？当你觉得够压力的时候，一定要告诉我。"（给孩子控制权，让他们带领活动。）
- 您对孩子说："我要把你变得更鲜美，我要加一些番茄酱。"然后用浴巾、海绵或振动按摩器揉搓孩子的四肢和背部；若没有准备其他的工具，只是用手搓揉也很棒。接着说："还要加芥末，再加一点碎洋葱，味道也很鲜美。要不要来点棉花糖霜呢？"说话时，要假装正在加调味料，从头往下动作（顺着孩子头发生长的方向往下）。
- 蹲在孩子旁边，抓住垫子边缘，把他轻轻往另一个方向滚、紧紧地包在垫子里。然后一只手放在他的肩膀上、一只手放在他的腰上，前后摇动。
- 您对孩子说："猜一猜，会发生什么事情呢？这个热狗加了太多番茄酱啦！我要把多余的番茄酱挤出来。"用力压一压孩子的手脚和背部，就像把多余的芥末和番茄汁挤出来。
- 当孩子和您都觉得他已经"好了"，抓紧垫子的一边，让孩子自己滚圈，从垫子里爬出来。

孩子可以这样玩

- 假装全身沾满了配料。
- 建议加其他配料，例如草莓酱、花生酱、腌黄瓜、番茄、泡菜等。
- 等他完全被"烹调"后，您也在自己身上放上各种食物。

变换玩法

- 也可以做墨西哥卷饼，准备一份塞满沙拉酱、梨酱、奶酪、莴笋、酸奶酪、洋葱的墨西哥卷饼。

◆ 做一份“果酱蛋卷”。

活动的益处

◆ 来自垫子、各种材料和您的手施加的强烈压力，能刺激身体感觉（触觉／本体觉）系统。选择性使用振动按摩器，能提供“振动触感”的效果，达到安抚与调节感觉的目的。

◆ 当您在添加想象中的调味料时，孩子会感觉到有东西在身上敲打并会感受到不同工具的触感，能改善他的触觉辨别能力。

◆ 包裹垫子时进行滚动，能组织前庭系统（这个活动与第4章的“变蝴蝶”的游戏很相似，但这个活动更强调对前庭系统的刺激）。

注意事项

◆ 如果像个热狗一样在地板上滚来滚去，超出了孩子前庭系统的负荷，可以站着玩这个游戏。让孩子站着，然后您拿着垫子或睡袋在他身上绕圈圈。

21. 发现花草的光辉

有些渴望更多触觉经验的孩子会很想去抓东西，例如泥土、湿树叶，甚至是小虫。有些孩子则会避开触觉经验，他们会将双手插在口袋里，假装对大自然不感兴趣。给他们“正确”的工具，无论是哪一类孩子，都会欢欢喜喜地把握探索脚下这个小世界的机会。

本项活动的标题取自英国诗人华兹华斯的诗《颂歌：忆幼年而悟永生》。您是不是也永远忘不掉这些诗句？

尽管谁也休想再觅回
鲜花往日的荣光，绿草昔年的明媚；
我们却无须悲痛，往昔的影响
仍有留存，要从中汲取力量……

适龄孩子

- 4 岁以上的孩子。

活动材料

- 约 30 厘米宽的塑料环（或呼啦圈）和一根棍子，用来在地上画圈圈。
- 镊子。
- 纸盘或金属盘。
- 广口瓶。
- 放大镜。
- 选择性材料：橡皮手套或手指套（为了保护双手），大长毛巾（可以躺在上面）。

孩子可以这样玩

- 在家里选择一个地方，画一个大圆圈。这个大圆圈就是您的活动区域，也是您的宝库。通常这个区域做成一些格子，方便收纳你所收集来的各种物品。
- 趴下来，仔细观察圆圈内的东西。
- 用手指或镊子小心夹起圆圈里的东西，放到盘子或瓶子里。可能收集到的东西包括：
    - 植物，例如橡树果实、蒲公英、紫罗兰、花瓣、草、树叶、小树枝、树皮、肥料、种子、球果。
    - 动物，例如蚂蚁、毛毛虫、蝉、蜈蚣、蚯蚓、潮虫、蜘蛛。

- 矿物，例如碎石头、石英、云母、鹅卵石、沙子。
- 其他东西，例如瓶盖、冰棍棒、沙滩玩具破掉的一角。

◆ 观察抓到的小虫子对新环境有什么反应。有些虫子会急忙要找掩蔽物，有些会把身体蜷起来装死，有的虫子左右徘徊、漫无目标，就像人类一样！

◆ 仔细检查找到的东西，用放大镜看，能带来新的视野，更贴近研究样本。

◆ 根据孩子的年龄与兴趣，把物品分类：

- 动物、植物或矿物。
- 生物或非生物。

◆ 把捡到的东西放回原位。

妈妈心声

桑娅住在阿拉巴马州的鲁卡斯夫克市，她朋友的女儿是个不喜欢外出，也不喜欢风吹，讨厌把自己弄得脏兮兮的小女孩。她对朋友这样说："您有没有想过把外面世界的一部分带到家里，让孩子在自己的'草皮'上玩耍呢？您可以捡一些小树枝、树叶、鹅卵石，放在容易清理的地方，帮她用小树枝盖一栋房子、用树叶做墙壁，用鹅卵石装点花园。很多孩子就如我家的杰克逊和马克斯一样，都会被这些东西吸引的，他们能用手触摸鹅卵石、沙子和其他材质的东西，而且对他们的身体非常有好处。一旦她觉得在室内玩这些东西很安全，也许她就会愿意走到户外玩耍了。"

活动的益处

◆ 用手握着大自然中的东西，能增加触觉辨别的能力。

◆ 用镊子或手指小心翼翼夹取、夹起很小的东西，能改善精细动作技能和手眼协调能力。

◆ 俯卧能强化粗大动作控制能力并练习抗拒地心引力。

◆ 用一些时间观察一个全新而忙碌的小世界，能提高专注力；同时，把物品分类能强化知觉的技能。

注意事项

◆ 精细动作不良的孩子，可能稍不注意就把小虫子捏扁了，此时可以利用叶子或小树枝引诱小昆虫爬上来，就像给它们做担架一样。

22. 做个大自然手链

注册职能治疗助理罗莉 • L. 默克尔（Lori L. Merkel）说：“对您和您的孩子而言，一起散步是能打开心扉的好方法。因为，这个世界有太多未知等着我们去探索……做一个大自然手链，就好像从旅途带回一件纪念品一样。您也许想要随身带一卷胶带，因为孩子可能意犹未尽，要求再做一条。我清楚记得，我和两个孩子一起出门散步的情景，还有她们为自己漂亮的作品骄傲的样子。”

适龄孩子

◆ 2 岁以上的孩子。

活动材料

◆ 透明胶带（宽一点比较好）。

准备工作

◆ 撕一段胶带下来，长度要刚好可以在孩子手腕绕一圈，且留一两厘米用来固定。

◆ 把胶带缠在孩子非惯用手的那只手上，看孩子的反应，是松一点还是刚刚好，有黏性的一面朝外。

孩子可以这样玩

◆ 散步时，沿路捡拾一些小东西，例如花朵、叶子、羽毛、香草、野草。

◆ 把捡到的东西粘到缠在手腕上的胶带上，直到没有空位。

◆ 回家后把胶带脱下来，挂在冰箱前或粘在纸板上。

变换玩法

- 两只手都缠上胶带。
- 拿一块纸板，撕几条胶带用订书针或胶带固定在纸板上，记住有黏性的一面要朝外。把捡到的东西粘上去，做出一幅大自然拼贴画。

活动的益处

- 戴着手链，触摸发现的东西与黏黏的胶带，能增进触觉。
- 边散步边聊天，讨论发现的东西的名称，回家后一一检视手链上的东西，再述说一起散步中发生的事，都是增加语言表达能力的好机会。
- 散步途中能欣赏到有趣的大自然景物，改善视觉的主体——背景能力。
- 捡拾花朵，能强化手眼协调与手指头捏起东西的能力；把花朵贴在胶带上，能改善精细动作技能。
- 嗅闻新鲜的花朵与香草，能刺激嗅觉。
- 运用两手装饰手链，能改善两侧协调能力。
- 弯腰、伸长手臂的动作，能改善孩子的粗大动作能力和动作协调性。

注意事项

- 若胶带缠在手上令孩子不舒服，可以缠在大人的手臂上。
- 视孩子的接受程度，来决定捡拾味道强烈或温和的花和香草。
- 行动不方便的孩子，可以指挥大人帮他捡东西，然后自己粘在手上。

23. 稀里呼噜宴会

肚子有点饿，同时还有其他小朋友在旁边的时候，可以来一场稀里呼噜式的宴会。让孩子的身体、心灵和精神都能得到滋养。理科硕士、注册职能治疗师奥布里 •C. 兰德把这个活动归功于他的母亲珍 • 基汀 • 卡顿。兰德说：“请记住，一定要邀请那些十分喜爱这个活动的同伴，一位或两位孩子都行，只有他们在，才能够营造出美好的气氛。”

适龄孩子

- 年龄不限。

活动材料

- 喜爱的“容易弄得脏兮兮”的食物，例如：
  - 意大利面条
  - 蛋糕
  - 布丁
  - 果冻（附上一根吸管）
  - 苹果酱
  - 马铃薯沙拉，冰淇淋
  - 豆子和腊肠
- 纸盘或塑料盘子。
- 容易清洗的野餐布。
- 一桶温水或一碗洗手的水。
- 海绵、毛巾和每个孩子的替换衣服。

准备工作

- 把毯子铺在地上，请孩子随意坐在毯子上，舒服即可。
- 把家里的猫或狗赶进房子里。
- 上菜啰！——不用提供餐具。

孩子可以这样玩

- 用吸管或双手进食——直接用嘴也行！
- 每 5 分钟洗一次手，或只要有需要就洗手。
- 当稀里呼噜式的游戏庆典结束后，洗手、洗脸、换衣服。

活动的益处

- 和“脏兮兮”的食物周旋，对有轻微触觉或口腔防御的孩子特别有帮助。
- 任何进食经验都整合了嗅觉与味觉。
- 与朋友一起稀里呼噜吃东西，有助于建立良好社交技能。

注意事项

- 如果您的孩子有很严重的感觉防御，在开宴会前请先让他感受一下强烈的触压游戏（例如“做‘热狗卷’”的游戏），通过刷一刷的技能来安抚他。“威尔巴格实验”是由派翠西亚•威尔巴格（教育硕士、职能治疗师、美国职能教育协会会员）与朱莉亚•威尔巴格（硕士、注册职能治疗师）一起设计的一项治疗活动，细节可请教您的职能治疗师。
- 如果孩子显得有点不情愿，不妨拿出照相机，通常可以让他们更投入。
- 您也一起加入吧！有大人一起参加，能保证小孩弄得一团乱或餐桌礼仪一团糟时，也不会惹出什么麻烦。
- 保持欢乐、友善、理解的态度。如果现在这个活动无法吸引孩子，下一个季节再试试看！

第 3 章

前庭觉活动

马丁 6 岁，他经常对某些活动出现反应过度的情况，逃避很多活动。他害怕奔跑、滑滑梯和荡秋千。然而，他的保姆却坚持要带他去游乐场。她认为每天出门散步，又能呼吸新鲜空气，这些对孩子都非常重要。她非常有耐心，马丁也很喜欢她。昨天，马丁终于答应保姆坐上一个很低的秋千，保姆就站在旁边看着他，而且不能用手推他——因为马丁非常讨厌有人推他。他就坐在秋千上，低低地前后摇晃，脚还可以轻轻擦过地面，感觉还不错。所以，今天马丁很愿意再玩一次秋千。

5 岁的克里斯蒂娜总是渴望过多的刺激。她喜欢在荡秋千的时候头朝下来回地荡，而且一坐上秋千，至少要 20 分钟才肯下来，她在秋千上的姿势千变万化，有时趴着，有时坐着，有时坐在轮胎秋千上旋转，从来不会感到头晕。回家后，克里斯蒂娜和保姆一起享用点心，她坐在椅子里也不停地摇摆，椅子也一直在晃动。吃完点心后，克里斯蒂娜靠在墙角倒立，保姆则在旁边念故事给她听。倒立的姿势帮助克里斯蒂娜更专心，也让她能记住更多的故事情节。

拉芬 10 岁，她的问题是无法有效运用前庭觉（vestibular sense）流利地做出动作，因为她的神经系统无法有效地处理前庭觉。她经常表现出懒散和精神不振，她的节奏感和时间感都很差，浑身没劲儿，看起来像“打蔫的茄子”。虽然她笨手笨脚，让她感到很难堪，但放学后她还得上足球课，因为照顾她的家教（一名研究生）是一位女子足球教练，同时，她所在的那个小区的孩子们，都非常喜欢踢足球。拉芬也渴望参加那些孩子的活动，所以放学后，她会和其他孩子们一起去踢足球。保姆兼教练的这位大姐姐，也希望拉芬踢足球能有进步。所以，拉芬在家的时候，她们会练习足球的各种技能，如控球、起步、停止、奔跑、转弯、瞄准与慢速踢球等。实际上，虽然练习没有让拉芬达到完美，但确实能让她改善身体的平衡能力和空间活动能力。

前庭系统是一个归纳系统（unifying system），它能让我们知道自己的空间位置。身体动作与重力会刺激位于内耳的前庭特殊接收器。前庭系统会接收从头部、眼睛与身体传来的平衡与动作的信息。然后传递给中枢神经系统处理，接着协助产生肌肉张力，让我们能平顺、有效率地做出各种动作。

前庭系统能告诉我们：我们的头和身体相对于地表的位置，我们是直立、头朝下，还是身体倾斜的，是在活动中还是静止不动，我们周围的物体相对于我们是在移动还是静止不动的。它同样也让我们知道，我们要往哪里去，速度有多快，以及这个地方是否危险或是否可以放松。

在操场和游乐场所，马丁、克里斯蒂娜、拉芬的行为并不寻常。不过很幸运，他们的保姆已经觉察到什么样的活动对他们比较有帮助。

那些前庭系统无法正常运作的孩子，无法根据情况来调节、辨别、协调和组织平衡与动作的感觉。以下列出许多前庭功能失常会出现的现象，这些现象会影响孩子的体能活动。

前庭觉障碍的表现特征

对某些活动出现过度反应的孩子会有如下的特征：

- 对某些普通的动作刺激产生激烈的反应，反应过度，消极且情绪很激动。
- 不喜欢体育活动，例如跑步、骑脚踏车、坐雪橇或跳舞。
- 不喜欢游乐场的各种设施，例如不喜欢秋千、滑梯、攀爬铁架、旋转木马等。
- 非常小心，动作很慢，总是坐着且活动量很低，对有风险的事踌躇不前。
- 在用洗脸盆帮他们洗头时，孩子经常表现出讨厌低下头这个动作。
- 很紧张而顽强地拒绝改变头的位置。
- 爬楼梯让他们不舒服，他们会紧靠墙壁或栏杆。
- 会晕车、晕船、晕机，搭乘火车、电梯也会头晕。
- 执拗、操作技能差、动作不协调且胆小。
- 总是要求他信任的同辈或大人给他身体上的帮助。
- 除了上述情形，还有“重力不安全感”的问题，害怕从高处跌落也是这些孩子最大的恐惧之处。

对平衡与动作感觉反应不足的孩子，可能会：

- 不会注意到物体正在移动。

◆ 对于某些活跃的活动缺乏内在的动力。

◆ 而一旦开始玩，如荡秋千，旋转木马等，玩了很久也不觉得眩晕。

◆ 不能注意到自己正在降落，也不能发现自己失去平衡，所以无法进行自我保护。

寻求更多刺激活动的孩子，表现为：

◆ 渴望强烈、快速与绕圈圈的动作，而且不会头晕（在椅子上摇晃 / 旋转、在弹簧床上跳跃、乘坐云霄飞车、在转角追逐）。

◆ 喜欢令人心脏怦怦跳的游戏，而且什么都敢玩——享受车子经过减速标线时上下跳动的感觉，喜欢从高处跳下来。

◆ 需要一直动来动去，才能做所有的事情（摇动、摇头晃脑、转圈圈、摇摆、摇晃头部或手脚，坐立不安）。很难乖乖地坐在位子上。

◆ 喜欢头朝下倒立，趴在床沿将头垂在地上或趴着摇来摇去。

◆ 平衡感很差，经常跌倒。

◆ 喜欢荡秋千到很高或者玩很长时间。

对活动存在感觉辨别困难的孩子，可能会：

◆ 在行走或站着的时候，经常容易跌倒。

◆ 在转弯或者改变方向的时候，经常会不知所措。

◆ 不会告诉您他什么时间荡秋千或者玩旋转木马玩够了，看到感觉恶心了，才停止。

存在运用障碍的孩子，会变现为：

◆ 在制订计划、解决复杂问题、需要想象以及遇到不熟悉的活动需要逻辑思考的时候，孩子会出现困难。

◆ 大肌肉运用方面有困难，所以经常表现出笨手笨脚的样子。

◆ 在面对一项新任务的时候，不能应用和概括自己所学的。

当您发现孩子存在前庭觉方面的问题时，请务必带孩子去接受感觉统合的专业治疗。父母和老师也能提供 SAFE 活动来帮助他。请务必记住，前庭觉是对人类最重要也是影响最大的感觉，因此我们必须谨慎处理。在任何情况下，我们都不能轻视前庭觉问题。

职能治疗师的话

职能治疗师梅兰妮·霍克说："我经常会提醒家长们要小心进行任何前庭活动，刚开始的时候，让孩子只能玩一小会儿，直到孩子的前庭觉出现更好容忍度才能延长时间。父母要密切注意孩子是否出现任何过度反应（头晕恶心、脸色惨白、大量流汗），如果孩子出现了这些反应的时候，就表示需要立刻停止游戏，两且下次只能玩更简单的游戏。下次的时候玩那些缓慢又不激烈的游戏，才能有助于孩子的发育。"

也就是说，为了孩子的正常发展，对孩子的前庭觉进行适当的刺激，才能让孩子正常发育。有些孩子渴望很多刺激，有些却只要一点点刺激就受不了，甚至会害怕。也有一些孩子辨认与记忆能力很差，他们经常无法确认自己对某种刺激是否已经足够，而且可能需要您在旁边观察，才能帮助他们学习感觉自己的身体。以下几点是职能治疗师罗德琳·惠特尼的提醒，可以指导您如何在游戏中观察孩子：

- 大多数的前庭刺激是出现在活动的开始阶段和结束阶段。
- 对快速开始或突然结束保持警觉。
- 轻轻地摇晃孩子能安抚他，让他平静下来。

最明智的选择或许是让孩子慢慢开始进行活动，每隔一小段时间就中断一会儿，确认孩子的反应，并问问孩子："还想要玩，还是觉得已经玩够了？"在增加一些本体觉活动（请参考第 4 章）后，如果孩子准备好了，就可以回头再多玩一些游戏。

有益于前庭觉发育的活动

24. T 形椅

很多孩子都非常喜爱 T 形椅，您可以自己动手做一个这样的椅子，也可以直接购买。让孩子坐在 T 形椅上，会迫使孩子去找到平衡点，并想办法坐在椅子的中央，避免自己掉下去，这也是我们人类的本能反应。坐在“独脚椅”上，似乎有些不可思议，但何不试试看呢？您可能会惊奇地发现它的效果。

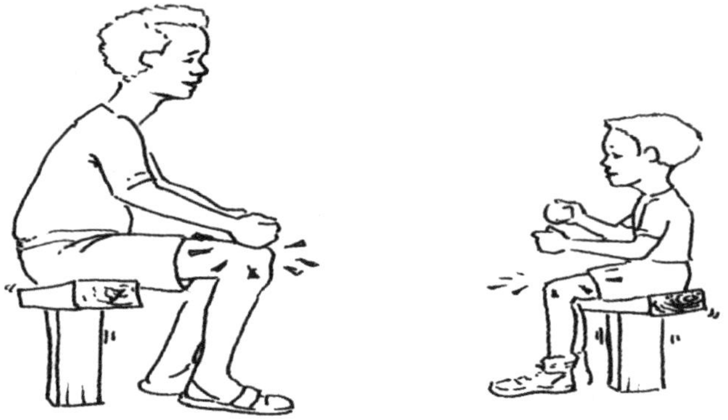

适龄孩子

- 3 岁以上的孩子。

活动材料

- 5 厘米厚、10 厘米宽的木板两块：
  - 一块约 30 厘米长，可作为椅子的座位。
  - 测量孩子坐下时双脚刚好平放在地面、膝盖成直角时的高度，作为椅腿的高度（3 岁的儿童大约 25 厘米高，4~5 岁的儿童大约 28 厘米，已经上小学的儿童大约 30 厘米）。
- 两个木头螺丝钉。

准备工作

- 测量两次，然后准确切割好。
- 把两块木板钉在一起成为 T 形椅。

孩子可以这样玩

在 T 形椅上保持平衡时，孩子可以做的活动：

- 全神贯注地听故事。
- 进行有节拍和音乐的游戏，例如：
  - 第 11 章的“抓熊去”。
  - 第 9 章的“节拍器游戏”。
  - 第 6 章的“音阶游戏”。
  - 第 6 章的“滑哨伸展运动”。
- 唱与身体部位有关的儿歌，例如：
  - 《拍拍拍、拍拍手》（*Clap, Clap, Clap Your Hands*）
  - 《干骨头之歌》（*Dry Bones*）
  - 《可爱的小蜘蛛》（*Eensy Weensy Spider*）
  - 《亚伯拉罕爸爸有很多儿子（或孩子）》[*Father Abraham Had Many Sons*（*or Kids*）]
  - 《头、肩膀、膝、脚趾》（*Head and Shoulders, Knees and Toes*）
  - 《约翰尼·崔兹带着一把锤子》（*Johnny Hammers with One Hammer*）
  - 《高贵的约克公爵》（*Noble Duke of York*）
  - 《伸开你的手指》（*Put Your Finger in the Air*），伍德·盖瑟瑞（Woody Guthrie）创作
  - 《这个老人，他唱了一首》（*This Old Man, He Played One*）
- 坐在游戏桌前吃点心，玩一些在桌上进行的游戏，例如：
  - “礼物包装纸撕粘画”（第 2 章活动 14）
  - “在剃须膏里开玩具车”（第 2 章活动 2）
- 和其他坐在 T 形椅上的小伙伴一起抛接沙包。

◆ 玩“物品归类游戏”。

活动的益处

◆ 坐在 T 形椅上能改善孩子的平衡能力。也许一开始很难找到平衡，而逐渐地，孩子就会发现“三只脚”（两只脚在前，加上凳子的独脚在正下方），该如何调节自己的身体，最后就能成功保持平衡！

◆ 坐在 T 形椅上能改善身体知觉与姿势的稳定性。挺起背坐直能看得更清楚、听得更清楚，能更专心地进入状态。

◆ 找出支撑 T 形椅的方法与调节身体维持平衡，能改善动作的计划能力。

◆ 与其他坐在 T 形椅上的同伴围成一个圆圈，会激发孩子要更稳地坐在 T 形椅上，做出一副很酷的样子。

注意事项

◆ 如果孩子在 T 形椅上摇摇晃晃，可以让他一边坐在 T 形椅上，一边背靠着墙，有了墙壁的帮忙，他只要维持左右平衡就好了。等他学会左右平衡的技能后，再来尝试同时维持前后的平衡。

◆ 如果孩子很难在 T 形椅上保持平衡，可以先陪他玩治疗球或花生球（peanut ball）。即使是普通的沙滩排球或操场上玩的球，都是适合的替代品。趴在球上保持平衡、轻轻摇动，把身体压向球然后弹起，都是对前庭系统有益的活动。

25. 马修的跷跷板

3 岁的马修上幼儿园了。他发育迟缓导致肌肉张力不足，动作不协调。虽然如此，但他很有毅力，也有很多好点子，而且喜欢繁重的体力活儿。

每天在准备“障碍游戏场”（第 9 章）活动时，老师总是让他来帮忙，因为老师知道“出力的工作”是马修治疗套餐中重要的一部分。

一天早上，马修费了好大的劲儿，穿过草坪拖来一块木板，然后把木板架在地上的一块铁轨枕木上。木板一端靠在草地上，另一端则翘起约 30 厘米高。老师在一旁走动时，马修已膝盖微弯、小心翼翼地一步步踩在倾斜的板子上，往中间移动。他小

心地站起来、两脚跨立在这个小小跷跷板的支点两侧。然后他两脚踩踏板子，让板子左右改变重心。马修站得很高、挺直腰身、很有平衡感，他非常满意自己的表现。

适龄孩子

◆ 3岁以上的孩子。

活动材料

◆ 下面的木头：铁轨枕木，或宽度和厚度均为10厘米、约1米长的木头。

◆ 上面的板子：30厘米 ×90厘米的木板，或90厘米 ×120厘米的三合板。

准备工作

◆ 把枕木放在草地上或体操垫上。

◆ 把板子的中心点压在枕木的中心点上，两块板子垂直。“中心点”的位置大概即可，不必非常精确。

孩子可以这样玩

◆ 孩子通过走、跳或爬行的方式，从一端移动到另外一端。

◆ 站或坐在支点上，摇动板子让两端高高低低地起伏。

- 拖、拉、推或抬起滑离中心点的板子，或是想办法把板子搬回枕木上。

活动的益处

- 站在木板上寻找平衡点，能使孩子更加觉察到自己的身体重心在什么地方。
- 平衡能改善身体知觉、动作控制，提高姿势的稳定度、提高力量和自尊。
- 前前后后地移动，能让大脑的语言中枢活跃起来，因此孩子玩几分钟跷跷板能增加孩子的语言表达能力。

26. 韵律蹦蹦床

跳跃能改善韵律感，帮助调节神经系统。请务必注意，当孩子在做这项活动时，您一定要守在旁边。

适龄孩子

- 3 岁以上的孩子。

活动材料

- 迷你型蹦蹦床（运动用）。
- 枕头和保护用的垫子。
- 黑板和粉笔，或大张白纸和笔也可以。
- 孩子喜欢的歌曲曲谱、跳绳的歌曲和诗歌。
- 选择性的材料：包含节奏、韵律诗歌、歌曲、有稳定节拍的音乐等内容的录音带。

准备工作

- 在弹簧床边缘和四周地上放好垫子和枕头。
- 一起选择歌曲和韵律诗歌，伴随着节拍弹跳。
- 为了增加视觉提示，可以在每一首歌名后面加上一个代表符号，例如在《小星星》（*Little Star*）后面画一个星星，或《海湾边》（*Down by the Bay*）后面画一个西瓜（译者注：这首儿歌的歌词头一句是 Down by the bay, where the watermelons grow）。

您可以这样做

- 站在弹簧床旁边，配合孩子的弹跳一起唱所选定的儿歌。

孩子可以这样玩

- 大声说出歌曲的名字，或用手指着黑板上他选择的歌曲或韵律诗歌的代号。
- 一边随着节拍弹跳，一边随着您一起唱歌。

活动的益处

- 孩子在弹力床上精力充沛地弹跳，随着孩子上上下下地蹦跳，能提供强烈的前庭觉刺激。
- 跳跃对关节与肌肉会产生强大的压力，能改善本体觉与粗大动作技能。
- 在头脑中想着歌曲和韵律诗歌，能提高听觉记忆（auditory memory）。
- 从黑板上选择歌曲，能刺激视觉辨别（auditory discrimination）技能，并发展早期阅读技能。
- 伴随着节拍一起跳跃，能增进听觉辨别技能，同时改善耳朵和身体协调能力。
- 在弹簧床上弹跳，能刺激大脑的说话和语言中枢。跳过弹簧床后，孩子可能会比平时口齿更清晰。

注意事项

- 那些存在肌肉张力不足或有重力不安全感的儿童，对弹簧床会产生恐惧。这时您可以让他站在弹簧床上，只做屈膝和站直的动作，或坐在弹簧床上轻轻摇动，就可以安抚他。

27. 充满乐趣的大圆桶

即使是那些前庭系统有问题的孩子，也会被围着毯子的大圆桶所吸引。这个活动能有效提高孩子对前庭刺激的忍受度。开始的时候要慢慢来，随时注意孩子是否还能忍受，随着孩子的忍耐度不断提高，可以加大力度。感谢注册职能治疗师芭芭拉• H. 林德纳与注册职能治疗师诺尔• S. 莱文与大家分享他们的这个游戏活动。

适龄孩子

◆ 2~4 岁：需要成人在旁边密切地监督。

◆ 5 岁以上：孩子穿越圆桶或在圆桶内休息，成人在刚开始的时候，要非常注意，然后可以稍微放松。

◆ 不限年龄：翻滚时要不时地密切注意。

特别提醒

请参考下文“活动材料”的指示。

您需要

◆ 向专业人士咨询，如何能使大圆桶发挥最大的功效。

◆ 在孩子玩这个不断移动的圆桶时，您一定要密切地在旁边监督。

◆ 注意不要让孩子的手指被圆桶的边缘碾到。请记得要一直提醒孩子“不要把手伸出来”。

孩子可以这样玩

◆ 您推动圆桶，孩子则躺在圆桶里面，随着圆桶一起翻滚。

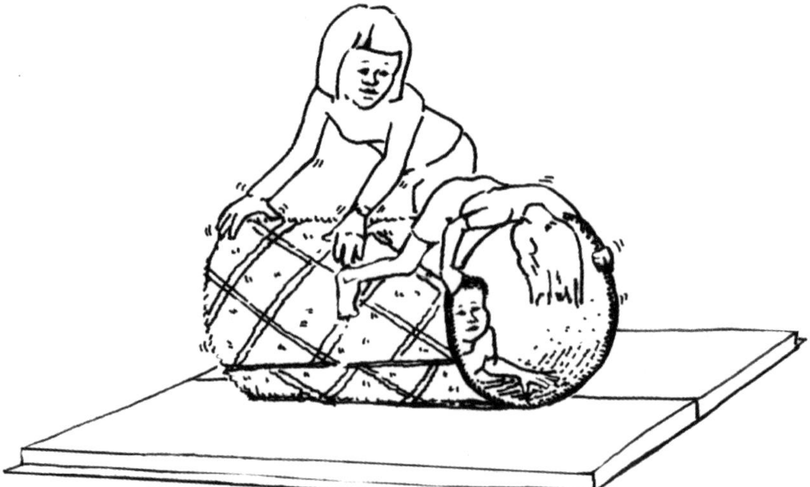

- 钻过圆桶以及隧道。隧道是把一条布管伸长后套在圆桶一端做成的（请参考第9章的“103. 障碍游戏场”与第4章的“48. 布制通道玩杂技”）。
- 两腿分开跨坐在圆桶上骑着圆桶（注意：我们不推荐大孩子做这个动作，比如发育迟缓的青少年或成人，因为他们的重压可能会压垮纸板做成的圆桶）。
- 让孩子站在凳子上，您把圆桶立起然后抓稳，再让孩子双脚先跨进去，然后整个人爬进圆桶里面。接着您用手继续扶住圆桶，孩子在桶内用双手推内壁，轻轻地把圆桶推到“缓冲垫”或软垫上，然后爬出来。
- 躺下或蜷曲在桶内，能隔断让人分心的画面和声音，孩子可以阅读、做功课，拥有一段安静的休息时间。
- 游戏结束后，可以把圆桶立在墙角，然后把玩具和其他设备放在圆桶内。

活动的益处

- 摇晃与滚动提供了前庭、运动觉和本体觉刺激。
- 爬行和攀爬能改善动作计划能力、姿势控制能力和双侧协调能力。
- 两腿分开跨坐，能增加肌肉维持姿势所需的力量，这能改善身体还原初始姿势的能力和提高平衡感。
- 在圆桶内休息，给孩子一个喘息的空间，逃离所有恼人的事。

活动材料

- 外面裹着一层硬纸板的大圆桶，就像运送洗衣粉到自助洗衣店或杂货店回收塑料袋的圆桶。
- 锯子（或可携带型电锯）。
- 小块零碎地毯，可以向铺地毯工人索取。
- 地板黏合剂和抹刀。

准备工作

- 如果圆桶外面有塑料膜保护，就把塑料膜拆掉，露出里面干净又厚实耐用的咖啡色纸板。

- 用锯子把圆桶的底部锯下来（如果有顶部，顶部也要锯掉），小心不要锯到里面的金属边缘，这样才能保持圆桶的圆形形状。
- 裁两块地毯，刚好能盖住圆桶内圈和外围。如果地毯足够大，只使用一块就好；如果不够大，就需内外各一块。如果地毯太小，用拼凑的方式拼出需要的大小也行。
- 把地板黏合剂涂抹在纸板上，然后把地毯贴到圆桶表面。把刚刚锯下来的底部推进圆桶内，好压住刚刚贴上去的地毯以免移位，等到干了的时候就可拿掉。请特别留意，金属边缘的部分也要完全用地毯盖住。
- 把圆桶放置几天，好让黏合剂的毒气散发掉。修剪任何有安全隐患的"鬃须"。现在，您可以开始尽情翻滚啦！

进行圆桶活动的时候，请阅读以下信息。

职能治疗师的话

注册职能治疗师诺尔·S. 莱文说："请务必提醒家长，孩子的前庭系统可能受到过度的刺激，必须掌握适度的原则，这一点至关重要！因为前庭刺激极有可能会导致孩子晕厥（想想您上次坐云霄飞车的体验），尤其是要特别留意那些明显需要和（或）喜爱前庭刺激的孩子。假如孩子因为无法察觉或太过享受新的体验而出现了'过度'的倾向，作为父母或监护人，您并未学过中枢神经系统对不断增加的刺激如何反应的理论知识，那么您一定要当心这点：'过度刺激对孩子有害！'

"千万不要理所当然地认为，一点点刺激对孩子有益，那么更多刺激一定会更好。您应该咨询知识丰富的专业人士，例如职能治疗师或其他受过感觉统合训练的专家，能确保孩子是以安全、合适的方式来享受圆桶游戏的乐趣。"

请参考前面提到的"必须中止活动的不适征兆"。

28. 温和的打闹游戏

就像小猫、小狗一样，孩子也需要在一起翻滚和打闹。包括我们在内的所有哺乳类动物，都必须学会如何去碰触和被碰触、做出各种动作并相互移动，以及在互相打闹中学会“大事化小”的相处之道。所有的孩子，包括娇气的小女生，都能从要用到全身肌肉的打闹游戏中受益。安全又适宜的肢体游戏，能强化我们的肌肉，也能使我们在打闹中学习到这样的道理：我们的身体可以做什么，不能做什么，怎样保护自己，怎样看待发生在自己身上的事情，以及如何做出聪明的选择，如何结交朋友与维持友谊，等等。

无论孩子是否有感觉统合障碍，如今的孩子们都太缺乏与他人之间适当的肢体接触。因为他们过长时间地看电视以及看其他屏幕、父母没有时间陪伴、无聊地进行着电脑游戏、下课时间缩短、没有“提重物”的机会，再加上“娱乐没有教育意义”这样的误导，导致孩子们很少在一起玩打闹游戏。

我们必须让我们的孩子再动起来。我们可以和他们一起做游戏，手牵手、脚对脚、身体挨着身体，让他们重新动起来。这些唤醒您儿时回忆的有趣游戏，正是具备 SAFE 四条件与温柔的打闹活动的好点子来源。

适龄孩子

- 婴儿到 6 岁的孩子。

活动材料

- 柔软的地面，例如草地、沙滩、运动垫、地毯或缓冲垫。

A. 划小船

面对面坐下来，腿张开呈 V 字形。互相拉住对方的手，两个人的脚指头或脚底相碰（您的膝盖可能需要稍微拱起）。两人的手前推、后拉，好像在划桨。两人边玩边唱：“划、划、划，划小船。”手前后“滑动”的距离要尽可能拉大——直到你们的背可以安全、顺利地碰到地板，这是可以做到的！

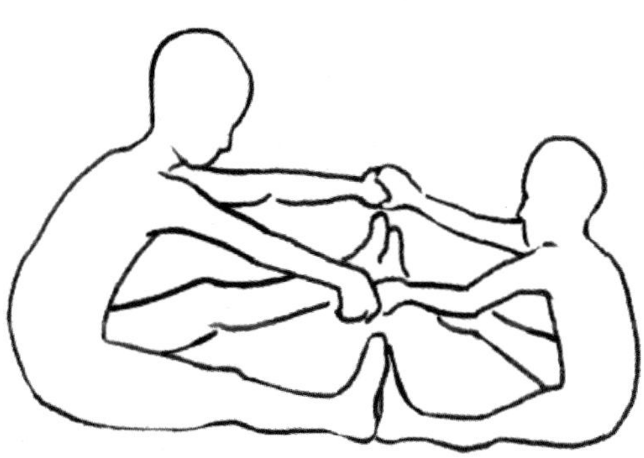

B. 渔船

背朝下躺在地上，抬起膝盖到胸前，脚踝靠在一起。让孩子趴在您的小腿胫骨上，两腿分开分跨在您的脚踝两边，小腿跷起来，脚指头在空中。为了“停泊”得更稳，您可以把脚指头向外弯曲，钩住孩子大腿后侧附近并固定住孩子。抓住孩子的手或肩膀，然后前后摇晃他的全身，好像随着海浪漂浮一般。

最后，为了让本体觉游戏有个美妙的结束，继续背朝下躺着，把您的孩子拥到胸前。用您的脚让孩子做出大幅度的晃动，同时给他一个大大的拥抱。

C. 飞机

背朝下躺着，膝盖弯起来，脚指头朝上，接着握住孩子的双手，把您的双脚贴在他的下腹部，然后把他举起来，使他平稳地“起飞”。当他在上方时，鼓励他把脚水平伸直。飞机可以飞多高呢？这完全取决于您的孩子是否感到愉快、舒服与安全（重力安全感）。如果他觉得飞低一点比较安全，您可以继续保持双腿弯曲，把手的姿势换成撑住他的胸膛。等他准备好要高飞的时候，把您的双腿、双手都撑直。

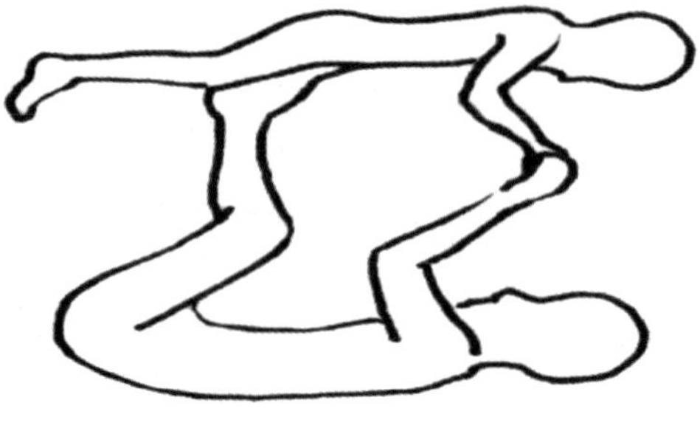

D. 骑马

双膝跪下，让孩子站在您身后，双手环绕在您的脖子上。单手握住他的手，一方面帮助他调整姿势，一方面也避免脖子被他勒住。慢慢地降低另一只手的高度，感到您的背部呈水平姿势。让孩子两脚分开，跨坐在“马鞍”上。孩子可以把他的手搭在您的肩膀上，或拉住“缰绳”（用围巾绕过您的腋下和胸前，孩子可以拉住围巾两端）。嘿哟！载着您的小牛仔驰骋一番吧！

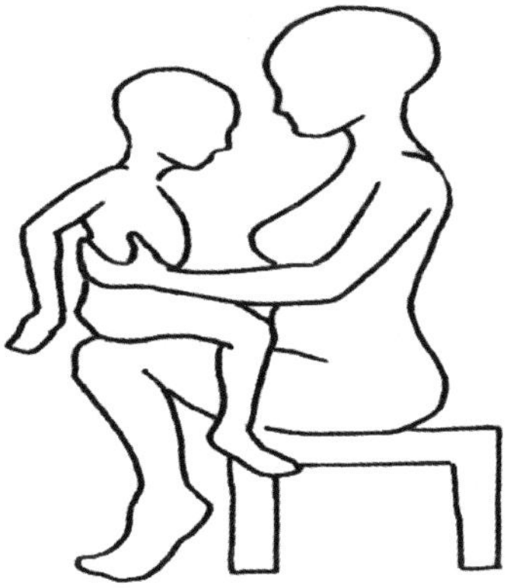

E. 小姐这样骑着马

把孩子抱到您的膝上，扶住他的腰，一边用《我们围着桑葚树》（***Here We Go Round the Mulberry Bush***）这首歌的曲调唱或念着“小姐这样骑着马”，一边带着孩子“骑马”骑三次。

- 轻轻抬起膝盖、弹起孩子，一边轻声唱第一段：

  小姐这样骑着马，这样骑着马，这样骑着马；

  小姐这样骑着马，在大清早骑马。

- 唱到第二段时，声音稍微放大，上下振动的幅度也大一些：

  绅士这样骑着马……

- 不时地将膝盖抬高、放下，让孩子左右大幅摇晃。大声、欢乐地唱出第三段：

  牛仔这样骑着马……

妈妈心声

唐娜·贝克尔说：“我和 4 岁的孩子玩这个飞机姿势游戏的时候，他把坠落到我身上的动作叫‘降落伞’。飞机坠落的动作对有重力不安全感的孩子很有帮助，掉在妈妈的身上总是让孩子觉得比较舒服和安全，所以我们经常练习这个动作。”

F. 狐狸和姜饼人

记得姜饼人的故事吗？大家老是无法抓到他。姜饼人唱着：“Run, run, run, as fast as you can, you can't catch me, I'm the jingerbreadman!”（跑，跑，跑，看你能跑多快！你抓不到我，我是姜饼人！）但是狡猾的狐狸却有办法哄骗机灵的姜饼人，他说：“快跳到我背上，我驮着你到安全的地方。”

在一处柔软的地方跪下（草地、沙地、地毯或运动垫子），让孩子爬到您的背上，和前面的骑马游戏一样，您向前爬行一点点，然后轻轻摇动让孩子跌下背来，假装咬他一大口，说：“真好吃！你真可口！我好爱你哟！”最后紧紧拥抱彼此。

G. 手推车走路

这个活动对本体觉也相当有帮助。让孩子肚子朝下趴在地上，双手手掌撑在地上。如果您的孩子年纪还小（3~4 岁），您的手要握在他膝盖上方的大腿正面，然后抬起他的脚，这就是“手推车”的把手。屈膝或弯下身体来降低高度，让孩子的身体呈几乎水平状态。

若是幼儿园的孩子或更大的孩子，您可以把双手移向他的脚踝，这样能增加挑战难度。随着他的肌肉感觉越来越成熟，他就越有力量撑起自己的重量。

当他用手“走路”时，要牢牢地握住他的脚。可以问一问孩子手推车里载着什么，激发他的想象力。为了让他觉得自己有责任去做某事，可以问他他要去哪里，是要去花园呢，还是绕圈圈？休息过后，他可能会很高兴可以自己推手推车，换他来提起一位不太重的朋友或是兄弟姐妹。

H. 背起我

玩这个游戏时，为了背起孩子，可以像玩“骑马”游戏一样先跪下，然后站起来；您也可以背朝他站在他身前，他可以借着踩在阶梯、沙发、架子或箱型车上，而爬上您的背。嘿哟！回家啰！

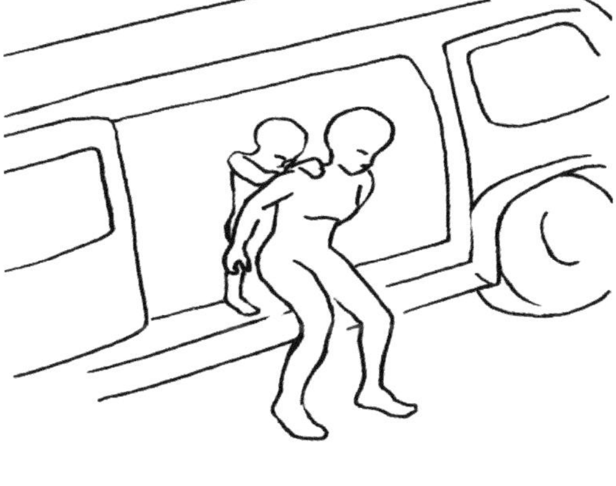

I. 双人舞

面对孩子站着，拉住他的手（如果他需要更多支撑，让他抱着您），然后让他的双脚踩在您的脚上，一边数数字、唱歌、哼歌、朗诵一首诗或放音乐来听，带着他，伴随着节奏在房间里滑动。请变化您的：

- 曲调：慢（徐缓）、中速（行板）、快速（急板）。
- 方向：前、后、左、右、斜对角。
- 节拍：
  - 遇到两拍的歌曲时：一二、一二（例如：左右、左右）。
  - 华尔兹：一二三、一二三（例如：左右左、右左右）。
  - 狐步：一二三四、一二三四（例如：左右左右、左右左右）。

J. 灵活的兔子跳

面对孩子站着，抓住他的手，让他“走上”您的大腿。当他的脚爬到您的腰部时让他头往后仰，脚轻轻弹起在空中翻筋斗，双脚穿过您的手臂并绕过自己的头。当他转圈时，稍微松开他的手，让他的手在您的手中可以转动。安全地把他放到地上或缓冲垫上。

妈妈心声

唐娜·贝克尔说："这真是令人吃惊，不是吗？没想到自己小时候的游戏，也包含这么多感觉刺激。例如'背起我'这个游戏，对前庭刺激非常好，对本体觉与前庭觉刺激也很有作用。我认为我儿子用自己的力量抓住我时，所产生的本体刺激，能帮助他克服重力的不安全感，并且会改善他的姿势稳定度。我只有在需要时才用一只手撑在他屁股下，大部分时间我都会让他抓住我，我的两手是空下来的。我会让他滑下我的背。渐渐地，他就习惯了有控制滑落的感觉；同时因为靠着我的背，他接收到了很多本体觉与触觉的刺激。我们甚至会做转圈的动作，这时，我还是会用手护着他。"

活动的益处

- 改变头部位置、挑战地心引力、保持平衡、伴随着节拍摇晃、往四面八方移动、弯曲（flexion）和伸展（extension）身体上的肌肉，这些都是刺激前庭系统的运动。
- 用力碰触的压力与关节压力（joint pressure），能起到组织并安抚触觉系统与本体觉系统的作用。
- 做出各种姿势与保持不动，能强化身体的知觉、肌肉控制与姿势稳定感和安全感。
- 与信赖的大人或同伴一起嬉闹，能建立信任、自尊、情绪上的安全感，改善社交技能，也能为各项学习奠定基础。

注意事项

- 与进行其他活动一样，当孩子说"我要停下来"或"我不喜欢这样"时，请不要继续下去。这些精力充沛的活动可能超过孩子的负荷，所以请小心进行。

29. 自助洗衣店

在这个活动中，会进行假装洗衣服的动作，这会提供强烈的感觉刺激。金柏莉·吉尔里（Kimberly Geary，理科硕士，注册职能治疗师）几乎是拍着胸脯向我们保证，

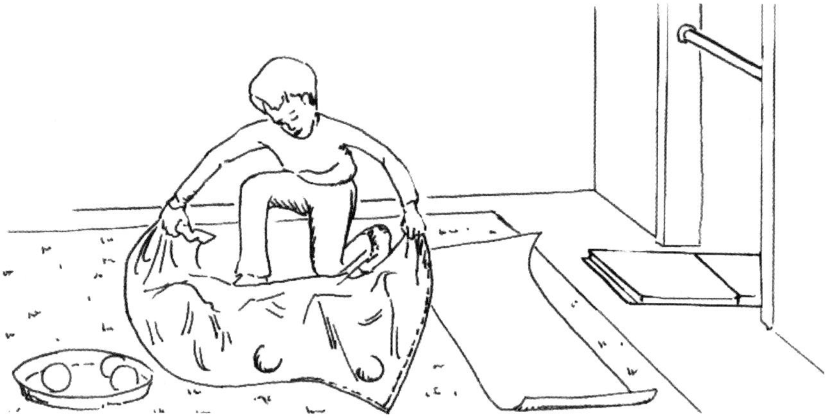

这个活动一定能调节孩子的感觉。如果您的孩子正渴望更多感觉刺激，想要碰触、推、踢、在房间里旋转，那么这个活动就适合他，它也是 SAFE 活动。活动前半部会因为动作与触觉刺激而唤醒孩子的感觉；后半部通过对身体施加压力、用力伸展和源源不断的本体觉刺激，让孩子平静下来，并让身体获得安抚。

适龄孩子

- 3 岁以上的孩子。

活动材料

- “洗衣机”：用将近 3 米长的弹性泳衣布料制作（到布料市场可以购买到），或准备一个连体衣。
- “洗衣粉”：塑料小球（游乐场球池所用的海洋球），很多地方可以买到。
- “吸水毛巾”：用来包裹洗干净的衣服，比如一张床单。
- 运动垫或铺着地毯的地板。
- 选择性材料：“晾衣绳”——可购买“室内游戏单杠”来充当。
- 选择性材料：治疗球。

准备工作

- 如果您会缝纫，可以先缝合布料的底部与两边，做成像枕头套的样子。如果您不会裁缝，请直接购买一个连体衣。

您和孩子可以这样玩

- 您问孩子：“今天你的衣服是干净的，还是脏的呀？”如果他知道这个游戏的玩法，他可能会回答：“脏的！”
- 您说：“好的，脏衣服，请你把自己丢进洗衣机。”鼓励他自己不用您帮忙，把身体装进布袋里。
- 您说：“我要倒洗衣粉了。”从孩子头上把塑料小球倒进去。
- 用一只手轻轻把布袋口捏住。
- 问他：“要慢速还是快速洗衣呢？”请尊重孩子的要求来摇晃他。如果可以，把他稍微抬离地面，这样可以加强感觉。您也许需要找另一个大人来帮忙，才能摇晃这台“洗衣机”。
- 晃几分钟后，说：“现在要开始洗了。”如果孩子可以接受旋转，就开始转圈圈。
- 接着您说：“现在要把你甩干了。”让孩子在布袋里伸展手脚。用您空着的手，温柔但结实地按压在他的四肢上帮他按摩，直到他被“甩干”了。您也可以拿一颗大球在他身上滚动。用较长的时间在这段“甩干”的步骤上，帮助他在经历前面让人充满活力的清洗后，能平静下来、放松自己，让身体得到安抚。
- 最后您说：“洗干净啦！你可以出来了！”孩子会钻出来，而且“干干净净的”！
- 接着让孩子躺在床单的一边，把这个“干净的衣服”包在“吸水毛巾”里，轻轻拍干。紧紧包裹住同样能给他压力，让他平静（请记住，当孩子想要出来时，千万不要限制他）。
- 如果您家门廊上有一个横木，就对他说：“现在你得挂在晾衣绳上才能完全晾干哦！”鼓励孩子尽量悬挂久一点。

变换玩法

- 请参考第 2 章的游戏活动“20. 做‘热狗卷’”以及第 4 章的“47. 变蝴蝶”和“48. 布制通道玩杂技”。

活动的益处

- 孩子蠕动着钻进布袋“洗衣机”里，能锻炼孩子的身体知觉、动作计划能力和运动觉。
- 洗衣、清洗和拧干等动作都能刺激前庭觉。
- 有弹性、又能创造阻力的布袋和大球，都能为孩子的皮肤和肌肉接收器提供压力和本体刺激，让孩子镇静下来！
- 挂在横木上会增加孩子的本体觉、提高孩子的肌肉力量和伸展能力。

注意事项

- 必须随时观察孩子的反应，看他是否出现了恐惧以及不愿意参与等情绪反应。如果孩子无论怎样都不愿意参与这个活动，请不要强迫孩子。
- 如果孩子的前庭系统很敏感，在提起、摇晃或移动他时，请把动作放缓，或按照他的要求去做。
- 如果孩子很想玩这个游戏，但拒绝进入开口束起来的布袋里，也可以让他坐在大盆或大桶内。
- 根据孩子的接受程度，增加或减少塑料小球。

30. 荡秋千、打击和投掷

荡秋千经常能带来许多欢乐，在荡秋千的时候，同时前后摇动也有助于前庭系统的发育。慢慢摇动能让孩子平静下来，快速摇动则能提高注意力。在荡秋千的时候加入打击与丢掷的游戏，会让这个困难的活动变成一场三联赛。

适龄孩子

- 4 岁以上的孩子。无论多大的孩子，如果他能彻底伸展（伸展手脚以及头具有抵抗重力的能力），还有随着秋千摇动的时候能控制眼球运动，他都能从这个游戏中获得最大的乐趣。

活动材料

- 在操场或自家后院安放一个秋千，请调低秋千的高度。
- 塑料桶。
- 打击部分：
  - 重量轻而大的塑料棒球棒，或是纸板做的坚固圆筒状棒子。
  - 塑料水壶——一些是空的，一些里面装半满的沙子。
- 投掷部分：
  - 一篮子的“棒球”——沙包、球、软的玩具和海绵。
  - 加入一些听觉元素，可以辅助视力较差的儿童，而且让游戏更有趣，比如：一桶水、鼓、十块钱的硬币；瓶盖、汤匙或铝锅，可以放在塑料桶内制造声音。

变换玩法

- 击球手的面糊：为了加入嗅觉体验刺激，理科硕士、注册职能治疗师奥布里·C. 兰德建议准备一种与众不同又美味可口的食物——蛋糕面糊。下次您与孩子一起准备烘烤蛋糕时，多做些面糊（不加生鸡蛋，以避免食物中毒。可以改用一根香蕉或四分之一杯的豆腐，刚好能代替一颗鸡蛋）。请将您需要的面糊倒进烤盘里，剩余的部分就留在碗里。然后，蛋糕还在烘烤时，孩子可以坐在秋千上，一边摇动，一边用手指头蘸面糊玩。
- 秋千足球：拿罐子、塑料水壶、瓶子娃娃（见第 4 章活动 37）和装着沙子的水桶，在秋千前面排成一排，让孩子坐在秋千上，以这几样东西为目标，荡过去时用脚去踢。
- 地震：对于还不能坐上秋千的儿童，职能治疗师罗德琳·惠特尼建议，先让他们做这样的热身活动：用一块布当吊床，两个大人一起提起孩子，刚开始快速摇晃，接着慢慢降低摇晃高度，降低速度。摇晃提供的压力，能帮助孩

如何玩“荡秋千、打击和投掷”游戏

您可以这样做	孩子可以这样玩
1. 把一个塑料桶倒放在孩子荡秋千的范围外，在上面放一个水壶	1. 趴在秋千上
2. 把球棒递给孩子	2. 两只手抓住球棒
3. 孩子打中水壶时，您大喊“太棒了！”或说出其他鼓励性的话语	3. 秋千前后摇动时，左右挥舞球棒，打落塑料桶上的水壶
4. 在水壶掉落的地方做记号，在塑料桶上再放置水壶，看看孩子能否打得更远。持续进行打击练习，不能打到“看台上”和“公园外”	4. 试着用更大的力量把水壶击打到更远的地方。持续地来回击打，直到进入投掷的部分
5. 把塑料桶翻过来，向桶里放一些会制造出声音的物品： 把水倒进去，到几寸高为止，或放一个装满水的水桶在旁边。 在塑料桶旁放一面鼓。 把硬币、瓶盖、汤匙或钥子丢进塑料桶	5. 把球棒丢在一旁，现在开始投掷
6. 握着“棒球”伸出手臂，保持手臂不动，让孩子容易抓到棒球。如果孩子是右利手，请站在他的左侧，若是左利手则在右侧，这样孩子要抓您手上的球时，一定得做出跨中线的动作	6. 跨中线去抓您手上的“棒球”。抓住球然后投掷出引起水花的美妙声音、砰砰的鼓声，或叮叮当当的钱币碰撞声
7. 前后移动塑料桶或其他目标的位置，改变丢掷活动的难易度	7. 数一数自己成功击中了几次

子忍受这个活动。

活动的益处

- 前后移动的直线运动（linear movement），通常能缓和并安抚对前庭系统的刺激。
- 趴在秋千上把头抬起来对抗重力的拉扯，能改善肌肉张力的伸展和强度。肌肉张力是前庭系统的重要功能之一。
- 双手一起握住球棒，能改善两侧协调能力。
- 挥球棒和伸手抓取东西来投掷，能强化执行跨中线动作能力。
- 为了挥舞球棒必须调节动作（根据需要弯曲，同时伸展肌肉），为了击落水壶必须出力，两者都能加强本体觉。
- 一边摇动、一边用眼睛瞄准要击落或抓取的目标，能强化视觉动作的聚焦（focusing）技能。

注意事项

- 如果孩子感到挫折或是头晕，可能是因为他缺乏抗拒重力的肌肉张力，或是他在摇动时无法稳定控制眼球运动。请向受过感觉统合训练的视光师或治疗师咨询，找出适合孩子玩这个游戏的方法。同时，您可以先采用难度比较低的游戏，例如第 5 章的“丢沙包游戏”的活动。
- 如果孩子出现了不喜欢该项活动的情况，不是自己主动地移动，请不要帮忙推他。让他自己推动秋千，这样他会感觉很安全，而且觉得一切都在掌握之中。
- 小心不要让沙袋掉进水桶里，不然沙袋湿了就不能用了。
- 如果孩子恳求您让他荡秋千，但您无法带他去操场，不妨在自家装一个“室内游戏单杠”（把打击与投掷部分保留到改天可以外出、有更大空间时再进行）。

31. 飞向火星

现在，您的孩子对太阳系着迷吗？理科硕士、职能治疗师南希· C. 沙纳尔提出的建议是：家长可以利用太阳系，来建构一个外太空的游戏。

适龄孩子

- 4~8 岁的孩子。

活动材料

- 秋千。
- 缓冲垫。
- 选择性材料：
  - 若喜欢在户外进行，请准备防水布垫，铺在缓冲垫下方。
  - 准备不同大小的沙滩球（或治疗球）。

准备工作

- 把缓冲垫（“火星”）放在秋千（“火箭”）前面的地上。
- 一起讨论哪一颗球是月亮、哪一颗是冥王星，以及其他星球。

如何玩“飞向火星”的游戏

您可以这样做	孩子可以这样玩
1. 按照孩子认可的方式，推动秋千前后运动或旋转，确定孩子可以容忍这种被动的前庭刺激，如果超出了他的接受范围，就要立刻停止	1. 假装自己是准备升空到外太空的一个小航天员，登上“火箭”
2. 一起倒数计时、准备发射	2. 一边前后摇动或旋转，一边和您一起倒数计时，大喊“10！9！……1！发射！”
3. 当航天员平安降落在“火星”上时，要赶快抓住秋千，避免撞上孩子的头	3. 假装按下“喷射”按钮，跳到“火星”上
4. 您向“火星”滚动一个大球，说：“这是月亮，我们要来拜访月亮了！”	4. 离开凹凸不平的“火星”来到“月亮”上。在大球上坐着、弹跳，也可以趴着或躺在球上
5. 说：“在月亮上高高弹起。”鼓励孩子练习有益感觉的动作	5. 活力十足地在“月亮”上坐着并弹跳
6. 说：“回火箭上的时间到了。”帮助孩子冷静、平静下来	6. 返回“火箭”，从容地航行回“地球”
7. 说：“准备穿越大气层。”帮孩子让秋千慢下来直到停止。接着说：“欢迎回到地球上，来一个拥抱。”同时请张开您的双臂	7. 下机，回到“地球”（妈妈）温暖的怀抱里

活动的益处

◆ 孩子沿着直线跑或转圈移动，能刺激前庭系统。

◆ 把自己丢到缓冲垫上，提供了前庭与本体觉反馈。

◆ 从秋千到缓冲垫再到大球，能改善动作计划能力、粗大动作技能、运动觉和视觉空间技能。

◆ 在“行星”球上弹跳，能改善平衡的能力。

◆ 讨论星球、太阳系、火箭等话题，能培养孩子对相关知识的兴趣，增进相关的词汇和语言表达能力。

◆ 倾听与遵从指示，能改善孩子的注意力与听觉能力。

注意事项

◆ 与所有其他帮助前庭系统的活动一样，这项活动也必须非常注意孩子对移动的接受程度。如果发现他表现出任何不适应的现象，就要马上停下来（这一点，请参考前面章节提到的注意事项部分）。

32. 莎莉老奶奶

不管莎莉老奶奶是谁，很肯定的是她喜欢动来动去！这个活动是一项充满音乐的游戏，所使用的是我们耳熟能详的儿歌。

适龄孩子

- 3~6 岁的孩子。

活动材料

- 清理出一块空地，或是到户外进行。

您可以这样做

- 说："有一首歌是关于一位名叫莎莉的老奶奶，她喜欢用各种方式做动作，也喜欢停下来。真是非常好玩！"
- 唱《莎莉老奶奶》，音调和《我们围着桑葚树》差不多。如果您不想唱歌，也可以朗诵。您可以利用键盘乐器、木琴、吉他或自动竖琴伴奏；如果没有任何乐器，拍手来打节拍也行。
- 绕着孩子跳跃并行走，这样可以增加乐趣。
- 边走边唱了一段之后，问："你还想怎么动呢？"
  - 如果孩子无法用言语表达他的想法，告诉他："做给我看！"
  - 如果他说得出来（例如"像猫一样"），但无法做给您看，帮助孩子调节他的身体像猫一样轻声走路，让孩子模仿你的动作。
  - 如果他停下来，不知道该怎么办，为了让他回到游戏中，您可以说："我看到你在眨眼（边说边甩甩头、动动手指），你是不是想这么做呢？那就一起来吧！"

莎莉老奶奶

5（G） 莎莉 Old Lady	7（B） 老奶奶喜欢 Sally likes to	2（D） 跳—— Jumpity–	5（G） 跳 Jump,
6（A） 跳—— Jumpity–	2（D） 跳 Jump,	7（B） 跳—— Jumpity–	5（G） 跳 Jump.

续表

5（G） 莎莉 Old Lady	7（B） 老奶奶喜欢 Sally likes to	2（D） 跳—— Jumpity-	5（G） 跳 Jump,and
6（A） 莎莉 Old Lady	7（B） 老奶奶喜欢 Sally likes to	5（G） 停！ STOP!	（休息）

第二段：莎莉老奶奶喜欢伸展……（一边移动、一边往上或往两旁伸展。）

第三段：莎莉老奶奶喜欢单脚跳……（左右脚轮流单脚跳。）

第四段：莎莉老奶奶喜欢翻滚……（躺下来，像热狗一样在地板上滚动，或滚下草坡。）

下一段：莎莉老奶奶喜欢踮脚尖、踢正步、跳跃、爬行、拍手、耸肩、嚼一嚼……

最后一段：莎莉老奶奶喜欢睡觉觉！（蜷曲身体，假装睡觉。）

孩子可以这样玩

- 上面几段通通都做！
- 提出更多动作的点子。

活动的益处

- 改变头部位置、随着节拍有韵律地移动身体、弯曲和伸展、改变重心和运用身体两侧，都能帮助前庭系统正常发展。
- 练习各种移动方法，能改善动作计划能力、粗动作技能和运动觉。
- 在空间中移动，能改善视觉空间知觉。
- 同时使用两侧身体，能改善两侧协调能力。
- 听从指示能改善听觉、身体知觉和注意力。
- 听命令停止动作，能改善孩子的冲动控制（impulse control）能力。

◆ 参与团体游戏，能增进社交互动。

33. 莎莉绕着太阳跑

莎莉老奶奶又来了！她一定和孩子一样，需要很多前庭活动。有些孩子转圈圈是为了头晕晕的乐趣，有些孩子转圈却是为了治疗。也有孩子觉得最好不要转圈，简单地走直线就好。如果他们喜欢故意摔倒，也可以尽情摔倒。

适龄孩子

◆ 3 岁以上的孩子。

活动材料

◆ 长条皱纹纸、缎带、围巾或运动用头带。

◆ “烟囱”——小的交通路障锥或纸做的三角锥。

◆ 木琴（自由选择）。

准备工作

◆ 发给每个孩子一条纸带，然后把“烟囱”散布在地板上。

您可以这样做

◆ 一边敲木琴，一边唱：

莎莉绕着太阳跑

1（C） 莎莉 Sally goes	1（C） 绕着 round the	1（C） 太阳跑 sun	1（C）	3（E） 莎莉 Sally goes	3（E） 绕着 round the	3（E） 月亮跑 moon	3（E）
5（G） 莎莉 Sally goes	5（G） 绕着 round the	5（G） 3（E） 烟 chim-ney	1（C） 囱跑 Pots,	3（E） 每天 every	2（D） 下 after-	1（C） 午 noon.	高八度 1 （C） BOOM!

孩子可以这样玩

- 在房间里绕大圈圈或小圈圈，把纸带举在头上绕圈圈，左右、上下挥舞纸带，移动身体时要小心，不能碰到烟囱。
- 听到“BOOM!”时，大家要跌成一团。

活动的益处

- 绕圈圈能提供前庭刺激。
- 跟随着音乐移动身体，能改善听知觉与韵律感，这两者都能培养语言接受能力的发展和写字的节奏。
- 在“烟囱”间走动能改善平衡、力量和运动觉。为了避免撞上“烟囱”，必须运用许多视觉技能，包括聚焦、深度知觉的技能和主体 - 背景技能。
- 挥舞纸带能改善跨中线的能力。
- 故意摔倒提供了很棒的本体觉惊喜。

注意事项

- 如果孩子绕着圈圈移动出现不舒服，则可以走直线。

34. 来来来，来洗澡

很久以前，很多家庭只在星期六晚上洗澡，那时还没有室内浴室，提水、烧热水，把可移动的大浴桶装满水，是非常费力的活儿，所以很多家庭把浴桶装满水，全家人轮流洗澡。等轮到最小的孩子时，经常是水已经凉了。

《来来来，来洗澡》（*Looby loo*）这首儿歌就是描述孩子如何快速把手脚伸进浴缸，然后赶快跳出来，把身上的水滴甩干：

合唱

Here we go looby-loo（来来来，我们来洗澡），

Here we go looby-light（来来来，我们来洗澡），

Here we go looby-loo（来来来，我们来洗澡），

all on a Saturday night（就在星期六的晚上）。

各节

1. 右手伸进去，右手伸出来。右手甩、甩、甩，然后转个圈。

2. 左手伸进去……

第 4 章

本体觉活动

7 岁的宝拉是个小女孩，她的协调能力不太好。她的动作很笨拙，手臂要伸进衣服袖子或手指头套进手套的时候，总是很费力；上下楼梯时，一定要看到自己的脚在哪里。不管何时何地，只要有机会，宝拉总是渴望对身体制造压力。当她要穿过一扇门时，肩膀会向左右两边摇晃去撞到门框。当她从走廊走过来时，脚后跟用力踏在地板上，或是后背紧压在墙壁上、拖着身体往前走。

宝拉的父母发现了她的这些“自我治疗”行为，所以在家里装了一些简单的设备。他们在后院装了一座稳固的游戏设备，在地下室装了一个单杠，在地上铺了几块床垫，让宝拉可以玩单杠，也能在床垫上弹跳。宝拉经常使用这些设备，因为更多的本体觉刺激才能让她觉得自己“情绪稳定”。

本体觉能告诉我们关于位置、力量、方向，控制身体各部位的动作，并有助于统合触觉与前庭觉。本体觉接收器分布在我们的肌肉、关节、韧带、肌腱和结缔组织中。

本体觉，即“姿势感觉”，传递肌肉是在伸展还是收缩，以及关节是弯曲或伸直的信息。即使我们静止不动，仍有地心引力在我们未意识到的情况下，刺激我们的接收器产生本体信息。

本体觉的功能在于提高身体知觉和促成动作控制与动作计划能力。本体觉协助我们用肢体表达自己，让我们能以省力又有效率的方式移动身体。有了本体觉，我们能平稳地走路、快跑、爬楼梯、提箱子、坐下、站立、伸展和躺下。同时，当我们拥有正常的本体觉而能信任自己的身体时，我们会感到安全与安心，而产生情绪上的安全感。

宝拉的行为经常异于其他孩童，因为本体觉障碍影响了她摆姿势和移动身体的方法。幸好宝拉的父母协助她获得更多刺激，帮助处理她的本体觉障碍。

本体觉障碍的表现特征

不能有效整合来自肌肉与关节感觉的孩子，可能会出现如下症状：

- 有碰触方面的障碍，或平衡与移动方面的障碍。
- 不容易有身体知觉。

- 身体僵硬、不协调、笨拙，经常跌倒或打翻东西。
- 会撞到或靠在其他东西以及人的身上，会侵犯他人的空间。
- 难以完成不熟悉和比较复杂的动作，例如第一次穿溜冰鞋。
- 如果不用眼睛看着，就无法做日常熟悉的事，例如穿衣服。
- 夹发夹、开关电灯、使用教室的工具往往太过用力，以致经常弄坏这些东西。
- 拉扯和扭转衣服，一直拉着长 T 恤的下摆，或是咬袖子和衣领。
- 上下楼梯有困难。
- 走路时双脚踩踏地面砰砰直响，坐在自己脚上，伸展四肢，戳自己的脸颊，拉手指头，或者把手指关节弄得咯咯响（为了获得更多刺激）。

本体觉是所有感觉的重要组织者，也是一种强而有力的刺激输入形态，能降低其他系统的过度敏感，因而有助于提高警觉并降低焦虑。本体觉是所有刺激输入形态当中最安全的一种，所以当您不太确定时，请选择“本体觉”活动！您不妨从以下 SAFE 活动开始进行。

有益于本体觉发育的活动

35. 缓冲垫

您的孩子经常会蹦蹦跳跳、撞到其他人吗？或者经常撞到家具、墙壁和门框吗？如果是，那么缓冲垫会令他非常开心。如果不是，在一开始时，您可能需要先带着孩子玩，与他一起分享这种极为舒适的体验。

适龄孩子

- 2 岁以上的孩子。

活动材料

- 缓冲垫（请参考下面的制作方法）、大的狗窝（垫子）、床垫、棉被或泡棉软垫。

- 选择性材料：铺有垫子的滑板。

制作缓冲垫的方法

- 材料：
  - 四片床单。
  - 海绵碎片，可在代客更换沙发套的商店或是清仓商店里找到，或者用旧的抱枕来取代。
  - 缝合的工具——拉链、魔术贴。
- 内袋的制作：
  - 缝合两片床单的三个边，像信封一样。
  - 在内袋装进海绵碎片或是抱枕。
  - 把第四个边缝合。
- 套子的制作：
  - 缝合另外两张床单的三个边。
  - 如果可以，在第四边缝上拉链或魔术贴，这样比较容易拆开清洗。
  - 把内袋塞进套子里。
  - 如果没有缝上拉链，可以拿一条比较坚韧的线用粗针法把第四边缝在一起，用粗针法比较方便拆下来清洗。

> **妈妈心声**
>
> 住在得克萨斯州圣安东尼奥市的安吉拉·吉尔伯特说：“我用一条旧的棉被套，装一些海绵块，塞到半满，然后打个结。18 个月大的儿子盖瑞爱极了这个玩具。这个玩具会发出声音，当他爬进去时，发出很多声音。还有，这个玩具也足够大。”

准备工作

- 选择在客厅、卧房或游戏房清理出一块空地，把缓冲垫放在地板上。

孩子可以这样玩

- 从沙发或床上跳到缓冲垫上。
- 躺在垫子上，在垫子上翻滚。
- 在垫子上小睡一下。
- 趴在滑板车上，然后摔到缓冲垫上。

- 搭配其他 SAFE 活动，包括：
  - 本章的“48. 布制通道玩杂技”。
  - 第 3 章的“28. 温和的打闹游戏”。
  - 第 3 章的“31. 飞向火星”。
  - 第 6 章的“73. 杰克和吉尔”。
  - 第 9 章的“105. 午夜女巫几点了”。

活动的益处

- 掉落在缓冲垫上产生的重击，能对肌肉和关节产生压力，是很强烈的本体觉刺激。
- 跳到缓冲垫上和在上面翻滚，能提供前庭觉刺激。
- 身体和缓冲垫的摩擦，能提供触觉刺激。

变换玩法

- 不会使用针线吗？可以直接在百货公司或家具店买几条棉被，或用榻榻米上的垫子。更好的方法是直接找店里的客服中心，告诉他们，您的孩子有特殊需求，问他们是否能给您免费的棉被展示样品。
- 要制作一个临时的缓冲垫，可以把家里的沙发垫子、抱枕和棉被都扔在地上，或是在后院把树叶堆成一座小山。

36. 轮胎内胎

简•艾尔斯博士曾写道：“每个孩子体内都有一股强大的动力来发展感觉统合系统。”给孩子一个轮胎，您就能帮助孩子启动这股强大动力了！

以下是来自马里兰州的两位注册职能治疗师巴布•麦克劳力和金柏莉•吉尔里的好方法，还有全国各地的父母和教师们多次应用而总结出来的游戏活动；当然，也有来自孩子们自己的感受。

适龄孩子

- 2 岁以上的孩子。

活动材料

- 牵引机或卡车淘汰不用的轮胎内胎（可以利用电话簿查询“轮胎”，找到免费的旧轮胎，或是购买新的也可以）。
- 把充气阀盖起来，以免戳到或剐伤孩子：
  - 一块海绵（大约 25 厘米 ×20 厘米 ×74 厘米的立方体）。
  - 管线胶带。
- 用来捆绑内胎的绳子：
  - 5 厘米宽的魔术贴——捆绑两个内胎要 2.75 米长，三个内胎要 5.5 米长。
  - 或是用 5.5~7.3 米长的尼龙绳。
- 如果想把内胎挂在树干上，则需要更长的绳子。
- 准备一块可以翻滚的地方，例如运动垫、厚地毯或草地。

准备工作

- 邀请孩子一起把轮胎内胎擦干净（请记住，大部分孩子觉得费力的工作都很有乐趣）。
- 到摩托车店为内胎充气。可以向服务人员要新的针阀和阀盖以防止漏气。
- 用海绵包裹充气阀，用管线胶带贴牢。

一个轮胎的玩法

您可以这样做	孩子可以这样玩
1. 在旁边陪伴	1. 在“甜甜圈”的洞内爬进爬出
	2. 跨坐在轮胎上，一只脚在外，一只脚在内，沿着轮胎绕圈圈，用屁股弹跳
	3. 用各种不同的姿势躺在轮胎上面
2. 用手或手指头从旁协助	4. 站在轮胎上走一圈
3. 把轮胎放在后院游泳池	5. 漂浮
4. 用一段够长的坚固绳子缠绕轮胎，然后绕过树干悬挂轮胎	6. 荡秋千
5. 把轮胎带到积雪的山坡上	7. 滑轮胎雪橇

两个或三个轮胎的玩法

您可以这样做	孩子可以这样玩
1. 把轮胎散布在草地上，或是玩第 9 章的“障碍游戏场”游戏，加上轮胎这道障碍	1. 站在轮胎旁将脚踩进踩出
2. 把两个或三个轮胎用魔术贴或绳子绑在一起，变成一个橡胶桶。 扶着橡胶桶让孩子玩（请参考第 3 章“充满乐趣的大圆桶”）	2. 推动、滚动橡胶桶，穿越橡胶桶或躺在里面休息
3. 让孩子趴在垫子上，把橡胶桶滚到他身侧，压过他的背（注意不要压到他的头）	3. 趴在垫子上，享受橡胶桶滚过背部时带来的压力

- 把内胎放在运动垫或草地上。
- 若您想做一个橡胶桶，剪三段魔术贴或尼龙绳，将轮胎捆绑在一起。要分别捆绑轮胎的三个地方，才能把它们固定住。

活动的益处

- 协调身体各部位做出不同的姿势，能改善身体知觉、动作计划能力、问题解决技能和自尊。
- 将身体按压在具有阻力的橡胶轮胎上，能提供强烈的触压与关节压力。
- 站在轮胎上和绕着轮胎走一圈，能加强平衡感、脚眼协调和运动觉。
- 利用轮胎弹跳和荡秋千，能提供前庭刺激。
- 躺在轮胎做成的橡胶桶内滚动、摇晃，能提供更多前庭刺激。

37. 瓶子娃娃

这些瓶子足以证明，用比较简单、经济的方式，同样可以提供给孩子有趣、耐用又回味无穷的玩具。

适龄孩子

- 3 岁以上的孩子。

活动材料

- 几个塑料瓶子（一升容量），先洗干净，把标签撕掉；棍子。
- 为瓶子增添色彩：
  - 可以洗掉的广告颜料。
  - 食用色素。
- 创造瓶子的视觉乐趣：
  - 矿物油。
  - 亮片。
  - 纽扣、小贝壳、小的鹅卵石。

准备工作

- 在瓶子里装 1/2 或 2/3 的水，不必装满。
- 在一些瓶子里加一滴广告颜料或一些食用色素，为瓶子增添色彩。
- 在另一些瓶子里加几汤匙的矿物油、亮片、纽扣或其他东西，为瓶子增添视觉乐趣。
- 把盖子盖紧。

孩子可以这样玩

- 手里握着瓶子。
- 好像抱着洋娃娃一样，用手臂托着瓶子前后摇晃。
- 前后翻转瓶子，观察瓶子里的东西怎么移动。
- 摇晃瓶子。
- 假装在市场里做买卖。
- 把瓶子塞在夹克里，像是很重的包裹。
- 瓶子放到水桶或推车里。
- 用棍子推动瓶子。

- 在草坪上边跑边踢瓶子。
- 在荡秋千时伸脚去踢瓶子。
- 将瓶子埋在沙子里。

活动的益处

- 举起重重的瓶子，拿在手上，或是踢、推瓶子时，本体觉就能获得改善。
- 活动身体，使劲用力，能改善身体知觉。
- 双手拿着瓶子前后摇晃能改善两侧协调能力。
- 观察不溶于水的矿物油或其他小东西在瓶子里到处流动，可以强化视觉聚焦与视觉追踪这两项视觉技能。
- 操纵瓶子能改善动作控制与动作调节能力。
- 孩子在游戏里假装瓶子是包裹、小娃娃、海盗的宝物、恐龙骨头、魔法药剂等，能改善具象思维能力。
- 和其他孩子分享瓶子、玩游戏，能改善沟通与社交技能。

注意事项

- 要为每位参加者都准备好塑料瓶（因为与其他人共享很难）。
- 把瓶子留在室外。虽然瓶子不容易破裂，孩子的手也没有力气拧开瓶盖，但是仍有可能因为之前的施力而破裂漏水。

38. 好玩的绳子

有时候很普通的东西就能成为最好的玩具。以下几个点子是职能治疗师罗德琳•惠特尼和理疗师安玛莉•卡曼的建议。

适龄孩子

- 年龄不限。

活动材料

- 约 8 米长的绳子。

◆ 选择性材料：鼓或其他能打出节拍的乐器；吹泡泡的工具；“肚子滑板”或真的滑板。

A. 拉或拽的活动

您可以这样做	孩子可以这样玩
1. 您站在某一点上，紧紧地握着绳子的一端	1. 和大人面对面，手拉着手，趴在地上，用肚子当滑板（如果家里有滑板，就趴在滑板上）
2. 为了方便抓握，在绳子上打上绳结。握住一个绳子结，轻轻地拽动，让孩子和您面对面	2. 握着绳子，和大人玩拔河游戏
3. 如果必要的时候，可以把绳子系在某个固定物体上	3. 拽一根系在了固定物体上的绳子
4. 把绳子一端压在汽车轮子下面	4. 孩子把绳子从车轮下面拽出来

B. 走的活动

您可以这样做	孩子可以这样玩
1. 在地上把绳子摆成直线、蛇的形状，或圆圈、8 字形	1. 两腿分跨绳子两边，往前、往后绕着绳子走
2. 拿第二条绳子垂放在第一条绳子上，两条绳子形成几个交点	2. 踩在两条绳子的交点上
3. 把绳子摆在地上，摆成直线或比较复杂的形状	3. 走在绳子的一边，先走右边再走左边；或像走钢丝一样，脚后跟先踏下去，然后脚指头才踏下去，往前和往后走都试试看。穿着鞋袜或赤脚都行
4. 拍手或击鼓，维持固定的节拍。向孩子吹泡泡	4. 跟随着节拍走在绳子上。边走边追赶泡泡

C. 扭动的活动

您可以这样做	孩子可以这样玩
在攀爬铁架上用绳子编一个“蜘蛛网”	在“蜘蛛网”上扭动

D. 跳的活动

您可以这样做	孩子可以这样玩
1. 把绳子摆在地上摆成一个圆圈，假装那就是一个池塘（或浴缸）。反复跳进池塘（或浴缸）再跳出来	1. 让孩子反复地跳进跳出，从陆地跳进池塘，再从池塘跳到陆地上
2. 把绳子一端绑在柱子上，让绳子贴近地面左右晃动绳子。让孩子按照你的口令或节拍来跳绳	2. 孩子跳绳

活动的益处

◆ 玩绳子能增加身体知觉、动作控制和动作计划能力，加强动作调节、姿势稳定度，以及本体觉。

◆ 踩着绳子朝不同方向移动，能改善前庭觉的重要功能，包括移动与平衡、肌肉张力、两侧协调、跨中线、重力安全感。

◆ 感觉到绳子的粗细、弧度和材质，能培养触觉辨别力。

◆ 跟随着别人的固定节拍行走或跳跃，能改善孩子的听知觉、顺序观念、时间感和节奏感。

◆ 看着自己的脚放在哪里，能建立视觉注意力、脚眼协调能力，以及基本的视觉聚焦和视觉追踪能力。

◆ 思考玩绳子的新方法，能开发想象力和加强构思能力。

◆ 与小朋友们一起玩游戏，能提高孩子的社交技能。

注意事项

◆ 有些孩子走在摆成圆圈或 8 字形的绳子上面，要换个方向的时候，可能会头晕。为了不因此降低游戏的乐趣，可以把绳子摆成直线或是弧度很大的曲线。

39. 塑料袋风筝

遇到有风的日子，可以试试这个马上就能准备好的小游戏。夏天的海边或冬天起风的下午，当您想鼓励孩子起来活动时，这个游戏就可以派上用场。

适龄孩子

◆ 3 岁以上的孩子。

活动材料

◆ 塑料袋。

◆ 线。

◆ 粗一点的彩色缎带或皱纹纸。

◆ 剪刀。

◆ 订书器。

准备工作

◆ 剪一段 2~3 米长的线。

◆ 线的一端绑住塑料袋的一边或两侧。

◆ 剪一段约 1 米长的缎带或皱纹纸，做装饰风筝的带子。

◆ 把缎带或皱纹纸钉在塑料袋底部。

孩子可以这样做

◆ 拉住线在风中奔跑，塑料袋会被充满空气而一直飘在空中。

活动的益处

◆ 迎风奔跑需要花很多力气，可以锻炼强健的粗动作肌肉，提升运动觉，而且奔跑能使身体发热并能改善两侧协调能力。

◆ 去感觉袋子已经装满了空气或者仍是瘪瘪的，能改善本体觉。

◆ 伸展手臂放风筝，以及拉线调整角度让风筝一直飞在天空，都能改善动作调节能力。

40. 踢纸袋

我们在游乐场里经常会听到某位妈妈说：“儿子，同样的话让我重复几次呀？不要乱推，不要乱踢！现在你给我坐在凳子上，反省一下自己的行为；除非我说可以了，你才可以回沙坑去玩。”

孩子从这番训斥学到什么了？什么都没有，除了知道妈妈再一次对他很生气。

如果妈妈听过感觉统合，也许能用比较有效的方式来管教孩子，也会知道孩子内心渴望对自己的肌肉和关节提供更多主动的本体刺激。她会了解孩子需要的是“开始

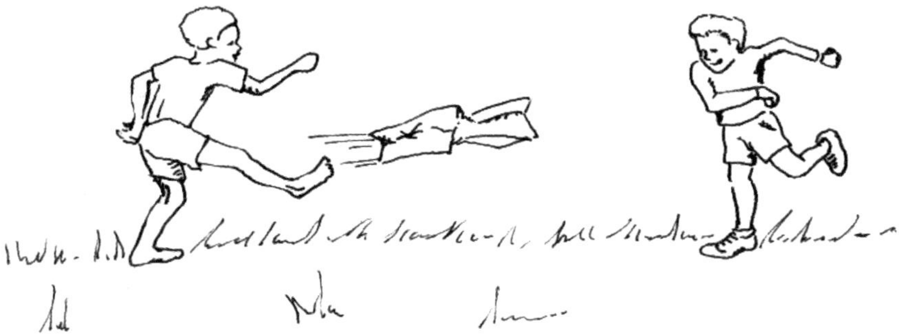

玩”，而不是“时间到了”！

妈妈可以换一种方式，用训练孩子来代替惩罚孩子。妈妈希望孩子集中注意力的时候，可以给孩子一个大大的拥抱，用施加在关节上的重压力让孩子平静下来。妈妈可以说：“儿子，你不能踢别人，也不能踢小动物，因为他们会痛的；不过你可以踢不会痛的东西，例如球；你可以用铲子挖东西、推脚踏车踏板游戏。我们一起来想想有没有更好的点子，来让你的脚动一动。”

下面是个更好的活动，可以用来帮助孩子改善这方面的能力。这个活动来自理疗师安玛莉·卡曼，她曾在密歇根州的能力培养中心工作过。

适龄孩子

◆ 2.5 岁以上的孩子。

活动材料

◆ 纸袋。

准备工作

◆ 把纸袋打开。

◆ 可以自行选择要不要脱掉鞋袜。

孩子可以这样玩

◆ 把袋子踢向空中，再踢一下。

◆ 运“球”（纸袋）穿越草坪。

- 画一条起跑线，和其他孩子一起站成一排，然后比赛看谁能把“球”（纸袋）踢得最远。
- 找一个或者两个小朋友一起互相传“球”（纸袋）。

活动的益处

- 弯曲和伸展整条腿与脚掌，能改善本体觉与运动觉。
- 与纸袋产生接触，能对肌肉与关节产生压力。
- 边跑边踢能改善平衡、粗大动作技能、两侧协调、跨中线、动作调节粗动作计划能力。
- 瞄准然后踢，能改善脚和眼的协调，也能改善视觉空间知觉。
- 找到安全又合宜的途径来发泄精力，对情绪发展很有帮助。
- 和小伙伴们一起踢纸袋，能建立社交技能。
- 光着脚踢纸袋能增加触觉刺激，更丰富了这个多重感觉的游戏。

41. 扔纸球

无论您家里有两个孩子还是一群孩子，都可以玩这个能刺激多重感觉的有益感觉游戏，同时这个游戏非常环保。这个游戏来自密歇根的能力恢复中心的理疗助理伯特·理查德。

适龄孩子

- 4~12 岁的孩子。

活动材料

- 准备丢弃的电话簿、杂志、邮购目录或报纸。
- 剪刀。
- 粉笔、胶带或绳子。

准备工作

- 让孩子撕电话簿和杂志，或沿着报纸的折痕剪，剪成两张一样大小的纸，然后把纸整齐摆成两沓。

◆ 用粉笔、胶带或绳子把后院划分成两部分。

◆ 在两边各放一摞纸。

◆ 把参加者分成两组。

参加者可以这样玩

◆ 在自己那半边的场地，努力保持自己那边场地的清洁。

◆ 每次从纸堆里拿一张纸，把纸揉成一团，好像一个球。

◆ 把纸球扔到另一队的场地（丢纸球时不可以瞄准其他参加者，这也是游戏的规则）。

◆ 捡起纸球丢回去，或继续把更多纸揉成一团扔过去。

变换玩法

◆ 把纸球投进废纸篓或洗衣篮。

◆ 撕一些纸来做天竺鼠的窝，堆成一座纸山。（请准备好面对用纸制造的一团混乱！）

◆ 站着，用惯用手捏着纸张的一角，然后贴在腿上。手臂要一直保持垂下来贴在身旁的姿势，接着再用手指很快地把纸弄皱。这个游戏是《有益学习的酷动作》（*S' cool Moves for Learning*）一书的两位作者理科硕士黛布拉 • 埃姆 • 威尔逊和职能治疗师玛格特 •C. 韦伦 – 怀特发明的。“把纸捏皱”的动作能强化写字所需的精细动作能力。

活动的益处

- 撕纸、揉成一团和丢纸球，能改善本体觉、力量和动作计划能力。
- 揉捏纸球能强化触知觉和精细动作技能。
- 瞄准纸球能加强视觉空间知觉。
- 扔纸球的动作能改善平衡、粗大动作技能、两侧协调和运动觉。
- 一起玩游戏能改善与他人的互动与沟通。

42. 砸糖果

您正在为孩子的充沛精力寻找发泄方式吗？把糖果敲碎的过程能满足孩子想要“打”的欲望，而敲碎的糖果则可以满足他们“吃”的需求。本游戏是由玛莎·米特尼克提供的，她是位于密歇根州伯明翰的一所早期矫正幼儿学校的总监。

适龄孩子

- 年龄不限。

活动材料

- 做饼干用的面团。
- 小包装的硬糖果。
- 4 升左右、有拉链可以密封的塑料袋（一人一个）。
- 小铁锤或小木槌。
- 烤盘、刮刀、铁架子和其他烤饼干需要的工具。
- 选择性材料：饼干印模。

孩子可以这样玩

- 打开一包糖果。
- 数一数，拿出 5~10 个糖果，放进塑料袋里，尽量把空气挤出来，拉上拉链。拿槌子把塑料袋里的糖果敲成碎片。

- 帮忙分面团或把面团压成饼干坯，把饼干坯放到烤盘里。
- 把糖果碎屑撒在饼干坯上。
- 帮忙烤饼干，烤好后帮忙把饼干放到铁架上散热。
- 享受饼干！

活动的益处

- 用力砸碎糖果能改善本体觉和力量，能让孩子发泄多余精力，同时提升粗大动作技能。
- 数一数糖果、撒糖果碎屑和使用工具，都能改善触觉辨别和精细动作技能。
- “注意看自己正在做的事”能强化基本的眼球运动技能，以及更复杂的视觉空间处理技能。
- 和朋友一起烤饼干、使用工具和享受点心，能促进语言发展和社交技能。

43. 铁锤和铁钉

我儿子 5 岁生日的时候，收到一组有一块木头、一袋铁钉和一把铁锤的玩具套盒，这是他所有玩具中最棒的礼物之一。这套玩具陪伴了他很长一段时间。

当铁钉快用完时，我们带他去五金店选购，他看了很多种钉子，最后挑选了几种他觉得长度、重量和色泽都适合的铁钉。

他对店员说："我知道怎么钉钉子了，我要买很多的铁钉。"好心的店员说："我知道。"他让我儿子从箱子里舀出一些铁钉，帮他把铁钉倒在秤盘上。

有一天邻居把一棵枯死的树砍倒，还把砍成几段的树干放在路旁，旁边立了一张牌子，写着："免费的生火木材！随便拿！"我们家的小男孩选了一个大木块，想要把它带回家。他用手、用背、用脚配合，就是拿不动，只好试试其他木头。他找到一个能拿动的，就把那一块带回了家，接着就忙着进行给木头钉上钉子的活动了。

适龄孩子

- 3.5 岁以上的孩子。

活动材料

- 一袋或一罐小铁钉（约 2 厘米长），总重约 500 克。
- 经过干燥处理的圆木，高度约 60 厘米、直径约 45 厘米宽或更宽。
- 铁锤（重量比较轻的玩具锤子不适合这个游戏）。

准备工作

- 先帮孩子轻轻把钉子敲进圆木，直到他可以掌握窍门。

孩子可以这样玩

- 举起铁锤把钉子敲进木头里。

变换玩法

- 太难了吗？可以改用玩具锤子或大头木槌，只要做点修改，孩子同样能得到满足并获得益处：用高尔夫球钉代替铁钉；用下列物品代替圆木：
  - 大块塑料泡沫，可以在包装新烤箱的纸箱里找到。
  - 装蛋的纸盒，把盒子倒放。
  - 南瓜。

活动的益处

- 调节自己的动作与控制铁锤的重量，能给肌肉与关节强烈的本体觉刺激。
- 触摸木头粗糙的树皮与平滑的横切面，感受铁钉很轻和铁锤很重的重量，都能增进触觉辨别能力。
- 一手固定铁钉、一手挥动铁锤，两手配合能加强两侧协调能力。
- 瞄准铁钉头敲下去，能改善视觉技能，包括双眼视觉（binocularity）、注视（fixation）、手眼协调、深度知觉和空间知觉。

注意事项

- 如果孩子很渴望这类的本体觉刺激，但手脚协调不好，就没办法玩这个游戏，可以让他玩第 2 章的“面团游戏”、本章的“砸糖果”和第 7 章的“闻一闻是什么味道”的游戏。

妈妈心声

雷妮·梅什说：“我 7 岁大的儿子克里斯汀，是个‘敲击王’。自从他知道这个敲铁钉的游戏后，就跃跃欲试；一开始玩了之后，他就不可自拔地爱上了这个游戏。我们买了一个老树桩摆在车库里，给他一把铁锤和几根大钉子，让他自己动手尝试。他连续玩了三个星期——真的，不是开玩笑！他从中获得很多益处，他自己也说这个游戏让他思绪更清楚。每当他敲完钉子后，他脸上总是浮现非常灿烂和满足的笑容。”

劳瑞·莱克说：“再多的钉子对杰克来说都不够用。我们买了很多小钉子，杰克会在木片上钉出自己的名字、动物图案，设计一些花样等。他甚至会利用这个游戏制作一份礼物，送给自己喜爱的人。”

44. 甜蜜的纸箱城堡

没有什么比拥有属于自己的甜蜜小窝更令人心安与舒服的了。“每当周围的环境令人无法忍受时，甜蜜的纸箱城堡能提供给孩子一个美好、安静的地方。”注册职能治疗师罗莉 • L. 默克尔说，“利用各种大小的箱子，发挥一些想象力，您和孩子可以创造一个美好的空间，你们能在其中游戏和休息。我发现孩子如果能参与箱子的制作，他们会对这个空间感觉到更安心，就好像这是他们自己的地方。当心思缜密的孩子能信赖您而邀您进入他们的箱子时，那真是十分特别的感受。有好几次我受邀爬进孩子的箱子，在箱子里孩子会和我分享他们的感受，那真是美好的对话。”

适龄孩子

- 会爬的孩子。

活动材料

- 不同大小的纸箱，只要够大能让孩子爬进去都行。
- 胶带。
- 剪刀或美工刀（只给大人用）。
- 蜡笔、白板笔、彩色笔和贴纸。
- 选择性材料：手电筒和振动笔。

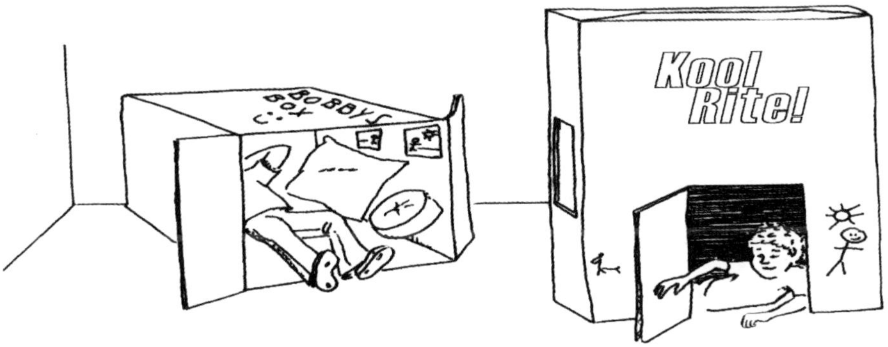

准备工作

◆ 检查箱子有没有锐利的订书钉，把订书钉拔掉。

◆ 确定孩子需要和想要哪种甜蜜的箱子：

- 如果要做一个洞穴，把箱子侧倒，打开一边，放毯子、枕头和书在里面，就能营造出一个远离所有烦恼、温暖而舒适的小窝。
- 如果要做山洞，把两边都打开。
- 如要做游戏房，把一个大纸箱倒着放，并且割开一个门和窗户。
- 如果想做一座城堡或像迷宫似的通道，可以把很多箱子连在一起。

◆ 在纸箱上切一个出口，另外提供一些功能，例如百叶窗、商店前面的雨篷和柜台、窥视孔、逃生门；不妨也把箱子上方打开，让孩子可以把头探出来看看四周。

孩子可以这样玩

◆ 用蜡笔、白板笔、彩色笔、贴纸或振动笔来装饰箱子的里外。

◆ 爬进“山洞”里度过一段静谧的时光。

◆ 爬过“隧道”，往其他游戏设备前进（请参考第 9 章的“障碍游戏场”和第 3 章的“充满乐趣的大圆桶”，这两个游戏能提供更多的感统刺激）。

◆ 玩过家家，假装在家里、食品店、城堡、火箭上、学校表演木偶戏等。

◆ 拿手电筒照亮画在箱子里的图画，观察在手电筒灯光下图画的样子。

变换玩法

◆ 用“甜蜜的纸箱”来进行亲子团体游戏时，每个家庭可以拿三个或更多大纸箱，随意以一种方式将箱子连在一起，然后把每个家庭摆出来的纸箱放在一起，形成一个更大的结构。（劳瑞说：“有一次野餐会，我们利用 60 个大纸箱摆出一个好大的结构。所有大人、小孩都很高兴在迷宫似的箱子间爬来爬去，到处探索。”）

活动的益处

◆ 考虑自己的体形和箱子开口的大小匹不匹配。想想看：我可以穿过去吗？我会不会太大了？这能帮助孩子认识自己的体形大小，也能改善本体觉、动作计划能力和运动觉。

- 爬进箱子又爬出来，能改善两侧协调能力。
- 用有味道的蜡笔或白板笔装饰甜蜜的箱子，能刺激嗅觉系统（请注意在箱内着色时，味道可能会太重）。
- 用蜡笔或振动笔装饰箱子时，笔画在纸板上传来的振动会刺激触觉与听觉，尤其是蜡笔制造的声音更大。
- 用书写用具画图形、线条或字母，尤其是在箱子垂直的墙壁上作画，能加强精细动作技能、写字前的准备技能和提高对形状的理解。
- 用手电筒在大型纸箱内对准画在墙壁上的图形或贴纸照射，能加强视知觉。
- 对那些觉得周围环境有过多刺激的孩子，在一个安静的小小空间中休息，能让他们有一个平静下来的机会。
- 选择把自己的箱子和其他孩子的箱子连在一起，能练习社交技能和沟通技能，而且可能更有乐趣。

45. 身体姿势游戏

您可以碰到自己的脚指头吗？可以用身体做出“T”字形，或坐在椅子上腰板笔直好像脆饼干一样吗？这个有趣的游戏，能让您和孩子一起做出令人惊奇的姿势。

适龄孩子

- 3 岁以上的孩子。

活动材料

- 您自己的身体。
- 选择性材料：一个可以任意扭转的娃娃或布偶，或是木头制作的、关节可以活动的木偶人。这些都可以在美术用品店或收藏品专卖店买到。

您和孩子可以这样玩

- 做一个动作，或把布偶扭成某个姿势，不过这个姿势必须是大家能实际做到，而且可以维持一会儿的才行。
- 大家轮流提出建议和模仿别人的动作。

活动的益处

- 调整身体做出各种动作能改善本体觉、身体知觉、姿势安全感、粗大动作控制、平衡、两侧协调、伸展和弯曲，以及动作计划能力。
- 操控布偶或木偶能改善视觉形象化能力、精细动作能力和手眼协调能力。
- 为了模仿动作，仔细观察别人或是布偶、木偶的姿势，能改善视知觉和注意力。
- 一起玩这个游戏，可以提高每个人的幽默感。

妈妈心声

内华达州的乔迪•贾维斯说："我们喜欢用身体摆出各种字母的形状。如果您够细心的话，也能发现人们用身体的姿势摆出各种字母图案的图书。当然，书里的人比我和我儿子斯凯勒要柔软多了，不过尝试的过程还是充满了乐趣。您还可以让两个或更多孩子一起配合，就能摆出更加复杂的字母啦！"

46. 弹力带

这个活动很适合用来引诱不喜欢参加活动的孩子加入。举例来说，桑迪是一个语言早熟的小男孩，不过，这个孩子有肌肉张力不足、肢体运用能力障碍的问题，他又非常渴望自己在身体控制方面能表现优异。他说自己是蜘蛛侠。他说大英雄不用唱歌、奔跑、摇铃鼓、扮演“杰克和吉尔”或玩“洗澡哗啦啦”，那些游戏都是给普通的小孩玩的。桑迪坚持“不动”的原则，无论是字面意义上的“不动”，还是象征意义上的“不为所动”。

他是我今年最喜欢的挑战对象，我正试着对他“做工作”。

每天早上我都对他微笑，说：“早安，桑迪！”

“我不是桑迪！”他会怒吼着说，接着摇一摇他的蜘蛛侠布偶，说：“我是蜘蛛侠。我是世界上最厉害的大英雄，我什么都不怕！”

对于他的英雄话题，通常我会忽略或是不加以鼓励，因为蜘蛛侠听起来很暴力、没意义又狭隘。然而，后来我领悟到这是一个绝佳的机会，可以用他能够理解的方式、顺着他的话题来和他沟通。也许只要我改变我的态度，他也会改变他的方式，而且与其他孩子在一起相处会越来越正常。

于是，隔了一天，我换了语调说：“早安，蜘蛛侠。”

他小心翼翼地停顿了一下，眨了一下眼睛，把玩具放低，然后小声地说：“早安。”

“看看我们今天要玩什么，蜘蛛侠！今天要玩弹力带哦！这是想要变强壮的人会玩的游戏，比如无敌英雄们都很喜欢这个游戏。”

桑迪的眼睛亮了起来：“无敌英雄吗？真的吗？那我也要玩。”拿到带子后，他一开始还是小心地拨弄，然后慢慢产生了兴趣。“其实这有一点像蜘蛛网。”他说。玩弹力带让他度过了一段愉快的时光。他还建议各种“超强”的弹力带玩法，和同学们也能良好地互动。

这个经验是一个突破。为什么我没有早一点想到呢？

弹力带能锻炼肌肉和关节，同时跟随着领队一起做动作的游戏方式，也让每个参加者都有成就感，感到平静详和，能够专心，并融入群体。

适龄孩子

◆ 年龄不限。

活动材料

◆ 各种弹性带子或绳索，重量要有轻、中、重三种，每条带子约长 75 至 90 厘米；如果想要节省一点，用丝袜代替也行。

◆ 欢乐的音乐，例如唐 • 坎贝尔（Don Campbell）的《莫扎特效应——儿童版，第 1 卷：唤醒你的头脑》（*The Mozart Effect–Music for Children. Volume 1: Tune up your Mind*）专辑里的《一闪一闪小星星》（*Variations on Twinkle, Twinkle, Little Star*）。

◆ 几位参加者（即使只有两个人也能玩得很高兴）。

准备工作

◆ 站着或坐着，面对面或围成一个圆圈。

◆ 让每个参加者选一条带子，说：“如果你的肌肉今天很累，也许你会想要一条轻一点、比较容易伸展的带子。如果你今天精力无穷，可以试试中等程度的带子。如果你真的非常强壮，这条又厚又重的带子就非常适合你。”

◆ 问大家：“可以怎么玩弹力带呢？”

- 观察并模仿正在尝试各种弹力带玩法的孩子。热烈地讨论这些绝妙的想法，强调他们做的是哪种动作、怎么做和动作的位置。例如：“双脚踩在带子上，然后两手拉着带子的尾端上上下下地拉动，能让你的手臂变强壮。”或者，“双手举高在头顶，拉扯带子左右摇晃，让我想到树在风中摇晃的样子。”
- 说：“好，现在开始！先看看我怎么做，然后跟随着我做；接着换尹德用弹力带做另一个动作，我们再跟随着做；接着再换乔伊……”如此一直轮下去。
- 当您觉得孩子都抓到要领之后，就可以开始放音乐。

参加者可以怎么做

- 模仿您伸展后固定住的简单动作，大约重复 8 次，或是直到大家都抓到要领。
- 轮流做领队和跟随者。
- 游戏结束后，孩子的本体系统会很有组织，也很稳定，这时可以去挑战一项需要全神贯注的活动。他们会等不及了哦！

变换玩法

- 在车前座的贮物箱放几条弹力带，出门时孩子就可以玩得不亦乐乎。
- 没有录音带吗？您不需要录音带，因为您可以自己唱歌，或是单单数数字节奏“1，2……7，8”。

活动的益处

- 使用具有阻力的带子，能强化本体觉、力量、两侧协调、粗动作技能和运动觉。
- 握着带子能改善触知觉。
- 想一些新的动作，能帮助孩子建构关于动作的词汇。
- 注视别人的姿势然后模仿他们的动作，能改善注意力、视觉聚焦能力和动作计划能力。
- 这个活动能激发、组织孩子，当活动结束时，他们会不可思议地平静。

47. 变蝴蝶

每个孩子都似破茧而出的可爱蝴蝶。职能治疗师梅兰妮·霍克以这个愉快的游戏活动为例，向我们展现了这个“蜕变”是如何发生的。

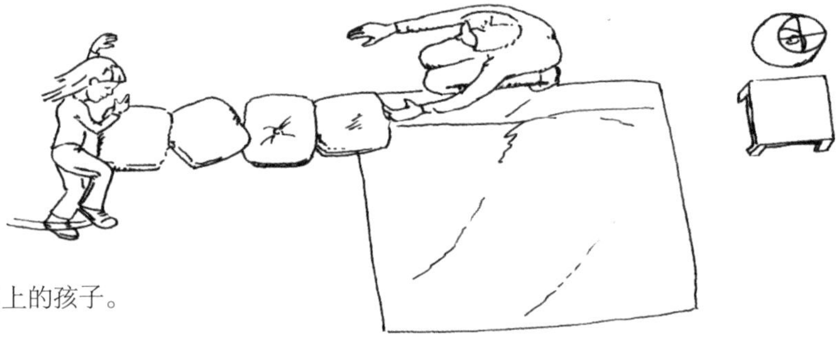

适龄孩子

- 3 岁以上的孩子。

活动材料

- 四个小抱枕、软垫或填充动物布偶。
- 地毯或床单。
- 有铺地毯的地方或运动垫。

准备工作

- 把抱枕放在地板或垫子上排成一排，要一个靠着一个。
- 把地毯或床单展开铺在抱枕队伍的后面，床单比较长的那一边要和抱枕队伍的上边对齐。

活动的益处

- 把身体调整到正确的位置，紧紧地裹在床单里，并像一根圆木一样滚动，都能提供压力和本体刺激。
- 滚动能刺激前庭系统。
- 找到滚动的方法、把抱枕压在胸前、把自己包在床单里以及从“虫蛹里”挣脱出来，都有助于发展更佳的触觉辨别能力、身体知觉、协调、力量、动作计划能力和运动觉。

变蝴蝶游戏的玩法

您可以这样做	孩子可以这样玩
1. 您说：“假装你是一只毛毛虫，快要变成漂亮的蝴蝶。”帮孩子调整位置，让他的头刚好躺在抱枕和床单的上方	1. 侧躺在地上，胸部碰到第一个抱枕，双手高举过头
2. 您说：“毛毛虫要先增肥才能吐丝结成蛹哦！这些抱枕能让你变得又圆又美。”	2. 保持身体直挺挺的，像一根圆木一样滚过来，一边滚动，一边一个接着一个地把抱枕紧紧地压在肚子上
3. 拿起床单帮孩子把身体裹在床单里。注意床单不能盖到头，也要小心抱枕不要压到脸	3. 把整个床单滚在身上，把自己变成一个虫蛹
4. 从一数到三，然后帮孩子从床单中挣脱出来	4. 扭动、挣扎爬出床单，说变成一只蝴蝶。把抱枕扔出来、拍拍翅膀，在屋子里自由地飞舞

48. 布制通道玩杂技

一段几米长的布制通道就能制造很多乐趣，并带来很多好处，实在是太神奇了！下面大部分的建议，来自佛罗里达州波尼塔治疗整合服务中心的总监琳达和家里有感觉统合障碍孩子的两位母亲——唐娜·贝克尔和蕾切尔·豪威尔。

适龄孩子

- 3 岁以上的孩子。

活动材料

- 通道（大约 4 米长）——针织布料，有时也称为“毛线针织布”，可以用来裁制无缝衣服，一般布店都可以买到（另一种方法是购买现成的“阻力隧道”。
- 两个呼啦圈。
- 针与坚韧的线，或安全别针。
- 海滩球或治疗球。

◆ 可以藏在通道里面的玩具。

◆ 拼图。

准备工作

在通道的两端各用一个呼啦圈撑住，拉一些布把呼啦圈包住，然后用针线缝一圈或用安全别针固定（若要提高爬进通道的难度，或者想省事一些，可以不用呼啦圈做支撑）。

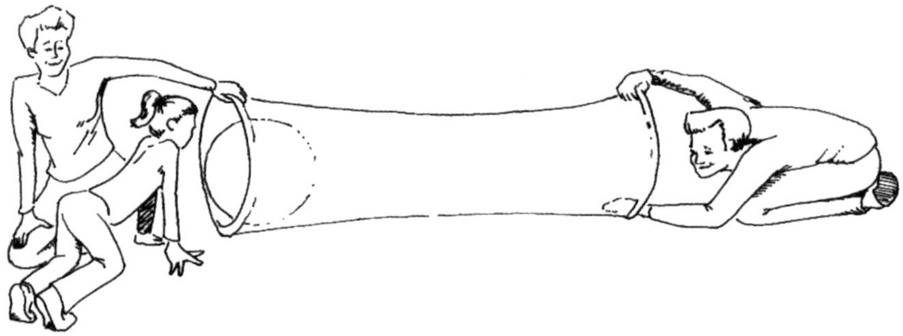

布制通道的玩法

隧道游戏	您和另一个大人可以这样做	孩子可以这样玩
A. 匍匐前进	两个人分别拉住管子的一端，拉紧、撑起一个隧道，底部贴在地上。让孩子趴在地上，向隧道内窥视	肚子贴在地上，用手肘匍匐前进，像鳄鱼一样，也很像丛林里的大兵人偶
B. 爬行	让孩子膝盖着地用爬行的方式再钻进隧道一次	用双手双脚爬行穿过隧道
C. 哄宝宝睡觉	要孩子钻进隧道，停在隧道中间。把隧道两端提起来，轻轻摇晃孩子，好像他躺在摇篮或吊床上一样	停在隧道中间，享受令人放松的左右摇晃

续表

隧道游戏	您和另一个大人可以这样做	孩子可以这样玩
D. 猜猜掉在哪里	故意把孩子轻轻甩落在地板、缓冲垫、沙发椅或填充玩偶上。您可以这样问孩子："你认为自己掉在哪里了呢？"	在看不到的情形下，确认自己掉落在哪里
E. 膝盖还是手肘	隔着布袋触摸孩子身体各部位，然后猜猜摸到哪了，说："嗯，我摸到你的膝盖了吗？"（玩这个游戏时，要不时假装猜错。）	回答大人的问题，告诉大人猜对或猜错了，或是告诉大人正确的身体部位名称，说："不是膝盖，是手肘！"
F. 摸一摸，感觉一下	把一些玩具藏在隧道内，要孩子辨认是什么玩具。如果能在阻隔光线进入的深色隧道内玩这个游戏，效果较佳	在黑暗中不靠视觉的帮助，摸索并辨认玩具
G. 拼图	在隧道出口摆一幅拼图。给孩子一片拼图让他握着，等他爬出隧道时把拼图拼上去	匍匐向前时，手里握着一片拼图，爬到出口后把拼图拼上去
H. 推一推球	让孩子推球穿越隧道，如果孩子对球制造的噪声没有不良反应，就鼓励他："快推！加油！"如果噪声让他退缩，就轻声地说："你好棒哦！我们知道你能做到的！"	用头推着球穿过隧道
I. 隧道障碍道路	在隧道的出口下面摆一片莱卡或尼龙布料，或是连接一个大桶，让游戏更多样化（请参考第 3 章的"充满乐趣的大圆桶"和"自助洗衣店"，以及第 9 章的"障碍游戏场"）	寻找其他方法来穿越隧道和其他设备

活动的益处

- 凭借手掌和手臂支撑身体的重量，能提供本体觉刺激，帮助增加上半身和手臂的力量，也能培养抓握的技能。
- 用头撞球能对颈部和肩膀的关节施加压力，也能增加力量。

> **妈妈心声**
>
> 唐娜·贝克尔说："我为儿子用布做了一个很长的隧道，可以让他爬进爬出。您可以到布店的特价区找一找，什么颜色都无所谓。我买了四种布料，包括波纹网、羊毛布料、厚棉布和灯芯绒，然后一块接一块，沿着边缘把它们缝在一起，缝好后把缝边翻在外面。我买的布料并不是很有弹性的，对六七岁的孩子来说，也许太小不易穿过去，但对还没上学的孩子来说就很适合（我总觉得拼接很多布料做成的百衲被子很适合看不见的人使用）。我们会先把一些东西藏在隧道里，他爬出来时要把这些东西带出来，这样他能同时获得很多本体觉和触觉的刺激。他非常喜欢这个游戏！"

- 拉长脖子和抬起头对抗重力，能改善前庭系统的一些功能，包括肌肉张力、粗大动作技能和姿势稳定度。
- 左右交替向前爬行，能加强两侧协调和运动觉。
- 好像躺在吊床上一样左右摇晃，能刺激前庭系统。
- 穿越隧道时身体和布料间的摩擦，提供了触压。
- 猜猜看自己落在哪里，以及不用眼睛看只用手触摸，能改善触觉辨别和培养视觉形象化的能力。
- 思考身体的哪一个部位被触摸到，能加强身体知觉。
- 推球和握着拼图爬行能加强动作计划能力。

注意事项

- 隧道会因为一直使用而变长，如果长到孩子无法从这头看到出口，也许他会有点迟疑不敢爬进去。若要解决这样的问题，您可以这样做：
  - 把"隧道"洗一洗，布料应该会缩水而恢复原本的长度。
  - 把一端的布卷起来让隧道变短，之后再渐渐增加长度。

◆ 把一端撑开，伸头看向另一端，然后对孩子招手要他爬过来。

49. 购物游戏

大部分孩子都热爱体力劳动！注册职能治疗师金柏莉·吉尔里向我们推荐了这个游戏活动。我们的小购物者购物后，累得筋疲力尽，他们的本体觉系统会变得正常。金柏莉解释说，这是因为本体系统是其他所有感觉系统的调节中枢，所以这个游戏能让孩子做事变得有条理，能安静下来。

适龄孩子

◆ 3 岁以上的孩子。

活动材料

◆ 侧边牢固的塑料海滩水桶或洗衣篮，要大到可以让一个孩子坐在里面——这就是孩子的“购物篮”。

◆ 比较重的日用品，尤其是耐用、不易坏而且包装牢固的东西，例如：

- 盒装早餐谷物和麦片。
- 袋装的豆子和米。
- 瓶装矿泉水。

  - 猫砂。
  - 罐装咖啡。
- 很厚很大的电话本或百科全书。
- “折价券”：利用日用品的图片，或自己动手画，或是从杂志上剪下来，然后贴在硬纸板上。

准备工作

- 把日用品“藏”在房间四处，例如把一袋米藏在沙发椅垫之间、把一盒谷物藏在椅子下、把一瓶矿泉水藏在窗台，其他日用品也一一藏起来。
- 把几本书放到篮子里增加重量，并根据您家孩子能承受的重量，增减日用品的大小、轻重和尺寸等。把“折价券”摆放在房间中能看得到的地方。

您可以这样做

- 要孩子看有什么“折价券”，然后去找那样东西。
- 如果需要，您适时帮孩子搬一下东西并推动一下篮子。

孩子可以这样做

- 看一看房子的四周，找一找日用品藏在哪里。
- 推着“购物篮”到处跑，把日用品捡起来放到篮子里。
- 看着打折券，按着打折券找一找这些日用品，说说哪种物品比较便宜。

变换玩法

- 把魔术贴粘在图片的后面，然后用魔术贴或毛毡覆盖硬纸板，变成一块毛毡板。在玩游戏时，孩子可以把相关的圆形图片贴在硬纸板上。
- 请兄弟姐妹或朋友充当“火腿”“火鸡”或一箱“清洁剂”，然后爬进购物篮里，这时购物者就有一个更重而且更令人满意的“购物篮”可以推了。
- 请孩子的朋友也站在“购物篮”里，由他发布命令，要推车的人先去找一件日用品，接着再找另一件日用品。这样的游戏会让每个孩子都能轮流着扮演不同的角色。

- 某一天去购物的时候，给孩子真的折价券要他们找出上面的物品。
- 当您准备外出或是已经出门购物的时候，孩子们也都需要购物游戏所提供的压力与本体觉刺激，您可以使用“重量背心”代替。

活动的益处

- 推着购物车以及感受重物带来的压力，能提供令人安心的本体觉刺激，同时能提升身体知觉、粗大动作强度、力量和运动觉。
- 环视房间找到藏起来的日用品，能改善注意力与视觉技能，例如视觉聚焦能力、主体—背景和空间知觉能力。
- 在房间里走动，一一捡起日用品，能改善排序、动作计划能力和组织能力，这些都是动作运用能力的重要因素。
- 参考日用品的图片能帮孩子想好需要的购物路线。这种方法对孩子的认知信息接收和表达能力特别有益。
- 和其他孩子一起玩游戏，能加强与别人沟通的社交技能。
- 在真实的食品店进行这个活动，让孩子拿着购物券与食物一一对照，孩子会觉得自己很能干，而且很有用。

50. 在甩干机上抖动

您的孩子是否存在肌肉张力不足的问题呢？您的孩子看起来不如其他孩子有能力吗？或者您的孩子经常感到沮丧，又很难平静下来？无论是哪种情况，如下的这个活动都能快速地组织孩子的感觉系统。

适龄孩子

- 体重达到 18 公斤的孩子。

活动材料

- 烘干机或洗衣机。
- 小凳子或箱子，给孩子垫脚用。

◆ 若是个小婴儿，需要坐在一个不会滑动的摇篮里面。

您可以这样做

◆ 启动机器，再让孩子坐到晃动的机器上面。大人须在一旁监督。

活动的益处

◆ 有规律的摇晃对本体觉会产生影响，因而可以刺激反应不足的系统，同时也能安抚过度敏感的系统。若想进一步了解，为什么同样的活动可以对人产生两极的影响，不妨请教治疗师。

51. 猜猜是多长

存在本体觉障碍的孩子很难评估距离和数数，很难觉知自己身体的各个部位，孩子在生活中会表现得笨笨的。

脚在哪里呢？是在下面哪里呢？脚步有多长呢？可以跨过小水沟吗？膝盖要抬多高，才能爬上楼梯呢？身体要蹲下来多少，才能坐到椅子上呢？手在哪里呢？要用几根手指头来指出数字“6”呢？嘴巴一次可以吃几个爆米花呢？和别人的距离是远还是近呢？

这个活动是从孩子的身体出发，用身体来帮孩子测量距离、长宽和大小。当他能够正确地“猜测”自己的身体和其他物体之间的关系时，才能进一步理解算数、代数、几何、微积分和物理学等抽象观念。

适龄孩子

- 3 岁以上的孩子。

活动材料

- 绳子。
- 褐色包装纸、剪刀和蜡笔。

准备工作

- 一起练习用后脚脚指头去碰前脚脚后跟的走路方式。如果想要挑战更高的难度，您可以牵着孩子的手，让他闭着眼睛跟着您，用上述方法走路。
- 练习在桌子上用手掌“走路”，前面手的手腕刚好碰到后面那只手的指头前端。
- 弯曲您的大拇指，练习把指甲到指关节的部分平贴在桌上。
- 测量孩子的身高，然后剪一段一样长的绳子。
- 让孩子躺在褐色包装纸上，把身体形状描在纸上。
- 让孩子把描好的人形剪下来，然后画上自己的五官和衣服。

“猜猜是多长”的玩法

您可以这样做	孩子可以这样玩
1. 您可以这样问孩子：“猜一猜，如果用你的手来量，从我的肩膀到手指甲，是你手的几倍大呢？你的纸人形从头到脚，是你手的几倍长呢？桌子的这个角落到那个角落，是你手的几倍大呢？”	1. 评估一下距离，然后猜猜看是几只手的长度
2. 不论孩子回答什么，都不要批评，您只是说：“你猜得真有趣（真细心、真棒）。我们一起来找出答案吧！”	2. 用手测量，大声地数出来
3. 您这样问孩子：“从你的坐垫到哥哥的坐垫，是几个大拇指的距离呢？”	3. 先猜猜是几个大拇指的长度，然后再用大拇指测量，同样要大声数出来
4. 您这样问孩子：“从你站的地方到我站的地方，你觉得是几只你的脚的长度呢？从后边的墙壁到那边的墙壁有多远呢？你的床到浴室的距离呢？”	4. 猜猜是几只脚的长度，然后用一脚紧紧地跟着另外一只脚的方式测量，数一数需要几步
5. 您这样问孩子：“地毯的这边到那边是你身高的几倍呢？”孩子可用身体去测量，也可用他的纸人形或绳子去测量。你可以用脚指头或小纸片帮他做记号。若能在沙滩上玩这个游戏更好，孩子就可在沙地上看到自己的人形了	5. 猜一猜，需要几个“自己”后躺下来、站起来，如此不断地重复，躺下来时，脚要放在上次头躺着的地方。用纸人形或是量身高的绳子重复测量
6. 可以用不同的移动方式来测量，让游戏内容更丰富。您可以这样问孩子：“从沙坑到人站着的地方，需要跳几次呢？穿越厨房需要跑几步呢？在运动垫子上可以滚几圈呢？”	6. 先猜一猜，然后一边数，一边跳一跳、跑一跑和滚一滚

变换玩法

◆ 有多少个大拇指那么远呢?

度量单位一直到中世纪才开始出现统一的标准，在很久以前，人们会用自己的身体作为测量单位。当时在英国，1 英尺是指一个男人的脚掌长度；1 英寸则是一节大拇指的长度，或是食指第一个指节的长度；而 12 个食指指节的长度就是 1 英尺。从鼻子到伸出去的一只手臂末端则是 1 码，这个长度大约是三个脚掌的长度。这套系统并不精确，因为每个人的身体高度都不同。

13 世纪，英国国王爱德华一世决定用他的身体长度为标准，他颁布法令规定，从他的鼻子到指尖的长度为公定的 1 码（91.44 厘米），而 1 英尺（30.48 厘米）就是这个长度的 1/3，1 英寸（2.54 厘米）则是这个长度的 1/36。

是不是很好玩呢？你不妨量一量自己的脚掌长度是大拇指宽度的几倍，还有“你的 1 码”是几个脚掌长度。与爱德华国王相比，你的测量结果是比他的长还是短呢?

活动的益处

脚贴着脚，手挨着手，还有大拇指贴着大拇指，能改善本体觉和运动觉。

◆ 剪下自己的纸人形在上面画上细节，能改善精细动作技能和自我意识。

◆ 猜测自己身体各部位的长度，能改善身体的知觉和注意力。

◆ 调整身体的角度去量距离，能强化动作和动作计划能力。

◆ 猜测距离的活动，能提升视觉空间知觉和视觉形象化能力（视觉印象）。

◆ 本活动能强化孩子上课时的注意力，并能提高孩子的学习成绩，提高创造力、心算能力和各种不同的问题解决能力。

52. 推墙游戏

我所在的幼儿园里有一个感统失调的孩子，他的名字叫本（Ben）。他是我们班上出了名的爱打人、踢人，又总乱扔东西的孩子。他总是欺负班里另外一个长得甜美又很迷人的小女孩。他很想和小女孩一起玩，而且会试着用自己的方式引起女孩的注意——朝她扔东西。这种不适当的表达方式，对所有人都会造成困扰。

幸运的是，他参加了职能治疗师的几堂课后，有了很大的进步。有一天，他看到心仪的这位小女孩在沙坑里玩，整个人都兴奋了起来，很快捡起一把铲子，准备投掷出去。当时马上有三位老师靠近他，结果本耸耸肩扔掉铲子，向墙跑过去，双手贴在墙壁上，用全身力量去推墙。过了一会儿，他离开墙，做了一个深呼吸，对老师说："看到了吗？我有了新的方法了！"

后来，本走到小女孩身旁坐下来，对小女孩说："我可以和你做朋友吗？"小女孩递给他一只勺子，他们一起一桶接一桶地挖沙子，把水桶装得满满的。

适龄孩子

- 3 岁以上的孩子。

准备工作

- 如果您想防止孩子大吵大闹，或是想让孩子从户外到室内、从这一房间到另一房间，或从这个活动到另一个活动之间的转换能顺应上，您可以对孩子这样说："瞧呀！我的天啊！这面墙快要倒了！快点，让我们用双手把墙扶正！"（如果您的孩子经常会把玩笑当真，或是很容易受到惊吓，为了不吓到他们，您可以笑着说："让我们假装这面墙快要倒了。"）

孩子可以这样玩

- 使尽全身的力量用双手去推墙，持续数到 15，或者持续推更久。
- 把身体其他部位也贴在墙上。
- 头和背。
- 臀部和肩膀（一次一个地方）。
- 臀部（一次一边或两边一起）。
- 脚（躺在地板上两脚一起）。

变换玩法

- 进行这个游戏时，可以搭配下面这些歌词，并配上《如果高兴你就拍拍手》的节奏，或伍德·盖瑟瑞（Woody Guthrie）《小手举起来》（*Put Your Finger in the Air*）的旋律。

  用你的手去推墙，推墙。

  用你的手去推墙，推墙。

  用你的手去推墙，不要让它倒下来。

  用你的手去推墙，推墙。

活动的益处

- 对关节施压有益于刺激本体系统，具有令人平静的效果。
- 用身体不同部位去推墙，能加强身体的知觉。
- 这个游戏里欢乐的假装会逗得孩子咯咯笑，也能让他们消除紧张感，觉得自己和朋友们一样正常。

关于本体觉的更多想法

职能治疗师伊丽莎白·哈伯－洛佩兹和迪安娜·爱丽丝·萨瓦整理出一份清单，上面记录了许多对孩子很有益处的“费力活动”。他们很大方地与其他治疗师、教师和父母分享这份清单，而且同意我们在书里刊载经过整理的内容。以下部分文章转载自他们撰写的《送给父母的费力活动清单》，您也可以登录网站 www.otexchange.com 查看。

送给父母的费力活动清单

如下是父母可以在家里让孩子进行的费力活动，是由职能治疗师伊丽莎白•哈伯－洛佩兹和迪安娜•爱丽丝•萨瓦编辑整理而成的。清单上的所有活动都是自然会发生的，这些活动可以成为孩子日常生活的一部分。我们要感谢所有无私分享这些想法的治疗师们。

1．提、携带和推拉重物

- 在篮子里装上硬木板、妈妈买的菜、椅垫等东西，然后提着走。
- 在枕头套里装一些玩具布偶（为了增加重量），用推或拉的方式把枕头套沿着斜坡或楼梯拉上楼。
- 用床单或毯子拖着另一个孩子前进。
- 在外出旅行时，自己拉着带着轮子的行李箱。
- 在行李箱或箱子里放一些重物（例如书本），然后把行李箱或箱子拉或推到房间的另一头。若是铺地毯的地板，会产生更大的阻力。

2. 帮忙做家务

- 扫地。
- 拖地。
- 掸灰尘。
- 提洗衣篮。
- 晚餐后帮忙擦餐桌。
- 用餐后把椅子推回原位。

- 提着装了水的水桶浇浇花或小树，或是帮忙清理植物。
- 用喷水壶清洁窗户或家具表面。
- 用刷子刷粗糙的表面。
- 把很重的垃圾桶拖到人行道旁。
- 帮小狗洗澡。
- 洗车。
- 把大型玩具和设备拿走。
- 帮忙重新摆放自己房间里的家具。
- 帮忙换床单（然后把换下来的床单扔到楼下）。
- 帮忙推上面放着罐头的儿童购物车，然后双手撑在地上，膝盖着地（模仿背着重物的姿势），把罐头搬到柜子的下层。

3. 院子里的劳动

- 整理草坪。
- 把野草或树叶收集到一起。
- 推手推车。
- 用铲子把沙子铲到手推车里，把手推车推到某个假定地点，再把沙子倒出来，再把沙子铺平（铺平后院凹凸不平的道路）。
- 帮忙挖土种一些植物。

4. 和小朋友一起玩

- 玩枕头大战。
- 玩“摔跤”游戏，或者两个人面对面，手掌相对用力推，看谁可以先让对方往后退一步。也可以换成身体的其他部位来互推，游戏前需要先讲好游戏的规则（不可以打人、咬人、抓人，当有一方说停止时，两个人都必须停下来）。
- 两个人背对背坐在地上，膝盖弯起来、脚掌贴在地面，然后两个人手拉着手在一起，并试着同时站起来。

5. 参与体育活动和其他充满活力的游戏活动

- 参与一些需要跑跑跳跳的广播体操、空手道以及其他项目的体育活动。
- 骑马、摔跤、游泳和潜水（抛一根有重量的棍子到游泳池里，孩子跟随着棍子潜下去）。
- 穿溜冰鞋或直排轮滑鞋溜上斜坡。
- 使用砂纸和铁锤制作木制工艺品。
- 用一条很重的毯子铺在几张椅子上“露营”。
- 拿出一个重一点的球，接球、拍球或是滚球。
- 帮别人开门。
- 在椅子上做“俯卧撑”。
- 双手双膝着地，在地上铺上一大张纸，用蜡笔在上面画彩虹，或是用粉笔在人行道上书写。
- 趴在厨房桌子下面玩玩具小车，一只手推着小车，另一只手匍匐向前，支撑身体的重量。
- 把大玩具卡车装满很重的积木，用双手推卡车去撞倒其他东西。
- 学动物走路（如学螃蟹走路、学熊走路），或像士兵一样匍匐前进。

6. 嘴部的活动

- 咀嚼口香糖。
- 吃有嚼劲儿的食物或很脆的食物。
- 用一根吸管从一个小瓶里吸水喝。

第 5 章

视觉活动

8 岁的阿马存在眼球运动（oculomotor skills）能力方面的障碍，他不能同时转动和使用双眼。有一天，他正在参加一项童子军的野外活动，他们沿着一条小河进行远足。童子军队长指着某个石头说："大家快看，那里有一只蓝苍鹭。"阿马注视着距离鼻子几英尺远、队长伸出手臂的地方，然后斜着眼想把焦距调到好几码外的鸟身上。这时有一个小男孩喊道："哇！那只鸟好大哦！"当阿马朝正确的方向看过去的时候，鸟儿已经展翅飞过河了。阿马放弃继续盯着那只鸟看，因为要他追踪鸟儿飞翔的身影太费力了。

7 岁的凯特琳不能快速又有效地处理她看到的每样东西。这一天，凯特琳和女童子军的伙伴一起玩幼儿足球，她不喜欢这项活动。虽然她可以清楚地看到球，但当球朝她滚过来的时候，她却会一下子看不到球在哪里。她无法判断何时球会滚到自己的脚边，也不知道球距离她有多远，所以她不是太早就抬起脚就是太晚才踢球。有时当她需要往前跑的时候，却因为要助跑而往后退。如果凯特琳想更准确地判断距离，抓准时机，而且不受其他孩子动作的影响而分心，那么她的眼睛和脚就能密切地配合，她才能向其他女孩证明自己真的会踢球。

视觉是很复杂的加工处理过程，它能让我们辨识景物、预期什么东西"正朝我们过来"，并准备回应。视觉不能与视力混为一谈，视力（是指能看到墙壁上的 E 字的基本能力）只是视觉的一部分。

健康的眼睛与 1.0 的视力是视觉的先决条件，就好像听力是学习语言的先决条件一样。视力构成我们最基本的视觉技能，也就是动眼能力（也称眼球移动或眼球运动能力）。伴随着孩子一天天长大，这种能力会整合其他感觉尤其是前庭觉，孩子会发展出更细致的视觉空间处理能力。

阿马与凯特琳的视觉技能让他们无法完全投入童子军的活动。如果大人没有发现孩子存在视觉障碍，他们将在阅读、学习、身体活动、情绪和社交等方面出现挫折感。以下是视觉障碍的一些表现特征。

视觉障碍的表现特征

存在视觉障碍的孩子会有如下特征：

- 闭上一只眼或者蒙上一只眼的时候，看不清物体，或者出现斜视的情况。
- 总抱怨自己看到的是双影。
- 很难把目光从一个物体转移到另外一个物体上，例如从看黑板到看自己面前的纸张就很费劲儿。
- 在看电视或看老师的时候，总是歪着头。
- 很难看到一个正在移动的物体，例如看不到乒乓球台面上来来去去的乒乓球，也看不到屏幕上移动的一行一行的字。
- 不能领会自己读的文字的含义，同时很快就失去了兴趣。
- 看不清图片、字词和物体。
- 在读书或写字的时候，经常会看不到某些字词。
- 在做作业的时候，凡是有关字母的大小变化、字母或词语之间的距离以及连连看一类的题目，都不知道如何做。
- 在涉及空间关系的精细动作方面存在困难，例如在玩拼图游戏或者沿着直线剪纸方面出现困难。
- 在纸上很难写出笔直的一行文字，要么斜向着纸张的上方，要么斜向着纸张的下方。
- 对物体的空间判断失误，经常撞到家具上，从楼梯上跌落，或者经常在路上摔倒。
- 经常分不清楚左右。
- 经常分不清楚前后和上下。
- 经常看不到自己正在读的文字。
- 经常看不清正在移动的物体，也看不到正在走着的人。

◆ 在做家庭作业的时候经常出现疲劳感。

◆ 经常不愿意参加某项群体活动或经常逃课。

当孩子出现了视觉障碍并且妨碍了基本的动眼能力或复杂的视觉加工处理能力的发展时，向那些具有感觉统合治疗基础的职能治疗师或视觉治疗师寻求帮助，都能帮到孩子。视觉治疗也称视力训练，能改善视觉技能，以及预防与学习相关的视觉问题。视觉治疗能帮助儿童整合视觉与来自其他感觉系统（如听觉、触觉和运动觉）的信息。以下是一些 SAFE 活动，希望您的孩子能乐在其中。

有益于视觉发育的活动

53. 目标：字母“O”

这是一个简单而目标明确的视觉游戏。这个游戏可能不像在波克诺山区（位于美国宾夕法尼亚州东部）度过周末那样令人兴奋不已，但能让家里那个焦躁不安的孩子或者生病在床的孩子打发时间。

适龄孩子

◆ 6 岁以上的孩子。

活动材料

◆ 马克笔。

◆ 牙签或钢笔。

◆ 英文报纸。

孩子可以这样玩

◆ 拿马克笔把一张英文报纸上的一段或一整页里出现的字母“O”涂满颜色。

◆ 用牙签或笔尖把“O”戳一个洞。

活动的益处

◆ 在报纸上寻找“O”，能改善孩子的视觉辨别能力。

◆ 用笔戳“O”这样的游戏，能促进手眼协调、两侧协调和精细动作能力。

54. 日程安排板

“什么时间妈妈会来接我呢？”

“星期几上体育课呢？”

“晚餐前有多少时间可以玩呢？”

“我们在哪一天去野餐呢？”

许多孩子对时间与空间会有不确定的感觉。此外，很多孩子不太会处理活动之间的转换，或者与一位亲密的大人分开的状况。这个游戏能帮孩子把日常生活的行程视觉化，让他们通过这个方式“再次确认”接下来要去做的活动，并提示他们的时间是如何安排的。

适龄孩子

◆ 2.5~6 岁的孩子。

活动材料

◆ 海报纸、白板、黑板。

◆ 尺子、铅笔、马克笔或粉笔。

◆ 照相机。

◆ 杂志、目录、广告单。

◆ 选择性材料（制作圆卡片）：把海报纸裁成 12 个长方形，做成一大张检索卡，准备胶带和胶水。

准备工作

◆ 用尺子在海报纸上量出间隔，画出 8 个长方形，这就是日程安排板。然后决定每天的每个时间段都做什么，例如打算玩游戏的时间。用铅笔、容易涂改的马克笔或者粉笔填写。

◆ 和孩子一起讨论各种活动，帮孩子照一张他在进行如下活动时的照片：

上午 8 点 起床	上午 10 点 算数	中午 午餐	下午 3 点 坐校车回家
下午 4 点 玩游戏	下午 6 点 玩游戏	晚上 7 点 洗澡	晚上 8:30 上床睡觉

- 吃早餐。
- 穿衣服。
- 坐在车里或搭乘校车。
- 在学校上课。
- 与其他孩子一起玩。
- 在游乐场玩，阅读，或者准备上床睡觉。
- 在职能治疗诊所和泳池里接受治疗，或与一位语言治疗师在一起接受治疗。
- 偶尔也会进行的活动：看牙医、去动物园、剪头发、雕刻南瓜或到购物中心去看圣诞老人。

◆ 和孩子一起看杂志，把杂志上其他孩子在做类似活动的图片剪下来；或把可以代表某些活动的照片剪下来，例如三明治可以代表吃早餐，T 恤的照片代表穿衣服。

◆ 为了做更多可以选择的图片，可以把杂志上剪下来的照片，或另外从海报上剪下来的长方形纸卡粘贴在检索卡上。如果杂志里没有您想要的图片，您可以自己画一些。

孩子可以这样做

- 在孩子上学前看一看卡片，在日程安排板上拼出今天的行程。上床睡觉前，预习一下明天要做的活动。

变换玩法

- 做一张日程安排板和一套以某个主题为主的图卡。
- 可以独自完成的事（上厕所、洗手、刷牙或铺床）。
  - 用餐时间（摆放碗筷、递盘子或吃点心）。
  - 假日和节庆日（盛装打扮、送礼物或尝试新奇的食物）。
  - 去旅行（打包、到火车站、排队等候）。

活动的益处

- 在杂志里寻找图片，能提升视觉辨别能力。
- 回顾每天做过的事情，能加强记忆能力与语言能力。
- 用剪刀剪裁图片，能改善手眼协调能力，两侧协调能力、精细动作能力和使用工具的能力。
- 把照片和图卡按照顺序贴在计划板上，能加强排序能力和事先做计划的能力。
- 使用图片日程安排板能帮助孩子发展社交能力并改善情绪：
  - 帮助孩子为每天的活动以及活动之间的转换过程做准备。
  - 有助于减轻孩子与大人分离时的焦虑。
  - 培养孩子的独立能力。
  - 减轻孩子在家的压力。

55. 柑橘球

请看一看您家的厨房或冰箱，其实有很多现成的“感官玩具”，正等着您去发现。每当您为了准备晚餐而忙得不可开交，孩子又在旁边吵闹想要引起您的注意时，这个简单的感官活动可以派上用场。

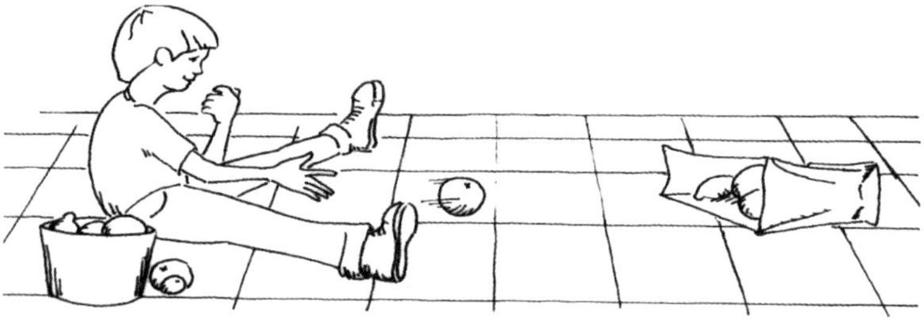

适龄孩子

- 2~6 岁的孩子。

活动材料

- 几个柑橘类水果，如金橘、酸橙、柠檬、橘子、橙子或柚子。
- 水桶。
- 纸袋。

准备工作

- 把水果和水桶拿给孩子。
- 把纸袋或箱子放在地上，开口朝向孩子。

孩子可以这样玩

- 命名：看一看水果，拿起来，把水果握在手里，感觉一下各种不同水果的重量，说出水果的名字，必要的时候，您可以提供帮助。
- 摆一摆：按照水果的大小或者颜色排序。
- 数一数：把各种水果装进水桶里，数一数有几个。游戏前后都要数一数，以免有水果遗漏在家具下面。
- 猜一猜：把水果装进纸袋，不能偷看，然后把手伸进纸袋摸索，抓住一个水果，根据它的大小、重量、形状，也许加上触感，猜一猜抓到的是柠檬、橙子、葡萄柚还是其他水果。
- 滚一滚：坐在地上或是趴下来，把水果滚进前面的纸袋。如果有玩伴，两个人面对面坐下或趴下，互相把水果滚到对方那里。也可以利用身体其他部位来“推”水果。

- 抛一抛：与玩伴面对面地站着，玩抛球和接球的游戏，不小心漏接时，水果可能会碰伤，但柑橘类的果皮都很厚，所以不用担心水果会摔烂。（但要注意不要打到孩子的脸上。）
- 压一压：用手或脚用力压在柑橘上，然后前后滚一滚。这样做并不会把水果压烂，只是让果肉稍微变软，可以压出更多果汁。孩子是在帮大人一起压果汁，然后享用果汁。
- 尝一尝：把水果的外皮剥掉，把果肉一瓣瓣剥开，然后吃掉（柑橘是最容易剥皮的水果，不会弄脏手，又香甜可口）。

活动的益处

- 让孩子说出水果的名字，数一数有几个水果，能强化视知觉、听知觉记忆，加强词语检索的能力和早期数数的能力。
- 把水果按照顺序排列，能加强分类与排序的能力。
- 瞄准、滚球和抛接水果，能强化视觉聚焦和视觉追踪这两种最基本的动眼能力，同时也能改善更复杂的手眼协调和视觉空间能力。
- 趴在地上滚球，能改善身体伸展，强化上半身的力量，以及动作控制和动作调节的能力。
- 用不同的身体部位滚动球，能提高身体的知觉。
- 猜一猜是哪种水果，能强化触觉辨别和视觉形象化的能力。
- 和同伴一起玩这些游戏，能促进沟通能力和社交技能。
- 剥水果皮能增加手的灵活度和精细动作能力。
- 闻一闻和吃水果，能刺激嗅觉和味觉。
- 用力压和捏水果能提供触觉系统强烈的触压，同时对关节造成压力，刺激本体觉系统。

◆ 帮助大人一起压果汁，孩子会有被需要的感觉，他会觉得自己很能干。

注意事项

◆ 为了避免不必要的麻烦，最好能在厨房里进行这个活动。

56. 猜猜是什么

在第 4 章改善本体觉的活动中，也有一个猜一猜的游戏，目的是帮孩子利用自己的身体来猜测距离和数量，这里我们要介绍另外一个玩法。当孩子归纳、整理出用身体测量的能力后，就能把它们应用在测量一般物品方面。

适龄孩子

◆ 4 岁以上的孩子。

活动材料

◆ 两个大的纸盒或方形积木。

◆ 几枚大小相同的小东西。

您可以这么做

◆ 把两个大的纸盒平行摆在一起，中间相距约 10 厘米。您问孩子：“你认为两个盒子中间可以放几个夹子（或其他小东西）呢？”

◆ 问孩子其他东西的距离，引导他思考问题，例如：“你认为从门口到水槽那边，需要几个纸盘？从书架到沙发，可以放几本百科全书呢？”

孩子可以这样玩

◆ 先猜测，然后动手验证。

◆ 问您的意见，然后验证。

活动的益处

◆ 猜一猜，然后动手验证自己的假设，能改善孩子的视觉空间知觉。

◆ 拿起各种小东西去测量距离，能促进眼睛动作协调、精细动作技能和触知觉。

注意事项

◆ 有时候视觉方面的问题会使孩子不想参与游戏，如果孩子不能或是不想玩猜一猜游戏，您需要向接受过感觉统合训练的视光师求助，让孩子接受视觉发展评估检测，应该会很有帮助。

57. 丢沙包游戏

沙包球发源于西班牙的巴斯克（Basque）。球具是一个小球和柳条编成的球拍。这个游戏名为“Jai Alai”，发音为“high lie”，意思是“欢乐的节日”。当您和孩子一起丢沙包的时候，就能体会到这个名称的意义了。我们感谢凯斯·温特斯提供了这个简易的游戏活动，真是太棒了！

适龄孩子

◆ 4 岁以上的孩子。

活动材料

◆ 2 个干净的有柄塑料桶和一把剪刀。

◆ 沙包，可以买到，也可以自己做（请看下面的指示）。

准备工作

◆ 让塑料桶朝上，用剪刀剪掉一部分，这样就做成球拍了（很像一把勺子）。

◆ 剪一块 12 厘米 ×22 厘米的布，把左边折过来，缝合两边后先停下来，把袋子里面翻到外面来，倒进约一盘的豆子，然后把最后一边缝合。

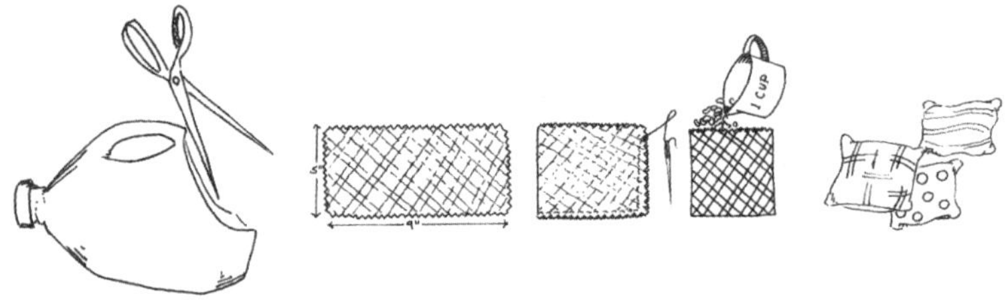

妈妈心声

住在宾夕法尼亚州沃明斯特的凯斯·温特斯说："许多感觉处理有问题的孩子都会出现抛球和抓球的困难。我的儿子埃里克在被确诊为感统失调之前，每次玩球类游戏时，他总是一个人呆呆地在一旁看着。而他在经过职能治疗之后，现在已经能参加孩子们的这种球类游戏了。他现在很喜欢球类的游戏。"

住在纽约州康沃尔的玛尔塔·安德斯说："我女儿莉齐非常喜欢这个游戏，她经常乞求我和她一起玩。虽然她还不知道这是一个治疗性质的游戏，但她告诉我，这个游戏对她的大脑很有好处。我要先提醒大家，这个游戏会让您捧腹大笑哦！"

您和孩子可以这样玩

◆ 用球拍抛接沙包。无论是在室外，还是在比较宽敞的房间内（要远离电灯或容易打破的东西），这个游戏都很好玩。

变换玩法

◆ 用非惯用手拿球拍。

◆ 多准备几个球，前后投掷着玩。

活动的益处

◆ 玩丢沙包能够加强眼、手、脚、身体的协调，锻炼追视能力、深度知觉、方向性、空间认知和视觉背景技能。

- 接球和丢球时的伸展动作，能强化平衡感、本体觉、力量、粗动作技能、运动觉、动作计划能力和跨中线能力。

58. 钓鱼游戏

下面我们要介绍的“钓鱼”游戏有很多好处，视光师经常使用这个游戏来矫正孩子的视力。美国视光计划部门的总监安妮·巴伯建议让有点调皮的孩子玩这个有趣又令人满足的游戏。

适龄孩子

- 3~6 岁的孩子。

活动材料

- 制作鱼的材料：硬纸板、彩色卡纸、剪刀、蜡笔和回形针。
- 制作钓竿的材料：大约 60 厘米长的棍子和线，还有磁铁。
- 制作篮子的材料：开口很大的篮子、碗或箱子。

准备工作

- 在硬纸板上画一条鱼（大约 12 厘米 ×7 厘米）作为模板，孩子可以利用这个模板在彩色卡纸上描出形状。如果您实在对画画很在行，请把如下这个模板放大 8 倍。

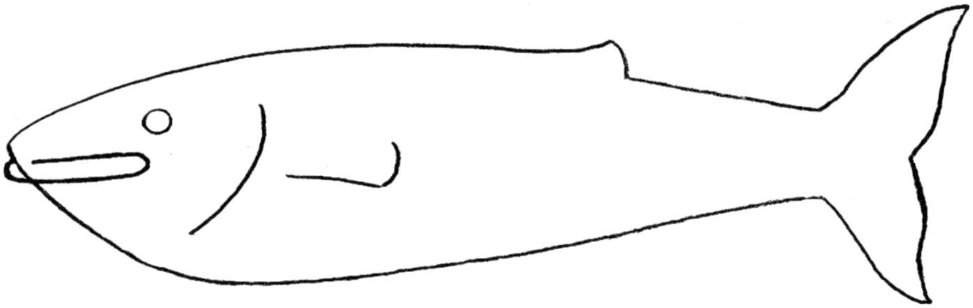

孩子可以这样玩

如果有必要的话，您可以在旁边帮助孩子：

- 把几张彩色卡纸各对折两次，在每一沓彩色卡纸上描出鱼的形状，把鱼剪下来，然后画上鱼的眼睛、鳞片和鱼鳍。
- 在每条鱼的头部夹上回形针。
- 拿一条 60~90 厘米长的线，一端绑上磁铁，另一端绑在棍子的尾端。
- 把鱼分散在地上。
- 拿起钓竿准备钓鱼去！
- 把鱼从磁铁上拿下来，装进篮子里。若要挑战高难度玩法，可以用力甩一下钓竿，把鱼从磁铁上甩进篮子里，完全不用手去拿。

活动的益处

- 当孩子把折纸对齐折出一个角，描画鱼的形状时，眼睛跟随蜡笔的方向，剪鱼时盯着边缘，以及钓鱼时磁铁瞄准回形针的动作，都能改善视觉动作的整体发育。
- 折纸，一手固定模板一手画边，把纸拿起来用剪刀剪出形状，然后夹上回形针，都能改善双侧协调与精细动作技能。
- 使用工具（人类的重要技能）能改善触觉辨别能力，这个游戏使用的工具包括蜡笔、剪刀、回形针和钓竿，都非常有益于触觉能力。

◆ 当孩子试着评估如伸展手臂多长，如何放低和举高钓竿，以及如何找出控制钓竿的方法避免磁铁晃来晃去，都能加强身体的知觉、本体觉和粗动作技能。

59. 花生寻宝

这是个不需要多少技能，又没有任何竞争且好玩的游戏活动。在户外活动时能吸引孩子的注意力，准备野餐时，可让他们忙碌一会儿，聚会时也能作为娱乐项目。

适龄孩子

◆ 3~11 岁的孩子。

活动材料

◆ 带壳的干花生。

◆ 午餐纸袋。

◆ 准备工作，趁没人注意的时候，到院子里把花生抛到各处。

孩子可以这样做

◆ 找花生，找到后装到自己的袋子里。

◆ 剥开花生壳吃掉花生（如果对花生过敏就不要吃）。

变换玩法

- 对于那些对花生或其他坚果过敏的孩子，这个游戏不适合也不安全。不过游戏的重点是寻找小东西的乐趣，所以可用其他东西来代替花生，作为孩子寻宝的宝物，例如：
  - 有包装纸的糖果。
  - 聚会时送的小礼物。
  - 一元、五元和十元的零钱。
  - 玩扑克牌用的骰子，也可以和其他人交换宝物。
  - 嘉年华会上拿到的大颗金色或银色珠子。
  - 埋在沙坑里的恐龙模型，让孩子学一学考古挖掘。

活动的益处

- 让孩子在地上寻找花生或其他小东西，能改善视觉聚焦和注视技能，深度知觉、视觉辨别、空间知觉和主体 - 背景知觉能力。
- 弯腰捡拾花生，能改善前庭刺激，提高动作技能，促进动作计划能力和运动知觉。
- 剥花生壳能促进手眼协调和精细动作技能。
- 吃花生能刺激嗅觉与味觉。
- 与一群小伙伴一起找花生，孩子很有归属感。

60. 各种各样的盒子

我那位 5 岁大的侄孙女海莉到我家里玩。一天下午，我们一起收集了家中各处的盒子，然后把它们全都搬到屋后的露天阳台上。海莉说：“哦！太好了，有这么多的盒子！”

她拿了一个大盒子给哈士奇狗玩具做了一张床，接着用薄纸盒搭建了一个狗房子，又用其他盒子建了街道、村庄。海莉的玩法非常多，她一边忙碌着，一边不停地说着，仿佛那只小狗很开心她所做的一切似的，而且我也被她的快乐感染了。游戏结束后收拾东西时，海莉说："我真希望您是我的老师。"我好感动，毕竟我什么都没做，只是在一旁陪她玩。

几个星期后，我最喜爱的幼儿园学生之一罗宾，因为他的妈妈和刚出生的小妹妹正在家里睡午觉，没人陪他玩，他来到我家玩。我也搬了一堆盒子到阳台上，期待有一个美妙而轻松的下午。罗宾看了一眼，说："盒子吗？我不玩。您家有水管吗？"

您看，每个孩子喜欢的东西都不一样。

适龄孩子

◆ 3 岁以上的孩子。

活动材料

◆ 很多盒子。

◆ 选择性材料：马克笔、胶带和剪刀。

准备工作

◆ 把盒子搬到外面（在户外总是比在室内好玩）。

孩子可以这样玩

◆ 摆放不同的盒子。

◆ 把各种盒子搭建成一个高塔。

◆ 拿几个盒子摆成楼梯的台阶，孩子可以往上、往下走动。

◆ 把盒子放在地上，用脚踩踏盒子。（请参考第 9 章的"鞋盒小路"）。

- 把盒子分类。
  - 大小：大的、小的。
  - 形状：方形的、圆柱体、扁平的。
  - 颜色：红色、棕色、彩色。
  - 触感：表面没有东西的、表面有一层布的。
  - 重量：重的、轻的。
  - 材质：木头的、塑料的、纸板的。
  - 特色：有拉链的、漂亮的、有花朵图案的或者系着缎带的。
  - 收集鹅卵石、树叶、花瓣等东西，分类后放进盒子里。
  - 假装某些盒子是房子、家具、星球、航天飞机、汽车、教练车、船、国家纪念碑、山、广场、畜栏、商店、学校桌子、沙滩、动物、机器人，等等。

活动的益处

- 在一堆盒子里寻找适合的盒子，能改善视觉动作技能，包括："注视"（注视某一个东西，再把视线从一个东西上转移到另一个东西上），"聚焦"（视线在不同距离的东西上来回移动），以及"双眼视觉"（协调两只眼睛的合作）。
- 寻找正确的盒子，能同时改善比较复杂的视觉空间技能，包括视觉辨别（分辨东西）、视觉主体 - 背景能力（注视某样物品的特殊形状或特征，同时省去不重要的信息）、视觉形象化能力（想象床、街道、村庄等的形象）。
- 玩盒子的游戏能促进视觉整合技能，包括手眼协调（使用视知觉技能时，同时进行粗大动作或精细动作）能力。
- 玩各种材质、不同形状和大小的盒子，能促进触觉辨别能力。
- 重叠各种盒子、用盒子搭建一座城市，踏进盒子里、在盒子四周走动、踩在盒子上，都能强化身体的知觉、力量、动作计划能力和运动觉。
- 利用这些废弃不用的"美丽盒子"，能给孩子一个没有固定规则的、多重感觉的游戏体验，让他们充满想象力，并能让孩子与周围的环境产生联系。

61. 汽车水渠

一个孩子独自玩这个小游戏可以得到很多乐趣，如果一群孩子一起玩的话，气氛更让人入迷。

适龄孩子

- 3 岁以上的孩子。

活动材料

- 4 段 3 米长的塑料水管。

- 3 个两件式接合器，用来连接水管。
- 几个五六厘米宽的旧玩具小车。
- 水桶或箱子，用来接玩具小车。

准备工作

- 在户外把塑料水管用接合器连接起来，水管摆在有坡度的地上，或把一端抬高架在椅子或架子上，做成跑道。
- 拿水桶套在水管较低的末端，当作车库、车站或停机坪。

孩子可以这样玩

- 把玩具小车放在跑道较高的那端，看着小汽车顺着跑道往下滑。
- 跟随着车子一起跑。

- 把车子从水桶里拿出来，带回出发点。
- 抬高或降低跑道的坡度，来改变车子的速度。
- 做两个紧临的跑道，和其他孩子比赛，看看谁的车跑得快。

62. 导水运河

适龄孩子

- 4 岁以上的孩子。

活动材料

- 1~2 个水渠。
- 导水槽、软水管（如果进行游戏的地方可以玩水）。
- 沙箱。
- 大的塑料盆。
- 旧的玩具小船、铲子、挖勺和汤匙。

准备工作

- 把塑料盆放在沙箱里，拿起导水槽，一端放在盆子里，一端抬高。
- 让孩子脱掉鞋袜，或是穿雨鞋。

孩子可以这样玩

- 把水管口放在导水槽翘起的一端，然后打开水龙头。
- 沿着运河把船送往“大海”（装了水的塑料盆）。
- 把运河的一端直接放在沙池里，很快水就会冲出一条沟渠。
- 利用铲子、挖勺、汤匙和双手，把沟渠挖大，挖出一条河流或一个湖的形状。

变换玩法

- 不用导水槽，直接在河流或湖泊岸边软软的沙地或泥土上，挖出一条沟渠。
- 不用水管，改用装满水的水桶。

活动的益处

- 注视着玩具车（或水流）顺着导水槽跑道往下滑动（流），能改善基本的视觉动作技能，例如追视、聚焦、双眼视觉以及更复杂的视觉处理能力，例如辨别主体－背景能力、视觉空间知觉能力。
- 跟随着玩具车（或水流）一起奔跑，能训练粗大动作肌肉、眼睛和身体的协调以及运动觉。
- 孩子沿着水道奔跑的过程，就算弄得一身泥巴也无所谓，这能提供丰富的触觉经验。
- 导水运河游戏也能培养视觉形象化能力，改善动作计划能力，同时带给孩子一堂物理与公共工程的实习课。
- 让孩子与朋友一起进行导水槽比赛，能培养沟通能力、社交技能、语言技能和情绪上的安全感。

63. 做个七色彩虹

在炎热的夏日夜晚，这个活动能让孩子感到非常的凉爽。这是职能治疗硕士、职能治疗师罗德琳・惠特尼提供的一个让人愉快的小游戏。

适龄孩子

- 3 岁以上的孩子。

活动材料

- 花园浇水的软管。
- 参加的孩子每人一个手电筒。
- 彩色玻璃纸或三明治包装纸。

准备工作

- 用彩色玻璃纸或三明治包装纸盖在每个手电筒的玻璃片上。

参加者可以这样做

- 夜晚降临后来到户外。

◆ 由一个参加者抓住水管喷水。

◆ 其他参加者用手电筒照着水花。

变换玩法

◆ 罗宾的彩虹：您还记得罗宾吗？一个喜欢水管不喜欢箱子的 4 岁小男孩。在一个晴朗的日子，他捡起一条水管，朝着天空喷水。他慢慢地旋转水管，直到找到一个刚刚好的角度，可以看到落下来的水花吸收光线而形成彩虹。罗宾笑得很灿烂，说："这道彩虹真是太酷了！这招是我哥哥杰西教我的，现在我把这个游戏告诉你，我也变成老师了。"

活动的益处

◆ 夜晚时，注视水花或是白天时欣赏彩虹，都有助于发展眼睛的注视能力与双眼视觉能力。

◆ 用手电筒照着水花，或精确地瞄准水管来产生彩虹，能强化手眼协调的能力。

◆ 这个喷水的游戏有益于孩子的触觉系统发育。

64. 用喷水柱击倒瓶子

在闷热的夏季，孩子们最喜欢玩用水管喷水的活动了。注册职能治疗师奥布里 •C. 兰德建议，若是住在水资源不丰富的地方，可以把喷水的活动与浇花草的活动结合在一起，这样就不会浪费大自然的资源了。同时，最好能选择大清早或傍晚进行这个活动，因为在这两个时段，水不会很快就蒸发了。

适龄孩子

- 3 岁以上的孩子（根据孩子的精细动作技能、力量和持久度，以及能不能灵活使用自己的大拇指来决定）。

活动的材料

- 空的饮料瓶或塑料瓶。
- 花园里的软水管，孩子可以控制水管的喷嘴来控制喷水柱的方向（水压越大，游戏越容易）。

准备工作

- 把瓶子或水壶放在草坪上，或是把瓶子码放在果园或菜园边上，排成一排。

孩子可以这样玩

- 拿着水管对准瓶子，压着喷嘴，用水柱把瓶子打倒。
- 所有瓶子都被击倒后，把瓶子重新摆放好，再来一次。

活动的益处

- 瞄准目标能改善视觉动作技能（注视和双眼视觉能力），以及视觉空间技能（方向性和主体－背景）。
- 操作水管喷嘴，能改善抓握的力量，这也是写字的重要条件。
- 把水管提高或放低，好瞄准瓶子，能加强身体知觉和动作调节能力。
- 用环保的方法来玩游戏，能让孩子学习到要珍惜宝贵的自然资源。

65. 节拍器符号

这个活动能帮助小学生发展韵律、时间感和眼球运动技能。桑德福· R. 科恩是马里兰州的一位专业视光师，他说节拍器符号是他最喜爱的视觉治疗方法，能帮助孩子改善阅读能力。

适龄孩子

- 8岁以上的孩子（年纪比较小的孩子也可以玩，只要认识2个或3个符号就可以）。

活动材料

- 粉笔和黑板，或是马克笔和一大张纸，以及一个架子。
- 节拍器，可以在乐器店或网店买到。

准备工作

- 一起决定用什么符号代表什么身体动作，例如：

  X= 拍手　　/ = 拍肩

) = 吐一下舌头 + 拍一下膝盖

  ⋆ = 弹指　　% = 拉一下耳垂

  # = 跺脚　　1= 伸手去抓一只想象的虫子

  ? = 耸肩　　––––= 挤眉

- 要确定孩子知道如何做出以上动作。有些孩子需先练习一下，或者加上口语或动作提示，才能正确做出这些不在他们“动作词汇”里的复杂动作。
- 要孩子把符号写在板子上方，或是把代表的动作也写上去。

您可以这样做

- 在板子上用符号写一个句子，开始要简单一点，先写两个符号。每一组符号代表一个词语，圆圈的地方则代表停顿。以下是一个符号句子的例子，以及它所代表的动作。

X / ○ 拍手，拍肩，停	X X / ○ 拍手，拍手，拍肩，停	/ X ○ 拍肩，拍手，停	X / X ○ 拍手，拍肩，拍手，停	/ / ○ 拍肩，拍肩，停

- 当孩子会玩这个游戏后，可以加进节拍器来提高难度，更富有挑战。现在孩子知道了跟随着节拍器进行拍手和拍肩以及停顿。一开始把节拍器的速度设定在每分钟 30 下，慢慢再提高到 45 下到 60 下，最后加到每分钟 90 下。

孩子可以这样玩

- 拍手，拍肩，停。
- 试试更复杂的动作组合：拍手、拍肩、弹指、拍打膝盖、跺脚、停顿。

- 尽量让孩子多做跨中线的动作。例如：用右手去拍左膝盖、左手去拍右膝盖；用右手去拍左肩、左手去拍右肩；用手去拉另一边的耳垂。
- 想一些比较复杂或滑稽的动作，例如三角形代表“一手去拉耳垂，一手捏着鼻子，同时吐舌头”。
- 在板子上写下句子，然后设定节拍器的速度来挑战孩子自己，同时也是对您的挑战。

活动的益处

- 在拍手和拍肩前先移动视线，能帮助孩子更流畅地阅读。阅读时，眼睛必须看着符号才能读出声音，并且发音要快。
- 看着符号然后做出其代表的动作，能改善问题解决技能、手眼协调和动作计划能力。
- 运用身体各部位做出耸肩、跺脚、挤眉等动作，能提升身体知觉、粗大动作技能和运动觉。
- 和着节拍一起做动作，能改善对节奏的觉察，使所有协调动作达到顺畅。
- 玩这个游戏能建立听觉和视觉的整合。
- 在黑板或架子上写字，能强化姿势控制、精细动作能力和手部姿势，这都是写字的基本功。

注意事项

- 太多符号吗？不妨只用 2~3 个。
- 节奏太快吗？不妨把速度调慢点。
- 即使速度调得很慢，也很难跟随着节拍器做动作吗？那就先把节拍器放一边，过一会儿再试试看。
- 请记住：字母 F 在 SAFE 活动中所代表的是有趣（Fun），并不是受挫（Frustration）！

66. 手电筒捉迷藏

手电筒捉迷藏是一个令孩子感到快乐的游戏，特别适合在睡觉之前进行这个游戏。马里兰州贝萨斯达的理科硕士乔·纽曼是著名的知觉动作治疗师，已按照难易程度把各种玩法依序排好。如果您第一次玩这个游戏，请从简单的开始，等孩子适应容易的游戏后，再慢慢增加游戏的难度。

适龄孩子

◆ 3 岁以上的孩子。

活动材料

◆ 两个手电筒。

准备工作

◆ 让孩子面朝上躺在床上或地板上。

◆ 把灯关掉。

手电筒捉迷藏游戏的玩法（按照难易度排列）

您可以这样做	孩子可以这样玩
1. 把手电筒对着天花板，慢慢地移动光线。说：“用你的眼睛看着光线，需要保证你的头静止不动。”	1. 眼睛跟随着光线移动
2. 持续移动光线，说：“用你的手或是身体其他部位指向光线。”	2. 用手指指向光线，或用胳膊肘、膝盖、脚、舌头或鼻子指向光线（为了指向光线而移动鼻子时，头部当然也要来回地移动）
3. 给孩子一个手电筒，让他用两只手握住手电筒	3. 用两只手握住手电筒，试着用手电筒去照天花板、墙壁和地板
4. 照着天花板，让光线平滑地跨越整个天花板	4. 孩子让手电筒光线跟随着大人的手电筒光线，大人的手电筒光线到哪里，孩子的手电筒光线也到哪里。手电筒会形成平滑的路径
5. 跳跃式照法，一下照射到这里、一下又照射到那里	5. 跟随您跳跃移动的光线一起跳跃并停留
6. 在天花板上慢慢画出一个简单的图形，说：“跟着我的光线，不要跟丢了哦！”	6. 跟着您的平滑光线移动
7. 照出更复杂的图形，例如波浪、锯齿状、圆圈、三角形、方形、心形或 8 字形	7. 跟着您的复杂路径移动

变换玩法

您可以这样做	孩子可以这样玩
1. 您用手电筒朝着地板照射	1. 跳到您照的地方（双脚并拢地跳动）
2. 让光线在墙壁上移来移去，让孩子去抓您照到的地方。为了鼓励他做跨中线的动作，把光线照在他那一边，鼓励他用右手去抓。两手轮流活动	2. 去抓您照的地方，先用右手，然后用左手
3. 您的光线跟着孩子照到的地方移动	3. 换成他来照射

活动的益处

保持头部不动，让眼球有独立转动的机会，能强化视觉动作整合。

◆ 用眼睛追踪移动的光线，能改善基本的视觉动作能力和方向性。

◆ 视线从一个地方“跳”到另一个地方，能改善快速移动视线的能力，这是一生中最重要的生存技能。

◆ 用双手握住手电筒能促进两侧协调，对跨中线动作非常有用。

◆ 让孩子拿着手电筒跟随您的光线移动，能改善手眼协调能力和动作调节能力。

◆ 玩手电筒游戏，能改善人际沟通能力。

注意事项

如果孩子的光线错过了您的光线或跑出您照的路径之外，这时您要慢下来。准确地响应和持续地追着看，是这个游戏的重要目标。如果孩子因为难度不断增加而感到受挫，请回到比较简单的步骤。

第 6 章

听觉活动

3 岁的拉希德对听觉刺激的反应不足。他总是沉浸在自己的世界中，基本上不太注意自己周围人或者环境里其他的声音。有一天，拉希德和爸爸在街上散步，邻居家的狗不停地咬着链子对他们叫，而拉希德却毫无警觉，反而笑得合不拢嘴，还拽着爸爸的手想要更靠近那只狗。他的爸爸为此吓了一大跳。爸爸为了保护他，直接把他拉走了。

11 岁的玛莉莎有处理听觉信息的障碍。她能听得很清楚，却不太会利用听到的东西来学习，也不知道如何与他人沟通。玛莉莎接收语言的能力很差，比如妈妈让她去超市买菜花、不含果粒的柳橙汁和鸡翅。玛莉莎回来时的确买了菜花，可是却买了带果粒的柳橙汁，也没买鸡翅。玛莉莎的语言表达能力同样很差，她和同学的对话都很简短。因为要把想法转化成文字说出来，对她而言非常吃力。晚餐时如果轮到她谈谈当天发生的事的时候，她总支支吾吾，说很少的话就结束了。她的家人要么觉得听她说话真麻烦，要么干脆就不让她继续讲了，也没人愿意去追问最后的答案。

拉希德和玛莉莎都需要一些专业的帮助，才能改善他们的听力。

听觉，或听力，是接收声音的能力。我们天生就有这项能力。无论我们听得见或听不见，我们都不知道是怎么做到的。

但是，具有听到声音的能力，并不能保证我们能理解所听到的声音。理解的能力并非与生俱来，而是随着我们整合前庭觉能力的进步而来的。随着我们与环境的有效互动，我们学会了如何理解自己所听到的声音，进而发展出精致的听觉处理能力。

拉希德和玛莉莎的听觉阻碍了他们对听到的声音做出适当的反应。以下是听觉障碍的一些特征。

听觉障碍的表现特征

存在听觉障碍的孩子可能会有的反应：

- 似乎无法理解声音的来源，可能四处张望寻找声音从哪里来。
- 识别声音有困难或者无法区别对待不同的声音，例如很难区别 “bear” 和 “bore”

的发音。

- 无法集中注意力听别人的声音，或者听不懂别人在说什么。
- 会制造出巨大的噪声，比如大喊、大叫，敲击金属发出巨大的响声，没有注意到自己在打扰别人。
- 没有记住自己读过或听到的话，也不懂这些话，无法集中精神记住那些话。可能经常误解别人的意思，只是听懂了一件或两件事情，而其他的细节都没听懂。
- 在做出回应之前，先看看别人。
- 很难把自己的想法转换为语言表达出来。
- 说话总是“跑题”，比如别人在谈论足球的时候，他跑题谈论鞋的事情。
- 在“近距离交流”方面存在困难——也就是在回应别人的问题和要求时出现困难。
- 很难把自己的话说得让别人容易听懂。
- 很难把一句话说连贯（经常出现语法错误和句法错误）。
- 无法大声地朗读。
- 很难抑扬顿挫地朗读，只是一个音调。
- 在说的方面出现困难，很难阐述清楚自己的想法。
- 经过了激烈的运动后，他的语言能力有所改善。

当孩子存在听觉理解方面的问题时，如果能接受说话和语言治疗并配合职能治疗，或其他以感觉系统为基础的治疗，例如听觉整合治疗，都能帮助孩子得到改善。听觉整合治疗是以声音作为刺激的治疗方法，目的是改善听力和沟通技能、学习能力、动作协调、身体知觉和自尊。SAFE 活动也很有帮助。

有益于听觉发育的活动

67. 滑哨伸展运动

这个活动鼓励孩子跟随滑哨（Slide Whistle）的曲调运动身体各部位，努力向上伸展或尽力向下降低身体。这个坐着就能进行的快速热身活动来自一个名叫普莱斯的孩子。普莱斯虽然要靠轮椅行动，但他有丰富的想象力，很招人喜欢。遇到有音乐、节拍、押韵的活动，他都非常兴奋，但可想而知，大部分粗大动作的游戏都会令他望而生畏。

有一天，普莱斯看着我的滑哨，说："向上向下的动作真是太无聊了，难道我们不能干点别的吗？我们可不可以只是坐着来做各种伸展动作？"

当然可以！这个主意真是太棒了。我们让普莱斯坐在他的轮椅上，其他人则坐在地毯上，然后随着音乐上上下下地"舞动"身体各部位。虽然普莱斯的双脚不能移动，但接受了几年密集的物理治疗后，他能高高举起双手，灵活抖动肩膀和摇头，这令其他孩子印象深刻。

有一个孩子问他："你怎么有办法把手举得那么高呢？"

普莱斯笑着回答说："哦，这刚好是我的特长。"

他从轮椅爬到地板上："我有另一个好主意，大家为什么不一起趴在地上来玩呢？"

我们翻身然后撑起身体，像眼镜蛇一样。其他孩子也提出各种主意，有人建议可以背朝下躺着，接下来侧躺着，然后与一个小朋友面对面。整个游戏持续了 30 分钟，孩子们富有创意的想法结合了他们每个人的能力，是那么特别又充满乐趣，让我们一点都不想停下来。

适龄孩子

◆ 3~7 岁的孩子跟随您的动作。

◆ 5 岁以上的孩子可以带头做动作。

活动材料

◆ 滑哨。

准备工作

◆ 面对面坐在地板上。

变换玩法

◆ 请坐在治疗球或“T 形椅”上玩这个游戏。

◆ 蹲下来说：“我们一起向上伸展。”一边吹滑哨，一边看着孩子一起慢慢向上伸展，直到用脚尖站立（第 6 章的“72. 音阶游戏”有更多伸展肢体的建议）。

活动的益处

◆ 仔细倾听升和降的曲调，能加强注意力和改善听觉辨别能力。

◆ 注视滑哨能整合孩子的视觉和听觉。

◆ 随着曲调的速度和高低调整姿势和抗拒地心引力来移动身体，能改善本体觉、前庭觉和从头到脚以及全身的感觉统合。

◆ 一边吹滑哨一边上下推滑杆，能强化动作计划能力、力量和两侧协调的能力。

◆ 吹滑哨能改善呼吸和口腔运动能力。

◆ 与一群孩子坐一起玩这个游戏能促进孩子之间的社交能力。

◆ 能增加孩子的团体归属感。

◆ 很多有感觉统合障碍、自闭症或阿斯伯格症的孩子都能出色地分辨音调，并被某个音符长时间地吸引。

滑哨的玩法

您可以这样做	孩子可以这样玩
1. 拿出滑哨，说："请注意看，并听我吹滑哨。当我朝这个乐器吹气，而且手握住下面的滑杆时，吹出来的声音会比较低沉。当我把滑杆往上推，音调就会越来越高。"一边吹，一边慢慢地把滑杆向上推	1. 听和看
2. 您说："把手放在地板上，仔细听音乐，当音调变高的时候，把手举向天花板；当声音变低沉，就把手降低放在地板上。"接着要孩子抬起脚，然后是头，再下一步是同时抬起头、脚和手。鼓励孩子尽力伸展肢体，越到位越好	2. 随着音调的高低起伏，上下运动肢体
3. 变换您的吹法： 快一点。 慢一点。 一小段、一小段地升或降。 突然吹出一段激烈的曲调，再突然停下来	3. 对越来越难的挑战做出适当的反应
4. 问："我们在地板上还可以做出什么姿势呢？"	4. 提出躺下来、趴着或侧躺的建议
5. 说："你好棒哦！现在轮到你当指挥了，我听你吹滑哨。"把滑哨的吹嘴擦干净，递给孩子，让他吹滑哨	5. 如果做得到，接下来就吹滑哨，负责指挥

68. 听一听，看一看，动一动

这个活动需要很多能发出声音的器具。在玩具店或乐器店都能买到伴奏乐器。如果您想用比较省钱的方式，并且从中获得更多的乐趣，您和孩子可以选择自己动手做，或者利用身边的材料作为“乐器”，以下是一些建议和简单的说明。

适龄孩子

- 3 岁以上的孩子。

准备工作

- 收集或自己动手做伴奏乐器。
- 到室外，或在屋子内清理出一块空地。

活动的益处

- 仔细倾听乐器发出的声音，能改善听觉辨别和记忆能力。
- 看着乐器是一种整合感觉的视觉提示。
- 做各种不同的动作，能加强对节奏的意识与身体知觉、移动和平衡、运动觉、身体协调、姿势控制和动作计划能力。
- 演奏乐器能改善精细动作能力和动作调节能力。
- 带头做动作能培养创新思维能力、问题解决能力、沟通和社交能力。

伴奏乐器

购买	自制材料或就地取材
1. 节奏棒	1. 两根约 25 厘米长的木棒或树枝
2. 三角铁和敲击棒	2. 用线绑住一根长一点的螺丝钉，拿另一根螺丝钉或一把汤匙当作敲击棒
3. 盒梆 * 和木槌	3. 一个木头块和一根短一点的木棒；或用两块石头、两个贝壳或两个胡桃互相敲击
4. 铃鼓（手鼓）	4. 系着缎带的铃铛，或者用两个纸盘夹住干的通心粉和干豆子，把两个纸盘的边缘用胶带粘好，或者用订书器订好
5. 沙槌	5. 在一个塑料瓶或葫芦里放一把豆子或一把米；或一把干海藻、豆荚、带叶树枝
6. 鼓和鼓槌	6. 早餐麦片的纸盒或有手柄的炖锅，搭配洗锅用的刷子或木匙当作敲打工具
7. 滑哨	7. 声音可高可低
8. 刮鱼（Guiro）*	8. 两根晒干的玉米棒，互相刮擦能发出声响

** 盒梆，又名南梆子，用长方形的硬木挖空一部分做成，用小木槌敲击，能发出非常响亮的声音，极具穿透力。*

** 刮鱼是拉丁美洲的一种打击乐器，也称为刮葫、刮瓜，最初是用葫芦制作的。乐器中空，并钻有指孔，以便手指插入固定指孔；表面刻有平行的凹凸坑纹（像一棱一棱的搓衣板），演奏时以一条短木棒在坑纹上刮擦发出声响。*

“听一听，看一看，动一动”的玩法（按照难易度）

您可以这样做	孩子可以这样玩
1. 把乐器全部摆在桌子上	1. 玩一玩乐器，熟悉每种乐器的声音、形状与感觉
2. 您说：“我们一起来玩‘听一听，看一看，动一动’。”敲一下三角铁，然后说：“当你听到三角铁的声音和看到三角铁时，就表示要开始走路。我们一起迈步走，一起走十六拍。”	2. 和您一起走动
3. 接着，一起敲击节奏棒。说：“当你听到节奏棒敲击出的声音时，要高举双手走路。”	3. 和您一起高举双手走动
4. 轮流敲击三角铁（走路）和节奏棒（高举双手走路）。您可以待在桌旁不动，不过您要是能一起走动，孩子会觉得更有趣	4. 听到三角铁声音时，按照简单的步伐走动；而听到节奏棒敲击出的声音时，则高举双手走动
5. 结合更多乐器 / 动作： 盒梆 = 跳一跳 铃鼓 = 摇摆和扭动 沙槌 = 双手在空中挥动 缓慢的鼓声 = 走正步 快速的鼓声 = 奔跑 滑哨 = 蹲下；站起来 刮鱼 = 转圈	5. 根据听到的声音和看到的指示做出各种动作
6. 建议孩子改变动作的高度和方向	6. 弯低身子或踮起脚尖，向后或向两边做动作

续表

7. 为了增加挑战性，从每十六拍换乐器，变成每八拍就换乐器	7. 加快更换动作的速度
8. 让孩子敲击各种不同的乐器，而您则全力做出合适的动作	8. 负责敲击各个伴奏乐器，并指挥您的动作

69. 纸盘舞

清新、简单、可靠的莫扎特音乐，对我们的身心有很强烈的影响。音乐教育家、《莫扎特效应》的作者唐·坎贝尔，在他的演讲中给大家示范了这个大受欢迎的纸盘舞游戏。他解释说："莫扎特是一个天才，他能和我们每个人体内的天才说话！"

适龄孩子

◆ 3.5 岁以上的孩子（大人也会喜爱这个游戏）

活动材料

◆ 每个参加者两个纸盘子（没有盘子吗？那就准备棉纸、沙包、塑料袋、手套或干净的袜子）。

◆ 录音带，例如：

1. 莫扎特 G 大调弦乐小夜曲中的第四乐章回旋曲。

2. 莫扎特歌剧《魔笛》中的《捕鸟人之歌》。

3. 焦阿基诺・罗西尼的《威廉泰尔序曲》。

4. 巴赫的《勃兰登堡协奏曲》中的快板乐章。

5. 斯特拉文斯基的《普尔钦奈拉》（*Pulchinello*）。

6. 吉恩・耶雷布（Gen Jereb）的《无忧无虑》（*No Worries*）中的《爱尔兰组曲》（*Irish Medley*）。

准备工作

◆ 示范给每位参加者如何竖直拿着两个纸盘，一手拿一个，互相轻敲两个盘子的圆形底部，制造出一种温和的声音。

◆ 围成一圈坐着，播放音乐。

您可以这样做

◆ 在自己胸前的位置互相敲打两个盘子，保持固定的速度，敲 8 拍或 16 拍，直到所有参加者都能跟随上您的速度，大家一起敲。

◆ 和孩子一起改变敲盘子的位置：

1. 让盘子靠近您的脚、靠近腰以及胸的高度。

2. 在背后敲击盘子。

3. 先敲左边，然后再换到右边（您的动作都先从左手或左脚开始，这样孩子才会因为模仿您的动作而从右手或右脚开始。学习新的动作时若能从惯用手的方向开始，比较容易学会）。

◆ 移动盘子画 8 字形。

◆ 两手并排做同样的动作——在身体前方、头顶、身体两旁的位置。

◆ 两手好像照镜子一样，同时做左右相反的动作。

◆ 轮流在左右两边舞动着盘子：

- 好像正在用力拍打蚊子。
- 用左手的盘子去敲右侧的膝盖，右手的盘子去敲左侧的膝盖。

- 把两个盘子合在一起，垂直或水平握住它们，在不同高度移动：低、中、高。
- 左右手各拿一个盘子贴在头的两边，就像大象的耳朵一样，然后左右摇动。

孩子可以这样玩

- 模仿您的动作。
- 让他带头做活动的动作。

活动的益处

- 听音乐能改善听觉处理能力。
- 跟随指挥的动作，能够改善双眼—耳—手的协调、本体觉、动作调节、身体知觉、动作计划能力和粗大动作能力。
- 上上下下、左左右右地移动身体，能提升前庭功能。
- 两手一起轻敲、摇动、拍打和挥舞盘子，能改善两侧协调和跨中线的能力。
- 和一群同伴一起玩游戏，能加强社交能力。

70. 猜猜是什么歌

这是一个在任何地方、任何时间都能马上进行的游戏。

适龄孩子

- 4 岁以上的孩子。

活动材料

- 一根铅笔，用来敲出声音；拍打双手，或一面可以击打的鼓。

准备工作

- 不用任何准备。

您可以这样做

- 说：“我要演奏一首你知道的曲子，仔细听，猜一猜是哪首曲子，告诉我曲子名。”
- 用敲打、拍手或打鼓的方式，奏出孩子熟悉的歌曲节拍，例如：《让我们荡起双

桨》或《我在马路边，捡到一分钱》。必要的时候，轻轻地哼出曲子，或唱出一两个关键词，让游戏变得更加简单。

◆ 如果孩子猜对了，可以加入您一起敲打、拍手或击鼓，也可以一起唱。

孩子可以这样玩

◆ 猜一猜是什么歌。

◆ 敲打、拍手、打鼓，或是踏步奏出歌曲的节拍。

◆ 跟随着大人的节奏，一起唱歌。

◆ 想一首歌的曲调，然后利用敲打、拍手、打鼓以及踏步的方式，演奏出旋律，让您猜一猜是什么歌。

变换玩法

◆ 不会演奏旋律吗？不妨有节奏地念出歌词。

活动的益处

◆ 倾听敲打的节奏，能改善听觉辨别能力和击打的触觉觉察能力。

◆ 从节奏联想到歌词，能改进听觉记忆和联想，也能改进说话和语言表达能力。

◆ 用手敲打节奏，或是拍手、打鼓，能提供触觉和本体刺激，改善双侧协调和动作调节能力。

◆ 身体配合节拍做出动作，能帮助孩子在内心强化这种模式。

71. 相同声音配配对

每一个人说话的声音，还有每一种乐器发出的声音，都有各自独特的音色。辨别不同的音色，对有听觉处理障碍的孩子来说可能很不容易。这个活动能让这件事变得又快乐又有趣。

适龄孩子

- 3 岁以上的孩子。

活动材料

- 10 个一样的空罐（或盒子），例如药瓶子或奶油包装盒。
- 5 种小东西，例如米、干豆、粗盐、夹子、硬币、纽扣、小块橡皮。

准备工作

- 让孩子一起帮忙，在每个罐子中装一些小东西。先把罐子分成五组，第一组装米、第二组装豆子……每一组装进不同的东西。装东西的过程中声音可以很嘈杂。在一组中的一个罐子里放进两枚硬币，另一组里的一个罐子放进三枚硬币；选一个罐子装六粒纽扣，同组另一个罐子也放六粒纽扣，依此类推。
- 把罐子打散，随意放在桌上。

孩子可以这样做

- 摇晃一个罐子里的东西，猜一猜里面是什么。
- 一个接一个地拿起其他罐子摇一摇，直到找到两个声音相似的罐子。同时摇一摇两个罐子，再次确认两个罐子是同一组的。

◆ 把这个罐子当成振荡器，一边唱歌或播放音乐，随着节奏一起伴奏。

活动的益处

◆ 数豆子和纽扣时大声念出来，能建立基本的语言技能。

◆ 捡起豆子和纽扣，然后丢进罐子里，能改善手眼协调和精细动作能力。

◆ 注意听罐子摇晃时里面的东西发出的声音，并分辨声音的差异，能改善听觉辨别和听觉记忆能力。

◆ 摇晃罐子能改善动作调节、两侧协调和节奏知觉能力。

72. 音阶游戏

据说 18 世纪的作曲家弗朗兹 • 约瑟夫 • 海顿（Franz Joseph Haydn）小的时候，早上不愿意起床。他的母亲想到了一个好点子，就是弹奏一段不完整的音阶（英文的音阶“scale”，源自拉丁文的“scala”，意指阶梯）。她会从中央 C 开始弹，接着弹奏 D、E、F、G、A、B，然后就停住。

躺在被窝里的小约瑟夫听着母亲弹奏完第七个音符，就一直在等着母亲弹奏第八个音符，因为这样才是一个完整的八度音阶。但他的母亲却迟迟没有弹奏高音 C，小约瑟夫非常不安，就会跳下床，去敲下最后一个音符 C。

该吃早餐了！

小约瑟夫母亲懂得了音乐的力量，还能重新建立事物的秩序，并能促进儿子的行动。以下介绍的“音阶歌曲”活动，说不定在您家也能让孩子产生同样的效果哦！

如下部分的意见来自近代音乐教育家佩格·霍纳克（Peg Hoenack），她出版了很多教木琴、录音和教孩子弹钢琴的音乐材料。如下这些活动适合一个孩子单独玩，也适合一群孩子一起玩。

适龄孩子

- 4 岁以上的孩子。

活动材料

- 黑板架子、粉笔或马克笔。

弹奏音阶

您可以这样做	孩子可以这样玩
1. 站在画好的“音节阶梯”旁，伸手去靠近第一格，手掌朝下、手摆平。配合音阶唱出数字，手也跟着一格格往上爬（先用低沉的声音唱“1”，接着每唱一个数字，就提高一点音调，一直唱到“8”）	1. 把手放在地板上或膝盖上，配合您的指挥，慢慢把手举起来，一次提高一点，唱到“8”的时候，双手需要举过头顶
2. 重复一次，唱到“8”时停顿一下，再改成从“8”唱到“1”，由高到低。鼓励孩子开口跟随着您一起唱	2. 手往上举或往下降，而且这次和您一起唱
3. 拿出键盘乐器或木琴，往上和往下弹奏音阶，同时唱出数字	3. 蹲下，用脚尖着地，慢慢伸开双手，像要“碰到天空”一般，再慢慢恢复到蹲着的姿势
4. 让孩子来弹奏音阶，您则跟随着他的指挥举手或伸展身体	4. 在键盘乐器或木琴上，往上或往下弹奏音阶
5. 弹奏并演唱下面的《猫柳歌》（*The Pussywillow Song*）	5. 蹲下来，像猫柳一样“向上长”。唱到“喵”就缩回来一点，最后跌坐在地上，发出“啦”声
6. 弹奏与演唱几首歌曲	6. 随着歌词做动作

◆ 键盘乐器、木琴或玩具铁琴。

◆ 八张小贴纸，在上面分别写上1到8。

准备工作

◆ 在板子上画一个有八个格子的阶梯，在最下面一个格子旁边写“1”，第二个格子写“2”，依此类推，最上面一个格子旁就是“8”。

◆ 在C音上贴上“1”的贴纸（键盘上的中音C，或是木琴、玩具铁琴）。把“2”的贴纸贴在D音上。依此类推，最后一张“8”的贴纸则贴在高八度的C音上。

《猫柳歌》（*The Pussywillow Song*）

1（C） 我知道一棵猫柳树 I know a little pussy	2（D） 它有软软的银毛 His fur is soft and gray
3（E） 它长在草原的那边 He lives down in the meadow	4（F） 就在不远处 Not very far away
5（G） 它永远都是小猫咪 He'll always be a pussy	6（A） 不会变成大猫 He'll never be a cat
7（B） 因为它是一棵猫柳 Cause he's a pussywillow	8（C） 现在，你觉得呢? Now what do you think of that
8（C），7（B），6（A），5（G） 喵，喵，喵，喵 Meow, meow, meow, meow	4（F），3（E），2（D），1（C） 喵，喵，喵，嘘 Meow, meow, meow, SCAT

《爱打喷嚏的艾弟》（*Ebenezer Sneezer*）

1（C） 艾弟是一个 Ebenezer Sneezer is a	2（D） 邋遢虫 Topsy-turvy man
3（E） 盘腿而坐 Sits upon his elbows	4（F） 感冒来袭 Every time he can
5（G） 鼻涕纸快把他埋没 Dresses up in paper	6（A） 鼻涕不息 Every time it pours
7（B） 仿佛在吹响乐曲 Whistles“Yankee Doodle”	8（C） 喷嚏如雷 Every time he snores
8（C），7（B），6（A），5（G） 啊嚏啊嚏 E— be— ne— zer	4（F），3（E），2（D），1（C） 嚏嚏！多么奇怪的一个人 Snee— zer！ What a man

《小布乌》（*Little Bo Peep*）

8 小布乌 Little Bo	7 弄丢了 Peep has	6 她的 lost her	5 羊群 sheep and
4 也不知道 Doesn't know	3 去哪里 where to	2 找 find	1 羊 them

1 独自 Leave them a-	2 回家了 lone, and	3 而羊群 they'll come	4 竟然 home
5 也都 Wagging their	6 灰溜溜 tails be-	7 地夹着尾巴 hind	8 回家来了 them

《小布乌》是典型的“悲怆曲”，主旋律是下降音阶。演奏悲怆曲时，要投入大量的情感或是悲痛的情绪，越是像漫不经心的《小布乌》曲子，就演奏得越逼真。

变换玩法

◆ 请带着木琴到游乐场溜滑梯的楼梯旁，在孩子爬楼梯的时候，一边敲打木琴一边唱“1，2，3，4，5，6，7，8”。

◆ 玩“身体音阶”的游戏：

唱“1，1，1，1”同时用脚打出节拍。唱“2，2，2，2”拍打膝盖。

唱“3，3，3，3”拍打大腿。唱“4，4，4，4”拍打屁股。

唱“5，5，5，5”拍打胸部。唱“6，6，6，6”拍打肩膀。

唱“7，7，7，7”拍打脸颊。唱“8，8，8，8”拍打头。

活动的益处

◆ 这个游戏能强化孩子对节拍的觉察，同时能让孩子有音调的观念（音调是指与另一个音调相比，一个音的高或低）。

◆ 看着自己的手势和手里的木棒，能改善视觉能力，包括双眼视觉、注视、聚焦、追踪物体的方向感。

◆ 配合看到和听到的提示做出正确动作，能提升眼、耳和身体的协调能力。

◆ 唱歌能改善听觉知觉、记忆力和语言能力。

◆ 上上下下移动身体时，在改变头部位置的同时，还要维持平衡，能强化孩子的前庭系统发育。

◆ 双手往上伸展，然后再缩回来，能改善本体觉、身体知觉、粗大动作能力、力量、运动觉和计划能力。

◆ 在听到最后一个音符前控制自己不摔落到地上，能强化注意力，并能达到控制冲动的作用。

◆ 用木棒击打木琴，能改善精细动作能力和使用工具的能力。

73. 杰克和吉尔

不断地重复排练《杰克和吉尔》这部短短的话剧，能让小朋友们欢乐无穷。无论是两个孩子还是一群孩子，都能玩得很愉快。

适龄孩子

◆ 3~5 岁的孩子演话剧。

◆ 5 岁左右的孩子敲击木琴。

活动材料

◆ 两块木板，每块木板长约 2 米，宽约 30 厘米。

◆ 两块木板，均为大约 30 厘米 ×30 厘米 ×15 厘米的立方体。

◆ 两个塑料水桶。

◆ 体操垫子或缓冲垫。

◆ 一架木琴或一套玩具铁琴。

◆ 其他能吹出音阶的管乐器。

准备工作

- 排练和练习唱《杰克和吉尔》。
- 将两块板子排列在一起，中间间隔约 60 厘米（避免被孩子碰倒）。
- 把两块板子的前端抬高架在支架上，做成一个山坡。
- 把垫子或缓冲垫铺在板子抬高那端的附近。

您可以这样做

- 您先示范给孩子怎样玩和唱《杰克和吉尔》的音阶。
- 让每一个孩子轮着敲击木琴或铁琴，往上、往下敲出音阶。
- 示范《杰克和吉尔》会如何慢慢走上斜坡，还有杰克和吉尔两个人一前一后怎么跌倒在垫子上。
- 寻求孩子们的意见，由谁扮演杰克、由谁扮演吉尔（女孩子也可以扮演杰克，当然男孩子也可以扮演吉尔。有些孩子可能会“坚持”一直扮演同一个角色，要经常鼓励孩子尝试其他角色）。
- 台下孩子很多的时候，可以分配木琴和其他乐器给他们，协助他们练习演戏和唱歌。
- 分别递给扮演杰克与吉尔的孩子水桶。如果只有您和您的孩子玩这个游戏，您可以提着水桶。

“杰克”与“吉尔”可以这样玩

- 提着水桶从“斜坡”底部出发，慢慢往上艰难地行走，配合观众敲打乐器并按照歌词这样唱：

1 杰克	2 和吉尔	3 去	4 山上
5 提	6 来了	7 一桶	8 水

◆ 杰克和吉尔配合演奏和唱歌，杰克第一个跳到垫子上，接着吉尔也跳到垫子上，观众一起玩，并随着一起唱。

1 杰克	2 跌倒了	3 摔破了	4 头
5 吉尔	6 跟着	7 也	8 跌倒了

◆ 观众把这两个人扶起来，拿走他们的水桶，让他们坐到观众席上，再让其他小朋友来演。

活动的益处

◆ 听歌和唱歌都能改善听觉辨别能力、听觉记忆、节奏感以及说话和语言的表达能力。

◆ 走上斜坡能强化动作和平衡感，改善动作计划能力、提高运动觉和视觉空间知觉。

◆ 配合歌词内容同时又做动作，能促使孩子注意外在环境的线索。

◆ 轮到自己扮演杰克和吉尔，以及站在斜坡上的时候，一起跳下，能培养孩子的动作控制能力，社交能力和团队合作精神。

◆ 跌倒的时候会对关节施加压力，而刺激本体系统。

◆ 敲打木琴或吹奏乐器能强化手的灵活度和眼 – 耳 – 手的协调能力。

注意事项

◆ 如果孩子出现了重力不安全感，又不愿意走上斜坡，可以把板子直接放在平地，让他假装在爬坡。

74. 音乐呼啦圈

反应比较慢或动作比较笨拙的孩子，对与人竞争的比赛活动兴趣不浓，因为没有孩子喜欢分组时最后才被挑中，也没有人喜欢比赛一开始就第一个出局。为了吸引孩子来玩游戏，可以试试由来自密歇根能力恢复中心的理疗助理伯特·理查德所推荐的这个游戏。

适龄孩子

- 年龄不限。

活动材料

- 4 个或 4 个以上的参与者。
- 每个参与者一个呼啦圈。（没有呼啦圈吗？可以在地板上用粉笔画一个圆圈，或用胶带贴一个圆圈。）
- 挑选中间有一段较长的停顿音的歌曲，例如：
  - 取材自威兹博洛《感觉统合音乐游戏》（*Songgames for Sensory Integration*）中的“音乐椅子”（Musical Chairs）和“等待游戏”（A Waiting Game）。
  - 取材自哈普·帕尔默《家里的乐队》（*Homemade Band*）中的“森林里的野花：

开始 / 停止”（Wildwood Flower: Start/Stop）。

准备工作

- 把所有呼啦圈在地上排成一个圆圈，每个参加者前面放一个呼啦圈。
- 说：“当音乐开始的时候，我们每个人都要从一个呼啦圈走到下一个呼啦圈里，要绕着圆圈走，而且往同一个方向走动。当音乐停止时，要找到一个呼啦圈站在里面。今天的游戏是要让大家一起分享呼啦圈，所以停下来时不一定要站在开始时自己的那个呼啦圈里哦！”
- 开始播放音乐。（如果您手边没有上面所说的歌曲，可以播放其他活泼的歌曲，然后用手操作开关键。观察力强的孩子会看到您在操作录音机，还会把视觉提示与听觉提示整合在一起。这样的效果也很不错。）

参与者可以这样玩（按照以下顺序由易到难）

- 从一个呼啦圈往下一个呼啦圈走，音乐停止时在最靠近的呼啦圈内站住。
- 从一个呼啦圈跳到下一个呼啦圈。
- 双脚并拢从一个呼啦圈跳到下一个呼啦圈。
- 倒着走。
- 每次音乐停止时，您都要拿起一个呼啦圈，想办法与其他人一起分享剩下的呼啦圈。（虽然您拿走呼啦圈，但所有参加者仍继续一起玩这个非竞争的游戏，这个游戏并不像传统的那种“音乐椅子游戏”。）

活动的益处

- 倾听音乐何时开始和停止，能改善听觉辨别能力。
- 判断两个呼啦圈之间的距离，能改善孩子的空间知觉和方向感。
- 绕着圆圈移动能改善动作调节、平衡感、动作计划能力、运动知觉，以及其他前庭觉和本体觉的功能。
- 跳到下一个呼啦圈里，能加强双侧协调能力。
- 参与不用竞争的游戏，能提升社交技能和情绪上的安全感。

75. 押韵游戏

弗吉尼亚州的理科硕士、临床言语 / 语言病理学治疗师乔安妮・汉森说："无论何时何地、无论有几个参加者，都可以玩这个押韵游戏。"这个简单的游戏，能强化孩子的听觉，也能调节孩子的听力。实际上，您能预估出那些懂押韵的孩子未来都存在良好的阅读技能。所以，请拿起纸和笔，您会得到很多乐趣哦！

适龄孩子

- 3.5~12 岁的孩子负责想词语和韵律，6~12 岁的孩子，负责写下词语。

活动材料

- 纸和笔。

准备工作

大家一起想有关节日的词语，然后写在纸上：

- 情人节：红色、心、玫瑰花、卡片、邮件、我的、您的。
- 独立纪念日：旗子、红色、白色、蓝色、游行、爆米花、西瓜。
- 感恩节：朋友、食物、南瓜、爱。
- 光明节：蜡烛、光线、煎饼、陀螺、数字 8。
- 圣诞节：小婴儿、马厩、马槽、花圈、绿叶、松树、雪。

孩子可以这样玩

- 想一些与节日有关的词语，然后依序写在纸张的左半边（或让别人帮忙记下自己想到的词语），在词语之间要空两三行。
- 在每一个与节日有关的词语后面，写下与这个词语押韵的词，能想到多少就写多少。押韵的词语不必与节日有关。例如：
  - red（红色）：feed（喂食）/said（说话）/head（头）/bed（床）/thread（线）/led（领导）
  - rose（玫瑰花）：nose（鼻子）/chose（选择）/those（那些）

- heart（心）：cart（手推车）/mart（集市）/smart（聪明）/tart（酸的）
- card（卡片）：hard（努力）/yard（院子）/starred（点缀有星星的）

变换玩法

- 让孩子自己组词，例如为了与“red”押韵，而造出“schmed”，或与“heart”押韵，而创造“blart”。几乎每个学龄前孩子都有创造原本不存在的词语的天分，而这个活动非常欢迎这类新的词语。
- 利用这些押韵的字写诗，例如：

  For you I made a pretty card.

  我为你做了一张可爱的卡片。

  Very fancy, silver starred.

  非常特别，有着点点银色星星。

  I thought about it long and hard.

  我努力地想了很久才做出来。

  Go outside, it's in the yard.

  请你走到外面，它就在院子里。

活动的益处

- 学习押韵能改善重要的语言能力与阅读技能，其中包括听觉处理、记忆和音位知觉（phonemic awareness，能认出语音的基本单位“音素”的能力）。研究发现，押韵游戏能帮助学龄前儿童找出口语里相似的音。
- 改变前缀的音来配合更多的押韵，能强化口腔运动技能。
- 在纸上写下想到的词语，能提升视觉空间知觉、精细动作技能和写字能力。

76. 调音叉的游戏

当演奏弦乐器的音乐家们坐下来准备一起演奏的时候，他们会先进行“调音”。先由一个音乐家敲一下调音叉，调音叉的金属指针会振动到 440 位置的“A”音。音乐家们先仔细听这个声音，然后动手调整弦音，直到每个乐器的音调和别人的一样。

在这个多重感觉体验的活动里，借助调音叉，您不只会听到“A”音，更会看到“A”音。这就像在变魔术一样。

适龄孩子

- 4 岁以上的孩子。

活动材料

- 调音叉可以在乐器行购买到。
- 软木塞。
- 针和不容易断的线。

准备工作

- 请拿一根线穿在针上，然后把针穿过软木塞，再把线打结。暂时把软木塞放在衣服口袋里。

您可以这样做

- 手里握着调音叉的握柄（只有一根棒子的那一侧），用棒子的一边在地上敲一下，或是在头上或膝盖上敲一下。然后把调音叉靠近耳朵，倾听调音叉发出的嗡嗡声。
- 说：“这是调音叉。当我把调音叉靠近耳朵时，可以听见嗡嗡声，但是它的声音很小，你几乎都听不到。你想听吗？”
- 如果孩子不反对您的提议，就再敲一下调音叉，让调音叉靠近他的耳朵，您会看到他脸上的表情。
- 如果孩子拒绝您的提议，您可以说：“如果我敲一下调音叉，再用调音叉的顶端去碰桌子，你也会听到调音叉发出的声音。”拿着调音叉的握柄顶端去碰桌子或其他木头家具，这样调音叉会通过与木头的共鸣而传递到整间房里。
- 您对孩子说：“你已经听到声音了，现在你能看到声音哦！”从自己的衣服口袋里拿出软木塞，用一条线系上，来回地摆动，再一次敲击调音叉，用振动中的叉子去碰触软木塞。你会看到什么呢？软木塞在跳舞！

- 对孩子说："软木塞碰到振动的叉子后也会振动。你真的能看到振动。现在由你拿软木塞去碰叉子。"

孩子可以这样玩

- 用软木塞去碰触调音叉（等您敲过调音叉后）。
- 不用您的帮助，自己敲调音叉，让上面的叉子摆动。
- 用调音叉去碰触各种东西的表面。它碰到头发会发生什么呢？碰到皮肤、布料呢？碰到箱子、锅子和桌子呢？什么样的表面会让调音叉长时间有声音呢？什么东西会让调音叉不发出声音呢？
- 哼一哼"A"音，尝试发出和调音叉一样的音。

活动的益处

- 听、看并且感觉到振动，能强化各种感觉系统。
- 握着调音叉，能培养触知觉、精细动作能力和双侧统合。

77. 吹出各种声音

许多有感觉统合障碍的孩子同时有听觉辨别障碍。举例来说，他们可能无法听出 B、D、G 等音之间有什么不同（如果您想了解更多的信息，请咨询语言治疗师或听力治疗师）。

这个 SAFE 活动是华盛顿特区的语言治疗师劳拉 •D. 格拉泽发明的，这个活动能帮助孩子提高自己的能力，更能改善孩子的听、说、读、写各项能力。

适龄孩子

- 5 岁以上（能把声音和字母配对）的孩子。

活动材料

- 15 张彩色美工纸，或多用途白纸。
- 剪刀（可有可无）。

◆ 黑色蜡笔。

◆ 吹笔（吹气就可把颜料吹出来画画的笔）。

准备工作

◆ 把纸张裁成雪花、太阳、云朵、房子、卡车、水果等的形状，这个程序可以提高视觉能力。

◆ 在每张纸上写下一个列在下面的音。我们已把容易混淆的音分为五组。如果您的孩子特别发不准 B、D、G 的音，可以直接从这组字母开始玩起：

1. B 、D or G（发出 Buh，Duh 或 Guh）

2. K、P or T （发出 Kuh，Puh 或 Tuh）

3. F、S–SH、TH（F– 发出 Fff 的音，如单词 Fun 中 F 的发音。S–Sss；SH–Shin；TH–THin）

4. V、z、Th（发出 Vvv，Zzz 和 That）

5. M、N（发出 Mmm，Nnn）

你们可以这么玩

◆ 把写着以上 1、3 和 4 发音的纸张放在桌子上。

◆ 对孩子说："把吹笔拿起来，朝发出'B'音的纸吹上颜色。现在再朝发出'D'音的纸吹上颜色，很好。"

◆ 接着让孩子决定要为哪一个字母涂上颜色。他正在涂什么音，一定要他对那个音有所反应。如果他真的不知道怎么读，您就读给他听，然后让他重复。

变换玩法

- 根据您的想象力和孩子的精细动作能力而定，您可以在纸上画出雪花、房子、八边形等图案的轮廓，接着，让孩子把图案剪下来。无论是画轮廓还是剪图案，都不必要求非常准确，如果您要给孩子增加挑战，可以改成小写字母（一般孩子都是先认识大写字母的）。

活动的益处

- 当孩子整合了字母的声音、鲜艳颜色的视觉以及吹的动作，认识语音这件事就变得令人兴奋也很容易记住。
- 吹的动作能刺激和强化口腔的肌肉（嘴唇、脸颊、下巴和舌头）和胸隔膜，这些都是学说话的必要条件。
- 把颜料吹出去的时候，孩子会盯着飞出去的颜料看，会扩大孩子的视线范围（吮吸则是让双眼视轴聚合，让孩子看近处物品的时候更清晰）。
- 本活动提供给孩子良好的练习机会，能强化他的视觉能力。
- 吹气让人平静。一个平静的孩子比坐立不安或太兴奋的孩子更容易愿意学习与沟通。
- 握住吹笔以及瞄准目标，都能改善精细动作和动作计划能力。
- 改善了孩子的听觉辨别能力，就会促进孩子的听觉处理、阅读能力和拼写能力。

78. “WH”问题游戏

学习如何回答“WH”问题，能让孩子建立良好的沟通技能。这个活动同样是语言治疗师格拉泽告诉大家的。我们通过强化“WH”的观念，能改善听觉处理、动作与视觉能力。

适龄孩子

- 3~7 岁的孩子。

活动材料

◆ 能激发孩子学习动物动作的录音带，例如：

- 拉威尔的《鹅妈妈组曲》。
- 圣桑的《动物狂欢节》。
- 哈普·帕尔默的《滑稽的动物》（*Animal Antics*）。

◆ 纸和笔。

◆ 海报板、尺、马克笔。

◆ 剪刀、有动物图片的杂志和日历。

准备工作

◆ 播放音乐能激起大家想学动物做动作的兴趣，大家一起走动、跺脚、滑行等，忽快、忽慢、爬高、爬低，乐趣无穷。

◆ 等你们要停下来休息的时候（或是找其他时间玩也可以），想一想下面列出的“WH”问题，然后根据孩子的发展程度，把很简单或机智的答案列出来。这里有一些问题可以帮助您。

1. 我们可以想到什么（What）动物？

- 宠物：狗、猫、马、鹦鹉、金鱼……
- 野生动物或动物园里的动物：猴子、鲸鱼、蛇、蜘蛛、猫头鹰……

2. 它们住在哪里（Where）呢？

- 家附近：房子里、花园、水族箱、宠物店、农场……
- 大自然里：海边、大海、沙漠、森林、丛林、山里……

3. 谁（Who）会关心动物？

- 男孩和女孩、男人和女人。
- 家人：妈妈／爸爸、姐妹／兄弟……
- 宠物店老板、农夫、牛仔、森林守护员、兽医……

4. 动物怎么（How）走路呢？（走路、跺脚、爬行、跳跃、滑行、伸展……）

5. 什么时候（When）行动呢？（白天或黑夜、春天或秋天……）

6. 为什么（Why）会去行动呢？（为了玩耍、躲藏、捕捉猎物、迁徙、取暖……）

◆ 指着您已经列好的生活在不同地方的动物，让孩子选出 6 种动物所居住的地方。在海报板上画出 6 个格子，在每个格子里画出 1~2 个图案，代表动物居住的地方。

- 与孩子一起从杂志上剪下图片。图片包括：
  - 动物。
  - 关注动物的人。
  - 太阳、月亮、星星，或是具有季节特征的叶子或景色。
- 把图片和海报板放在桌子上。

如何玩“WH”问题游戏

您可以这样做	孩子可以这样玩
1. 指着一只动物问孩子：“这是什么？”若孩子答不出来，就给他提示：“是一只猫还是一只狗？”（前者是正确答案）若孩子还是无法回答，您就问“对或错”的问题，如：“这是一只猫吗？”赞美他的正确答案说：“答对了，太棒了！”	1. 把图片拿起来，然后回答：“这是猫（或其他动物）。”
2. 指着海报板，问：“猫住在什么地方？”（可以给孩子几个选项，问他“对或错”的问题。）	2. 指出海报板上正确的地点，说出正确答案，如房子或机场。把猫的图片放到格子里
3. 指着剪下来的人物图片，问：“谁经常去给猫送食物？”	3. 选择一个人物，把图片放在格子里。孩子年龄不同，说出的答案也不同
4. 问：“猫咪如何行动呢？”	4. 趴下来用双手双脚走路，像猫咪那样伸展身体，拱起后背
5. 问：“猫咪会发出什么声音呢？”	5. 学猫咪喵喵叫或发出呼噜呼噜的声响
6. 指着太阳或代表季节的图片，问孩子：“什么时候猫咪会伸展身体？”	6. 回答：“白天或夏天。”把太阳的图片或代表夏天的图片放进格子里
7. 问孩子：“猫咪为什么要伸展身体？因为这样做它会觉得自己又高又强壮。”（让孩子也伸展身体）	7. 伸展身体，和您一起说：“又高又强壮。”

变换玩法

关于交通的“WH”问题

◆ 什么（What）：脚踏车、摩天轮、滑板车，还有其他游乐设施；汽车、公交车、摩托车和大卡车；火车；帆船、汽船、拖船、木筏和独木舟；飞机和热气球。

◆ 哪里（Where）：游乐园、后院、脚踏车道；马路、高速公路、铁路、大海、河流、池塘、机场和天空。

◆ 谁（Who）：男人／女人；司机、驾驶员、车长、船长、舰长、划船手。

◆ 为什么（Why）：这个男人为什么要开车去呢？“出发！出发！出发！出发喽！”然后做出《公共汽车的车轮》（*The Wheels on the Bus*）这首歌里的动作，手在身体前面快速画圈。

关于衣服的“WH”问题

◆ 什么（What）：毛衣、外套、T 恤、袜子、鞋、帽子、连指手套。

◆ 哪里（Where）：家的附近（床上、学校、公园、滑雪橇的山坡和水洼），或世界的其他地方（如北美、挪威、日本）。

◆ 如何（How）：孩子用表演哑剧的方式，来表演穿毛衣、穿裤子和穿靴子。

◆ 什么时间（When）：玩耍时、睡觉前、春天、夏天和白天。

◆ 为什么（Why）：那个男孩为什么戴帽子，是为了保暖！（彼此拥抱。）

关于食物的“WH”问题

◆ 什么（What）：汉堡、鸡肉、苹果、香蕉、三明治、红萝卜。

◆ 哪里（Where）：厨房、饭厅、野餐桌、快餐店、冷饮店、热狗店、祖母家。

◆ 什么时间（When）：情人节、复活节／逾越节、美国国庆节、万圣节、感恩节、圣诞节、光明节、生日。

◆ 为什么（Why）：那个女孩为什么要吃东西？因为她吃了食物才能长大！（先蹲下来，然后一点儿、一点儿地向上伸展，努力把身体拉到最长。）

活动的益处

- 跟随着音乐做出动作，还有回答“WH”问题，对听觉处理都很有帮助。
- 模仿动物叫并且说出答案，能改善沟通、说话和语言的能力。
- 思考“WH”问题能加强批判性思考、记忆力、词汇和分类能力，也能改善针对地点和时间的观念，以及动作的质量。
- 选择图片、剪下来，然后贴在海报板上，能改善视觉技能和精细动作技能。
- 模仿动物的动作与走路方式、做出各种各样的走路姿势，能强化前庭觉和本体觉，包括平衡、粗大动作能力、两侧协调、动作计划能力和运动觉。

79. 学鸟叫

小鸟的叫声是大自然里非常动听的交响乐。这个活动特别适合视力不好但听力极好的孩子，对他们也非常具有吸引力。在这里，我也要特别感谢我的朋友吉姆•穆赫兰。他是一位退休教师。

适龄孩子

- 6 岁以上的孩子。

活动材料

◆ 纸和铅笔。

◆ 列出你们居住地的原生鸟类清单，以及每种鸟有特色的叫声。

序号	鸟的名称	鸟的叫声像（读如下的英文声）
1	灶巢鸟	Teacher−teacher−teacher
2	北美红雀鸟	What−cheer−cheer−cheer
3	东方红眼雀	Drink−your−teee
4	白喉带鹀	Please−please−Canada−Canada−Canada
5	簇山雀	Peter−Peter−Peter
6	黑冕山雀	Chick−a−dee−dee−dee
7	白胸鳾	Yank−yank−yank
8	红翅黑鹂	Konk−la−ree
9	北扑翅䴕	Wicker−wicker−wicker/Klee−yer
10	美洲金翅雀	PO−ta−to−chip
11	山齿鹑	Bob−White
12	卡罗苇鹪鹩	Tea−kettle−tea−kettle−tea−kettle
13	北卡罗来纳山雀	Chick−a−dee−dee−dee

续表

14	暗冠蓝鸦	Shooka-shooka-shooka
15	棕腹长尾霸鹟	Pee-ee
16	加州鹑	Chi-ca-go
17	红玉冠戴菊鸟	Tsee-tsee-tsee-tsee
18	蓝头黑鹂	Ksh-eeee
19	弱夜莺	Poor-Will/Pea-cos
20	斑点鸺鹠	Who-cooks-for-you
21	白翅斑鸠	CALL SOUNDS LIKE
22	卡氏王霸鹟	Chi-bew
23	仙人掌鹪鹩	Cha-cha-cha-cha-cha
24	林山雀	Tschick-a-dee

准备工作

◆ 在一本工具书上查找本地区鸟类的信息。例如罗杰·托里·彼德森所写的《野外观鸟手册》（*Field Guide*）就是很好的工具书。知道小鸟的长相有助于联系叫声与影像，虽然我们只是听见过鸟叫声，但从来没见过是哪种小鸟发出的声音。

您和孩子可以这样做

◆ 一起到户外倾听鸟叫声，根据清单来分辨听到了哪种鸟的叫声。

- 如果发现清单之外的小鸟，把它们的叫声记下来，例如发现：
  - 冠蓝鸦（叫声很像荡秋千发出的喳喳声），还有啄木鸟（会发出咚、咚、咚的声音）。
- 记下周围环境里的其他声音：
  - 大自然——树枝晃动的声音，松鼠吱吱喳喳的声音，蜜蜂嗡嗡的声音，以及海浪拍击岸边的声音。
  - 机器的声音：割草机、铲雪机、冷气机、汽车引擎、喇叭的声音，指挥交通的哨子声、脚踏车的铃铛声。
  - 模仿鸟叫，然后互相猜猜对方在模仿什么小鸟的叫声。

变换玩法

录下各种声音，让孩子来辨别，再玩配对游戏：

- 其他孩子的声音。
- 乐队和乐器的声音。
- 家里生活的声音——水滴滴答答的声音、走楼梯的脚步声、计算机开机的运转声以及马桶冲水的声音。
- 学校里的声音——削铅笔机的声音、订书器发出的声音、揉纸的声音、三孔活页夹啪嗒合上的声音。
- 都市里的声音——喇叭声、警报器的声音、刹车声、哨子声、鸽子叫声、停车收费器的投币声、出租车的声音。

活动的益处

- 仔细倾听某种声音，能改善听觉辨别能力、主体 - 背景技能。
- 模仿鸟叫和其他的声音，能提升口腔的运动、言语和语言能力。
- 将声音和景象配对，可以把听觉和视觉感官进行整合。

第 7 章

嗅觉和味觉活动

5 岁的康纳对第一次到海边度假的印象很不好。因为他闻到了海草、油炸牡蛎和退潮的气味，还有汽车旅馆的霉味，这些气味都让他过度敏感的嗅觉系统吃不消。康纳不断抱怨海边的臭味，他的父母希望海边之旅至少能给他一些愉快的回忆，所以决定奢侈一次，尽力营造一个美好的用餐过程。他们穿上鞋子，来到一家不是主要卖海鲜料理的餐厅，康纳希望在这里可以吃到一盘清淡的意大利奶油面。忙碌的男服务员身上有很重的体味，当服务员过来送餐时，康纳叫了出来："好臭！"他捏着鼻子，开始流眼泪。经过了这样尴尬的场面后，全家人只能选择不吃饭就离开餐厅。当晚他们只能吃冰激凌。第二天一大早，全家人就回家了。明年夏天，他们打算像往常一样去山上度假，避开大海。

9 岁的马赞和其他几个小伙伴都喜欢玩纸飞机、放风筝和空中城堡游戏。当他们的火箭俱乐部聚会时，所有的小伙伴们总会到别人家里聚会。因为聚会时大家会在一起吃东西，而马赞非常挑食，他不吃的东西很多，所以他不愿去别人家。他不吃任何含有番茄的食物，也不吃任何绿色的食物甚至水果。马赞对点心和餐点也不喜欢。渐渐地，孩子们在一起聚会的时候，再也不邀请马赞了。

康纳的嗅觉与马赞的味觉都异于常人，以下是关于这类障碍的特征。

嗅觉和味觉障碍的表现特征

有嗅觉障碍的孩子可能会出现的特征如下：

- 对一些物体的味道出现敏感反应，如对熟透了的香蕉，而别的孩子则没有这么大的反应。
- 对于脏尿布之类的物品出现过度敏感的反应，并且闻不到某些特别好闻的味道。
- 挑食。

存在味觉障碍的孩子可能会出现的反应：

- 对某种味道的食物出现过度反应，例如对某种食材或某种温度的食物过度反应。

- 一吃某种食物，就可能会呕吐。
- 经常舔或啃某些不能吃的食物，如橡皮和玩具。
- 可能比较偏爱又热又辣的食物。

人类的嗅觉已经和过去大不相同。几百万年前，我们的祖先们必须依赖灵敏的嗅觉才能存活下去，那时候人们主要靠嗅觉逃避危险。随着人类不断的演化，嗅觉作为我们赖以生存的能力，其重要性已经渐渐降低，而与此同时，视觉与听觉变得更加重要了。

虽然如此，在形成记忆与唤醒记忆方面，嗅觉仍扮演着重要的角色。当我们闻到某个味道时，这个嗅觉刺激会直接引发我们大脑边缘系统这个脑区的反应，而不像其他感觉信息，需要通过比较迂回的大脑神经路径才能传达到大脑中。

我们对熟悉的味道会出现明显的反应。香皂的味道会让我们感到很愉快，因为它们会马上唤起我们记忆里父母拥抱着我们、呵护着我们的那些情景，还有又干净又舒服的那些美好记忆，所以很多人都很享受沐浴后的感觉。

我们对不熟悉的味道也会马上出现反应。无论有没有闻过某种令人不舒服的臭味，我们天生就会对这类气味很警觉。因为我们会意识到那是腐烂的食物、煤气泄漏或身体发出的臭味，都会对我们的身体有不好的影响。我们会捂着鼻子，远离臭味。

味觉就像其他感觉一样，有助于我们存活下来，提供给我们有关苦、咸、甜、酸等味道的基本信息。这个李子或药丸会不会特别苦涩，难以下咽呢？这个泡菜是否会酸得胃痛呢？当味觉告诉我们这样的食物可能有害时，我们会把东西吐掉。

嗅觉与味觉息息相关。事实上，大约 75% 的味觉需要依赖有效的嗅觉。这也是为什么我们感冒时会没有食欲，因为无法好好闻到食物的味道，食物尝起来就没滋没味。

感觉统合障碍也涉及嗅觉与味觉方面的问题。嗅觉和味觉过度敏感或不够敏感经常影响孩子的饮食习惯与营养吸收。感觉统合障碍确实有可能是偏食的主要原因，因而导致孩子的生长缓慢（下一章将谈到更多关于口腔运动发展的技能）。

若发现孩子的嗅觉系统与味觉系统有问题，建议父母一定要寻求感觉统合治疗和营养治疗。营养师会提供一些指导与营养补充品，能改善孩子的身体发育与各项功能。同时，请试试本章的 SAFE 活动。

有益于孩子嗅觉和味觉发育的活动

80. 闻一闻是什么味道

无论您的孩子对味道是太敏感还是完全没有反应，或是介于两者之间，这个猜一猜游戏都能通过愉快的方式唤醒孩子的嗅觉。

适龄孩子

- 4.5 岁以上的孩子。

所需材料

- 塑料药瓶、棉花球和餐盘。
- 锤子和大根钉子，或是锥子。
- 一块 5 厘米 ×10 厘米的木板（像一座小型工作台，可以在上面钉钉子）。
- 几种会散发味道的物品：

通常具有刺鼻味道并让人兴奋的物品

- 罗勒
- 大蒜
- 牛至
- 烧过的蜡烛芯
- 柠檬或橘子
- 铅笔屑
- 巧克力
- 薄荷
- 橡胶
- 樟脑球
- 沙丁鱼
- 咖啡
- 泥土
- 洋葱或细香葱
- 醋

通常能散发出使人心情平静气味的物品

- 须后水
- 洋甘菊
- 铃兰

- 杏仁精
- 肉桂
- 松针
- 苹果
- 蜡笔
- 有香味的马克笔
- 香蕉
- 护手乳
- 肥皂
- 奶油
- 熏衣草
- 香草精

准备工作

- 把塑料药瓶的盖子扎几个洞，可以让气味跑出来。帮助孩子把盖子放在木块上，拿起锤子和钉子，在每一个盖子上扎出三到四个洞（您需要判断一下这个动作适不适合您的孩子，可不可以安全执行；如果没有把握，就由您来打洞）。
- 把您选好的有味道的物品排列在餐盘上。

您可以这样做

- 从餐盘中拿起少许东西，给孩子看一下，然后说："这是肉桂（罗勒、薰衣草等）。嗯，很好闻！好像奶奶做的苹果派（爸爸做的意大利面酱、斯坦恩太太的香水等）。你想闻一闻吗？"
- 如果孩子同意，请他闻一闻味道（如果他拒绝，您说："没关系，可能明天你就喜欢闻一闻了。"打扫一下卫生，然后去做您自己的事）。
- 您可以这样说："我们把每一种味道的东西都放一点到它们各自的罐子里，然后来玩一个游戏。"
- 示范如何在棉花球上滴几滴液体香精如须后水、香草精。
- 仔细观察孩子对不同味道产生的警觉或放松反应，记下您观察到的现象，当作日后的参考。

孩子可以这样玩

- 帮忙把部分物品装进罐子里，然后把盖子盖紧。
- 把餐盘里的罐子位置顺序打乱重新摆放一遍。
- 选一个罐子，闻一闻味道，猜一猜里面是什么，然后告诉您。
- 这个味道让他想到了什么。接着闻一闻不同的罐子。

◆ 邀请朋友或家人来猜一猜是什么味道。

活动的益处

◆ 玩这个游戏能促进孩子的嗅觉辨别能力。

◆ 闻某种气味能提高孩子的记忆力和注意力。让孩子闻某些味道还有助于孩子睡眠。

◆ 谈论与味道有关联的一些记忆，能提升孩子的语言表达能力和沟通技能。

◆ 准备罐子和往罐子里装东西能发展手眼协调能力，提高手的灵巧度，促进指尖抓握能力，以及使用工具的技能。

注意事项

◆ 如果孩子猜味道很吃力，可以把香料放在干净的塑料袋里而不是餐盘上。孩子能把看到的东西和闻到的味道整合起来，能更容易认出味道来。

◆ 不要同时给他刺激类与缓解类的香料，太强烈的气味会引起孩子剧烈的头痛。

81. 制作香包

当我还是女童子军时，做了一个香包作为母亲节礼物，它在我母亲的衣橱里持续散发芬芳好几年。而 20 年前，我儿子的童子军领队也带着他们做了一个香包，即使是精细动作技能很差的小男孩，也会很喜欢把丁香粒塞进水果里。

适龄孩子

◆ 5 岁以上的孩子。

活动材料

◆ 一个橙子或苹果。

◆ 丁香粒。

◆ 一个塑料杯子，杯口的直径必须比水果小（这样水果才不会掉进杯子）。

◆ 漂亮的缎带，宽度介于 1 厘米和 2.5 厘米之间，长度约 75 厘米。

◆ 两根大头针。

孩子可以这样玩

◆ 把丁香粒塞进水果里（放多少都可以）。

◆ 把水果放在杯子上，让水果干燥萎缩。

◆ 帮您量一量水果的一周需要多长的缎带，剪一截缎带下来，把缎带缠在已经干燥的水果上，在尾端打一个结。

◆ 把大头针穿过缎带固定在水果上。

◆ 把做好的香包挂在衣橱里。

活动的益处

◆ 动手做一个香包，然后闻一闻香包里的水果混合着丁香所散发的香味，能改善嗅觉知觉。

◆ 把丁香粒塞进水果的动作，能改善动作计划能力、动作调节能力和精细动作能力。注册职能治疗师玛丽 • D. 本博把捏丁香这类动作称为“转移动作”，转移动作牵涉到用大拇指、食指和中指捏住一个小东西，例如丁香粒或大头针这类小物品从指尖移到掌心或从掌心移到指尖的动作。

◆ 一手握住水果，一手把丁香粒塞进去，能改善两侧协调和触觉知觉能力。

◆ 注视自己正在进行的动作，能改善孩子的动眼能力。

82. 芳香植物画

这是一个令人愉悦又芳香的活动，是想象力丰富的罗莉 • L. 默克尔（通过认证并获得执照的职能治疗助理）发明的。准备的过程令人愉悦，活动的过程轻松自在，活动的成品则非常漂亮，挂在墙上非常漂亮可爱。

适龄孩子

- 3 岁以上的孩子（如果有大人在旁边监督，更小的孩子应该也适合。）

活动材料

- 各种颜色和味道的花朵或其他植物：
  - 三色堇、牵牛花、紫罗兰、野花、四叶的幸运草、金盏花、菊花、天竺葵、玫瑰花和蒲公英的花瓣。
  - 香草植物的嫩枝和薄荷茶枝。
- 白色的美工纸。
- 顶端用橡胶包住的木槌。
- 如果是在室内进行，准备报纸或棕色纸袋铺在工作台上。

准备工作

- 如有需要，在一张坚固的桌子上铺上报纸，或是在户外进行游戏。
- 与孩子一起捡拾或采摘花朵，最好是在家里的盆栽或花园里采集材料（在野外的花朵就留着供大家欣赏吧）。把收集到的材料放在餐盘里。

孩子可以这样玩

- 拿一张白纸，在上面排列采集到的花朵或香草。
- 拿另一张纸压在花草上面。
- 拿起木槌，小心又用力地敲打，把纸下的花朵和香草敲碎，直至流出的“汁液”沾在纸上。
- 把上面那张纸掀起来，把粘在纸上的那些已经被压扁的花瓣和枝叶用手指抠下来。

◆ 闻一闻手指头和纸的味道，欣赏自己的作品。

◆ 过一会儿，用干的纸把礼物包起来，然后做成画夹在相框里，和朋友分享或是寄给奶奶以及远方的亲人们。

变换玩法

用擀面杖取代槌子。

活动的益处

◆ 闻一闻花香和植物的味道，能刺激嗅觉。

◆ 触摸、捡拾和拔取花朵和香草，能增强触觉辨别和改善精细动作能力。

◆ 排列花朵能改善视知觉和手眼协调的能力。

◆ 一只手使用槌子，一只手固定纸张，或是双手一起操作擀面杖，能改善孩子的身体两侧统合。

◆ 敲打物体的表面或者按压擀面杖能提供本体刺激，并改善动作调节能力。

◆ 对某些孩子来说，手掌是非常敏感的地方。使用槌子或擀面杖，能对手掌施加有益的深度压力和刺激。

◆ 敲打花朵的声音会刺激听觉，也能消除孩子的紧张感。

83. 香味闪卡

来自明尼阿波利斯市诊所的注册职能治疗师特露德·特恩奎斯特博士多年来治疗了许多有感觉调节障碍的孩子。她发现，有很多孩子对强烈的气味非常敏感。在诊所里她为嗅觉反应不足的孩子喷洒柑橘类水果或香料的味道，对那些比较容易过度反应的孩子，她使用小饼干甜甜的香味或姜汁蛋糕的香味来消除他们的恐惧感。

用同样能散发香味的香水笔和香水胶水，似乎也能帮助孩子专注在精细动作活动上。特露德还发明了哈利波特系列的马克笔，这种笔带着强烈的硬薄荷糖、可口的“巧克力青蛙”，以及“葡萄柠檬水”的味道。孩子们都非常喜欢怪味豆，尤其是带有臭

味的“地牢泥土”和“咸味沙丁鱼”（请注意：不要把各种味道混合在一起，因为许多孩子的嗅觉系统很快就会疲惫，孩子也会失去注意力，同时会引发头痛）。

特露德利用 Touch Math 公司生产的香味闪卡来设计感觉统合活动。我在本书中也采用了她的操作方法，但另外设计了一个碰触和闻一闻的动作，可以帮助孩子学习数字和字母，并且自己亲手调出很棒的香味。

适龄孩子

- 3 岁以上的孩子。

活动材料

- 香味胶水。
- 活页卡和图画纸。

您可以这样做

- 拿出一瓶香味胶水，在每张卡片上涂出多米诺骨牌大小的胶水圆点。
- 或用香味胶水在其他卡片上写上数字和字母。
- 一个小时后胶水就干了。
- 用鼻子闻一闻数字卡片和字母卡片，并强化上面的字母和数字。

孩子可以这样玩

- 在上面写数字和字母，也可以画画。
- 轻轻敲打、闻一闻并阅读能刺激多重感官的数字和字母卡片。
- 把眼睛遮起来，试着只用手去触摸和闻一闻味道，来辨别数字和字母。

活动的益处

- 闻一闻强烈的味道，能改善嗅觉辨别能力。
- 触摸和看着香味胶水写的数字和字母，能把触觉、视觉和嗅觉整合在一起，增加记忆、注意力和想象力。
- 用胶水写字、画出图案，能培养精细动作能力。

84. 香味宾果游戏

注册职能治疗助理罗莉• L. 默克尔精心设计了这个结合香味与宾果游戏的活动，无论是一个孩子还是一群孩子和大人，都可以玩这个游戏。

适龄孩子

- 2 岁以上的孩子。本活动适合不同年龄和能力发展程度不等的孩子。与年纪较小的孩子玩这个游戏时，先从两个味道开始，要提高难度，只需增加味道的种类就行了。

活动材料

- 空白的检索卡，或卡片、海报纸，或裁剪成宾果卡一般大小的美工纸。
- 塑料药瓶子。
- 棉花球。
- 香料，例如柠檬汁、肉桂和精油。
- 不透明胶带和小标签。
- 纽扣、铜板或宾果筹码。

准备工作

- 制作香味宾果卡：
  - 决定你想要选用的几种味道。
  - 卡片分成几个相等的小格子，格子数与味道的数目要一致。
  - 在格子里贴上图片，写上描写这个味道的词语。
  - 每一张卡片上，味道的排列顺序要尽量不同。
  - 选择性材料：不同排列方式的卡片，各复制很多份，将卡片过胶压膜。
  - 至少给每个参加者做两张卡片。
- 在每一个药瓶子里塞进一颗棉花球，然后滴一滴果汁或精油在棉花球上，或是撒一点香草或调味料进去。重复这个过程，把所有的瓶子都准备好。
- 把盖子拧紧。
- 把味道的名称写在一小段胶带或标签上，然后贴在药瓶子的底部。

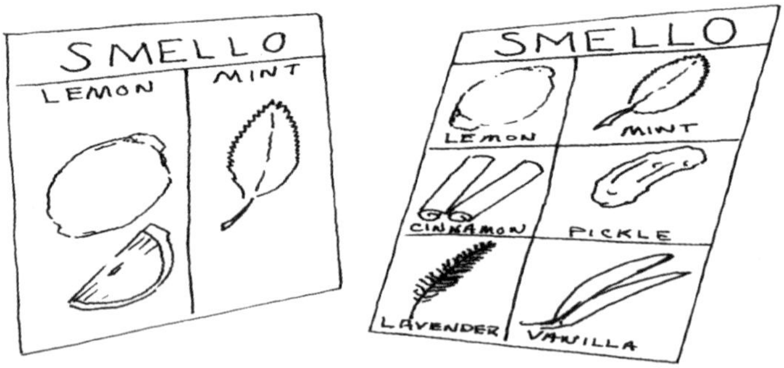

孩子可以这样玩

- 拿起一张卡片。
- 拿起一个瓶子，把盖子打开（如有需要，可向您求助）。
- 闻一下味道，试着描述和分辨味道。
- 在香味宾果卡中找到和这个味道对应的图片或文字。

◆ 拿一颗纽扣放在卡片上合适的格子内。

◆ 辨认出所有味道并填满宾果卡，就在这个游戏中“赢”了。

变换玩法

◆ 像玩宾果一样，谁先达成三或四条横线、竖线或对角线谁就赢。

◆ 和一群小伙伴一起玩，一个接着一个地闻瓶子里的气味，每个孩子都要闻。

◆ 为了消除游戏的竞争意味，可发给每个孩子一模一样的卡片，卡片上的图片和文字的排列位置全部一样。

◆ 可以用铅笔或蜡笔在图片或文字上填写“X”，取代纽扣或筹码。

一位母亲的感悟

如果您的孩子因为胶水的味道太过浓烈而无法使用胶水，职能治疗师罗莉提出了一个解决办法。她是我儿子的老师，今天竟然一次解决了两个问题哦！今天她上了一节生动的课，让孩子用气球做一个地球仪，四周贴上报纸碎片。她打电话给我，说她亲自做了糨糊，是自己用面粉熬制的。因为她知道我的孩子麦克斯有小麦过敏症——他一接触小麦制品就会拉肚子，他从来不能吃全麦食品，所以这位老师也担心孩子戴着的手套破损以及孩子是否能适应这种糨糊的味道。于是我又给孩子送去埃尔默牌子的蓝色胶水，老师混合了一些水递给麦克斯使用。孩子回来后兴奋地对我说：“妈妈，您知道吗？今天我第一次完成了一个艺术品。我没有像以往一样不参加这类活动哦！我的老师说我的胶水很好用，味道也好闻，她说以后三年级的孩子都要用这种胶水做手工课。妈妈，我这次帮了老师一个大忙哦！老师和家长也可以参考我的这个技能，配合孩子的老师完成任务哦！”

活动的益处

◆ 帮助孩子改进嗅觉辨别能力。

◆ 这个游戏会教给孩子一种新技能：把味道与图片或文字对应在一起。

◆ 让孩子描述闻到的味道（甜甜的、令人厌恶等），能提升言语与语言的技能。

◆ 把瓶盖打开，能改善精细动作的能力和手指的力量。

- 注视着卡片、找出有没有连成线，以及把筹码放在正确的格子里都能改善视觉。
- 使用铅笔或蜡笔能练习写字、握笔技能，以及学习画“X”。
- 与其他参与者分享，能培养孩子们的社交技能。

85. 尝一尝是什么味道

虽然这个游戏的主要目的是加强味觉辨别能力，但同样也能改善嗅觉。大自然赋予我们的一个本能就是让我们把食物放进口里之前先判断它是否是新鲜的。

适龄孩子

- 3 岁以上的孩子。

活动材料

- 各种一口大小的食物，例如：
  - 刚烤好的松饼（几块就好）。
  - 软心豆粒糖。
  - 一小汤勺果酱或果冻。
  - 几瓣橘子或几块橙子。
  - 几种坚果奶油。
  - 不同口味的爆米花，例如咸味、大蒜味或咖喱味的。

- 几种外表和质感相似的食物（切成小块的），例如：
  - 苹果、樱桃萝卜、葛根（一种甜甜的墨西哥根茎蔬菜）、荸荠、萝卜。
  - 油桃、桃子、香瓜和芒果。

准备工作

- 把所有切成小块的食物放在一个大盘子里，孩子们才能清楚地看到每种食物，而且食物的味道不会混合在一起。

孩子可以这样玩

◆ 尝一尝，然后让孩子告诉您他尝到了什么味道。

变换玩法

◆ 如果想提高游戏的难度，可以把眼睛闭起来或遮住，不靠视觉帮助猜猜是什么食物。

活动的益处

◆ 尝一尝不同的食物，能改善嗅觉和味觉的辨别能力。

◆ 用手拿起食物放到嘴里，能提升触知觉。

◆ 嚼食和吞咽能改善口腔的运动能力和力量，培养判断肌肉和关节要如何动作才能咬到食物和咀嚼的能力。

◆ 闭着眼睛猜猜食物的名字，能提升视觉形象化能力。

注意事项

◆ 比较挑食的孩子也可以玩这个游戏，但不要强迫他们。

86. 一起来玩创意饮食

在吃饭前让孩子来一个“刚刚好”的感觉活动，可以让爱挑食的孩子愿意尝试新的食物。安吉拉看到儿子吃光了所有的“感觉套餐”而大大改善了胃口，所以也为有感觉统合障碍和存在饮食障碍的孩子提供了一个真正的“吃饱”活动。

我们几个朋友的家庭和安吉拉每月都会在得克萨斯州圣安东尼奥市聚会一次。在柔和的背景音乐中，我们鼓励刚学步的幼儿与学龄前的孩子一起玩游戏并彼此互动。欢快的音乐能促使孩子进行充满活力的“感觉动作”活动。当孩子坐下来开始探索“新口味”时，会播放柔和的音乐。

我们某一次聚会的主题是玩圈起来的球。在饭上桌之前，孩子们先在室内的球池里玩耍。安吉拉说，所有食物都配合球池的球而做成圆形。提供的餐点有孩子们从没尝过的三种口味的意大利面罐头和豌豆仁。安吉拉说：“我儿子盖瑞在旁边一直绕圈，跑来跑去，玩得非常开心！”

她补充说：“我们还举办了一次以声音为主题的聚会，让孩子捏塑料气泡膜发出声音，还有用手指头捏断泡沫棉或用脚踩花生壳而发出‘喀嚓’声。孩子们可以用脚去踩泡沫棉，也可以在这些材料上面滚来滚去，发出各种声音。在完成了这个游戏后，孩子们就可以吃那些能发出声音的食物了。例如坚果、种子、咸脆饼和芝士奶酪条。我们也为孩子们做示范，如何让某些食物在嘴里化掉，或是把饼干类会软化的食物泡在水、果汁、苹果酱或汤里，这样就可以不发出声音而将食物吃进肚子里。”

对参加这个独特的饮食俱乐部的家庭来说，在活动中不仅能“吃饱”，而且还能改进孩子的感觉统合能力。下面这个“新口味”的游戏，同样也能让您在家中营造出充满乐趣又营养丰富的吃饭氛围。

适龄孩子

◆ 1.5 岁以上的孩子。

准备工作

◆ 选择一个感觉游戏的主题，根据这个主题来选择食物。

◆ 准备游戏环境。

◆ 准备好餐点。

孩子可以这样玩（利用球和其他圆形的物品进行活动）

◆ 捏球、踢球、抛球、接球（可以是各种球，也可以是气球）。

- 坐着、弹跳并躺在治疗球上。
- 在球池里来回动。
- 找一堆雀巢咖啡罐、塑料瓶子和瓶盖。

孩子也会比较喜欢如下 SAFE 活动，可以参照下表：

利用球和其他圆形的物品进行活动	圆形的食物	
第 3 章 27. 充满乐趣的大圆桶 第 3 章 29. 自助洗衣店 第 3 章 31. 飞向火星 第 3 章 33. 莎莉绕着太阳跑 第 3 章 34. 来来来，来洗澡 第 4 章 36. 轮胎内胎 第 5 章 53. 目标：字母“O” 第 5 章 55. 柑橘球 第 6 章 69. 纸盘舞 第 6 章 74. 音乐呼啦圈 第 7 章 81. 制作香包 第 8 章 88. 能吃的食物项链 第 11 章 118. 花生酱与罐子	意大利面圈 意大利饺子 全麦中东包 英式小松饼 烤饼 煎饼 年糕 麦圈 苹果圈 香蕉片 蓝莓 樱桃 葡萄	甜瓜 橙子、小柑橘 橄榄 豆子 红萝卜、大黄瓜切片 马铃薯切片
利用正方形、立方体和矩形物品的活动	**方形的食物**	
第 4 章 44. 甜蜜的纸箱城堡 第 4 章 47. 变蝴蝶 第 5 章 60. 各种各样的盒子 第 7 章 83. 香味闪卡 第 9 章 101. 鞋盒小路 第 10 章 108. 牙签手工 第 11 章 120. 豆袋沙包	意大利饺子 吐司和松饼 四方形 / 立方体的食物 豆腐 奶酪 苹果、香瓜（切成正方形） 芒果（切成正方形） 马铃薯（切成正方形） 大黄瓜、甜椒（切成正方形）	

续表

利用黏糊状的食物做游戏	黏糊状的食物
第 2 章 1. 用可擦洗材料玩个痛快 第 2 章 7. 好重的手 第 2 章 10. 摸摸罐子里有什么 第 2 章 15. 不会弄得到处都是的手指画 第 2 章 16. “胶水”走开 第 2 章 17. 触觉小径 第 2 章 23. 稀里呼噜宴会 第 8 章 89. 用吸管吸苹果泥 第 8 章 97. 亲亲镜子 第 8 章 98. 恐龙早安	苹果泥 香蕉泥 蜂蜜 豆沙 干酪 煮好的麦片 压成泥状的南瓜 马铃薯泥
声响很大的游戏活动	**能发出声响的食物**
第 3 章 30. 荡秋千、打击和投掷 第 3 章 32. 莎莉老奶奶 第 4 章 35. 缓冲垫 第 4 章 43. 铁锤和铁钉 第 6 章所有改善听觉的游戏 第 8 章 93. 吹气比赛 第 10 章 107. 好玩的气泡膜	花生 种子 爆米花 仙贝 咸脆饼 切片的红萝卜 樱桃萝卜 西芹以及其他蔬菜切块 荸荠 苹果
利用长的物体或绳子做的活动	**长而直的食物**
第 2 章 3. 用黏稠的食物画画 第 2 章 9. 西蒙说“准备我的晚餐” 第 2 章 19. 缠“木乃伊” 第 2 章 20. 做“热狗卷” 第 4 章 38. 好玩的绳子	意大利面条 细扁面 宽扁面 拉面 芦笋

续表

第 4 章 46. 弹力带 第 6 章 67. 滑哨伸展运动 第 6 章 73. 杰克和吉尔 第 8 章 89. 用吸管吸苹果泥	豆芽 西芹 四季豆 切成长条的红萝卜、小黄瓜、南瓜和甜椒 其他蔬菜条 甘草 奶酪条
利用颜色鲜艳的物品做游戏	**颜色鲜艳的食物**
第 5 章 62. 导水运河 第 5 章 66. 手电筒捉迷藏 第 9 章 103. 障碍游戏场 第 11 章 119. 弹珠印画 第 11 章 120. 豆袋沙包 后续 121. 粉红丝线	颜色鲜艳的水果和蔬菜 番茄酱 果冻

变换玩法

- 准备一些食物，和拿来做蘸酱的蛋黄酱、番茄酱、海鲜酱、果冻、豆沙或色拉酱。用胡萝卜蘸点番茄酱，尝起来也许不错哦！
- 和朋友与家人一起脑力激荡，想想看有没有其他吸引人的主题。以下是一些热门的主题：
  - 动物
  - 建筑工程
  - 恐龙
  - 交通工具
  - 国王和王后
  - 季节
  - 农夫和牧场主人
  - 奥林匹克运动会
  - 童话故事 / 摇篮曲

活动的益处

- 这个玩食物的游戏能增加孩子饮食的种类，让孩子吃下更多有营养的东西。
- 进食牵涉到味觉、触觉和口腔运动技能。
- 愿意尝试新的食物，也能增进孩子的社交技能，因为他能去更多地方结交新的朋友，和小朋友也有话题可以聊。
- 一起进行头脑风暴，思考什么活动和食物可以配对，能加强注意力、记忆力、联想力和想象力。

87. 一起来吃自种莴苣

如果是自己种的莴苣，再加上自己做的色拉酱，即使是挑食的孩子也会大口大口地吃下肚。这个令人兴奋的活动，来自茱莉亚 •H. 贝里（硕士）的想法，她是位于华盛顿特区圣派翠克主教学校附属幼儿园的科学老师兼副校长。

适龄孩子

- 4 岁以上的孩子。

活动材料

- 塑料容器，底部要钻上几个窟窿。
- 盆栽泥土。
- 莴苣或其他绿色蔬菜的种子。
- 蔬菜油（例如菜籽油）、玉米油或橄榄油。
- 醋或橘子汁（苹果醋、葡萄醋或柠檬汁）。
- 香草与香料，包括大蒜、细香葱、芥末粉、盐和胡椒。
- 装各式酱料的罐子和小碗。

和孩子一起种莴苣

- 把花盆装满湿泥土，撒上莴苣的种子。如果您想一次种下多种植物，最好把它们分开种在不同的盆子里；或是种在同一个盆子里，把同一种作物种成一排。

◆ 把盆子放在日照充足但不会直接晒到太阳的地方。轻轻用塑料布稍微盖住或把箱子的盖子稍微合起来，直到种子发芽才把塑料布或箱子的盖子拿开。要一直保持土壤的湿度，但也不能太潮湿。

◆ 作物长得很茂盛，长到七八厘米高之后就能采收了（大约要 6 周）。

如何制作色拉酱

下面是几道基本色拉酱的材料组合。所有色拉酱的做法都一样：把全部材料放到罐子里，充分摇匀，然后放进冰箱，等到食用时再拿出来摇晃一下。

◆ 普通的法式色拉酱

1/3 杯醋或柠檬汁、3 茶匙盐

1 杯蔬菜油或橄榄油、1/4 茶匙胡椒

自由搭配：2 汤匙番茄酱或番茄糊

◆ 法式甜色拉酱

在普通法式色拉酱中加入一点蜂蜜

◆ 香酸色拉酱

1 汤匙第戎芥末、1/2 杯橄榄油

1 瓣蒜头（剁碎）或 1/4 茶匙的大蒜粉、2 根青葱（切薄片）

1/4 杯醋或柠檬汁

◆ 柠檬酱

1/3 杯柠檬汁、1 茶匙糖

2/3 杯水、1/4 茶匙盐

◆ 东方色拉酱

3 汤匙柠檬汁、1 汤匙糖

3 汤匙酱油、一小撮姜末

自由搭配：1 汤匙芝麻油

◆ 苹果核桃色拉酱汁

把做好的酱汁淋在混合好的生菜、苹果丁与核桃上。

1/3 杯苹果醋，撒一点儿盐

2/3 杯橄榄油

自由搭配：撒上一点儿奶酪碎块

您可以这样做

◆ 鼓励孩子闻一闻香草的味道，还有储物柜里各种瓶瓶罐罐的香料，然后选择几样气味迷人的香草，例如薄荷、马郁兰、百里香或柳丁皮，把这些食材加入普通的法式或香醋色拉酱里。

孩子可以这样玩

◆ 观察莴苣的生长周期。

◆ 调配色拉组成材料的份额（如有需要，请在孩子身旁辅佐），然后摇匀。

◆ 拿莴苣叶蘸色拉酱，尝尝各种色拉酱的滋味。

活动的益处

- 闻和吃不同的色拉酱能提升嗅觉和味觉的辨别能力。
- 种莴苣和准备色拉酱提供了触觉和视觉的刺激。
- 自己付出劳动得到的果实，会让绿色、清脆的食物更加可口。
- 在自己制作的整个过程里，孩子会感觉自己有能力，自己是个有用的人，而且和某种每天都在生长的东西建立关系，因此能促进孩子社交能力和情绪的发展。

第 8 章

口腔运动技能

吃饭的时候，8 岁的罗伯特总是把饭菜弄得到处都是。他咀嚼食物时嘴巴总是张着，一边流口水一边往外掉食物。放学后他和一些孩子会先去奥布雷恩太太家里，但是他们都很讨厌和罗伯特一起吃糕点。

为了让吃糕点的时间更加愉快，奥布雷恩太太会先让孩子玩吹泡泡、吹哨子或卡祖笛（kazoo），然后大家才坐下来休息。坐下后，奥布雷恩太太先发给每个小孩一根吸管与水果冰沙，先“唤醒”孩子的嘴巴。她总会坐在罗伯特的身边，并为他把食物做成一口的大小。她还和罗伯特约定了一个秘密的手势：只要罗伯特吃得满脸都是食物屑时，她就扯拉耳朵；当他口水快流下来时，她就摸摸自己的鼻子；当她提醒罗伯特吃得太快时，就碰一下自己的下巴。罗伯特了解了奥布雷恩太太的暗示后，努力地专心咀嚼食物和吞咽。

罗伯特很幸运能遇到一位真正关心他的课后照护人，奥布雷恩太太打算建议罗伯特的父母带他去接受专业的治疗。为了更清楚什么是口腔运动技能，奥布雷恩太太买了一本小册子，书名是《婴儿的嘴：认识嘴的发展特征》（*Mouths of Babes:Discovering the Developmental Signi cance of the Mouth*），这本书的作者是沙拉・弗里克、派翠西亚・奥特、艾琳・里克特和罗恩・弗里克，他们都是职能治疗师，同时也已经为人父母。

这本书里提到，大部分新生儿一出生，就自然具备了基本感觉动作模式——调节吸吮、吞咽和呼吸的能力（SSB syn-chrony），这些能力让小婴儿能够进食和安抚自己。有效的吸吮运动能强化口腔的肌肉，吸吮是小婴儿第一个口腔运动技能。慢慢地，小婴儿会学会其他口腔运动技能，包括咬、嚼和舔，这些技能对孩子各方面发展都有巨大的影响。

口腔运动技能有助于：

- 吃固体食物。
- 呼吸。
- 用嘴巴探索自己的手指头、脚指头和玩具。
- 抬起头和保持脸部位置。

- 伸手去拿、抓握、写字和使用工具。
- 站和坐的姿势笔直。
- 哭、发出咿呀声、牙牙学语、说话，并能用语言进行沟通。
- 双眼视觉。
- 变得警觉、集中注意力和组织自己的行为。
- 自我调节（self-regulation）和冷静。

然而，有感觉统合障碍的孩子，通常口腔运动技能很差。以下是《婴儿的嘴》这本书里讨论到的一些特征。

口腔运动技能不佳的表现特征

孩子口腔运动技能不佳可能会出现如下问题：

- 孩子存在口腔防御现象，也就是孩子的嘴巴过度敏感，比如孩子讨厌某些放在嘴里的玩具，而大多数小孩总喜欢把看到的东西放入嘴里“品尝”一下。孩子可能渴望某种其他形式的口腔刺激，比如喜欢吮吸、咀嚼某些无法吃的物品。
- 出现饮食方面的障碍，包括：
  - 在吮吸、咀嚼和吞咽方面出现问题。
  - 存在挑食的问题，强烈地喜欢某种形式的食物，偏爱某种口味的食物，偏爱某种温度的食物而从来不吃其他种类和形式的食物。
  - 不吃自己从来没吃过的食物。
  - 吃饭磨磨蹭蹭，且出现食物消化不良的现象。
  - 经常出现边吃边流口水的现象，经常出现噎住或呕吐的现象。
- 存在的健康问题，包括：
  - 经常慢性腹泻或便秘。

- 牙齿有问题，例如牙齿长得缓慢，龋齿和牙齿不齐。
- 经常感冒，患上支气管炎、哮喘或中耳炎。

◆ 在肌肉发育方面，存在的问题可能包括：

- 很难进行姿势控制。
- 总是没劲儿。
- 很难保持身体的协调和平衡。
- 很难集中注意力。
- 很难进行跨中线的活动。

◆ 在说话和语言发展方面存在问题：

- 在面部语言和姿势语言方面受限。
- 发音不准确。
- 很难听懂别人的话，也无法表达清楚自己想要说的话。
- 在说话的时候磕磕巴巴。
- 无法变化音调说话，无法大声说，也无法轻声地说。

◆ 在视觉和视觉动作发展方面，存在如下的问题：

- 双眼分工合作（双眼视觉）能力不佳。
- 视觉和身体的配合不佳，经常出现无法分辨颜色，无法进行看图画画、剪切图案、抛物体、追赶物体、跑跳等活动。
- 往往很难看着自己正在做的事情，也不知道自己正在往哪里走。

◆ 存在注意力和组织行为问题，包括：

- 无法让自己平静下来。
- 在睡觉前、吃饭前或开始某项活动前总是一成不变。
- 在睡觉、吃饭和玩的时候总是保持固定的模式。
- 不能灵活应对各种情境。

- 每天都要让日常生活的事情保持不变。

◆ 在社交和情绪发展方面存在如下问题：

- 看不出别人的表情以及所表现出来的社交信号。
- 没有朋友，总是孤零零一个人。
- 总是被人欺负。
- 很难用恰当的方式与别人交流。
- 往往低自尊。

当孩子存在口腔运动技能方面的问题时，有效的治疗包括以感觉统合为基础的职能治疗，以及言语和语言治疗。孩子通过接受这样的治疗能改善言语技能，达到对口腔肌肉的控制。孩子也可以从以下的 SAFE 活动中获得愉悦的时光。

促进口腔运动技能的活动

88. 能吃的食物项链

对吮吸与咀嚼有强烈需求的孩子，经常会把衣领或袖口等不能吃的东西塞进嘴里咀嚼。而这个轻松的活动能改善孩子控制口腔运动以及视觉和精细动作等技能。

适龄孩子

◆ 1.5 岁以上的孩子咀嚼食物项链。

◆ 3~7 岁的孩子负责制作食物项链。

活动材料

◆ 制作临时的食物项链的材料：

- 早餐燕麦圈或其他圆圈状的早餐谷物、橡皮糖、苹果或红萝卜块。
- 甘草棒。

◆ 制作永久的食物项链的材料：

- 60 厘米长的干净塑料细管（常用于水族箱增氧），可以在五金店买到。把水管剪成短短的几段。
- 丝线（用来穿起材料做项链的线，手工艺品店能买到），或是牙线也可以。
- 塑料刺绣针，针眼要大，针头要钝。
- 海绵，用来当针包。

准备工作

◆ 剪几段约 75 厘米长的丝线，用线穿过针，多准备几个穿好线的针，因为孩子会想多做几串项链。

◆ 用针穿过燕麦圈或一小段塑料管，然后打个结，打结就好像船的锚，可以避免东西滑来滑去。

孩子可以这样玩

◆ 用非惯用手拿起一个一个的燕麦圈或塑料管用针穿过去，然后推到线的尾端。

◆ 剩下大约 15 厘米长的线时，就不要再穿东西了，留下这样的长度才方便打结。

◆ 把针插回海绵针包。

◆ 如有需要，孩子可以拽着项链的一端，你们一起完成一串可爱的项链。

◆ 把一串可口的项链放在口袋里（挑选只有两三段塑料管的项链），或是绑在腰间的皮带环上，这样上学或是外出时，就有一个随手可得的减压法宝了。

活动的益处

- 把可以嚼的项链放进嘴里有如下好处：
  - 运动嘴部的肌肉。
  - 预防流口水。
  - 帮助孩子恢复镇静，因为嘴是最好的组织器官。
  - 平静下来，降低焦虑。
- 挑选、戳、用针线穿过圆圈状的食物或塑料管，能改善视觉辨别和手眼协调能力。
- 用适当的力量捏着燕麦圈，能培养触觉辨别和调节动作的能力。
- 操作缝针能培养精细动作和捏东西的技能，孩子具备这些技能才能把铅笔拿稳。
- 同时使用双手，能改善两侧协调能力。

> **妈妈心声**
>
> 一位住在得克萨斯州的妈妈丽萨提到自己偏食的儿子时说道："我儿子可能存在口腔肌肉运动障碍，我儿子的职能治疗师一直尝试让他的口腔肌肉能有多一点的感觉刺激。人们有时候也用可以咀嚼的玩具、塑料管以及可以啃咬的玩具或者固齿器来刺激孩子的口腔肌肉。当他们渴望或寻求某种特定口感的食物（脆脆的，有嚼劲儿或者味道很重的食物）时，他们一般都是在寻求刺激能让自己平静下来。"

注意事项

- 如果您的孩子对麦片类的食物过敏，请不要让他玩这个游戏。
- 如果孩子会一直把线拉出针眼，请帮他重新穿上，把线的两端分别打个结。

89. 用吸管吸苹果泥

这个活动很费力，有点滑稽，但充满了乐趣，也很有营养。

适龄孩子

- 3.5 岁以上的孩子。

活动材料

- 煮烂、滤过的苹果泥、水果汁、布丁、酸奶、冰沙。

◆ 一段约 60 厘米长的塑料吸管，或普通吸管（又长又细的吸管比较费力，短粗的比较好用）。

准备工作

◆ 做一根形状夸张的吸管，例如把塑料管绕一个结。

◆ 用汤匙舀一勺苹果泥倒进碗里。

◆ 对孩子说："喝您的苹果泥哦！"

孩子可以这样玩

◆ 吸苹果泥。

◆ 含着吸管吹气，在苹果泥里吹泡泡。

变换玩法

◆ 吸布丁或半冻结的果冻，或榨过汁剩下的梨子或杏渣、桃渣。

◆ 用吸管喝一杯健康的混合果汁，例如用草莓、香蕉和香草酸奶打出来的混合果汁（如果您的孩子有乳制品不耐受症，可以用冰块取代酸奶）。

活动的益处

◆ 吸吮浓稠的食物属于阻力活动，能达到改善口腔肌肉运动发展的作用，提高口腔肌肉的张力，以及改善言语与语言技能。

◆ 吸吮和吃苹果泥能刺激味觉，同时嘴唇、嘴巴和喉咙也会获得触觉体验。

◆ 吸吮会促使双眼聚合，因此能强化视觉动作技能。

◆ 吸吮能使人更有条理性，并让人感到平静。

90. 勇敢的小牧羊人

在 12 月的某个令人烦闷的日子里，语言病理治疗师凯瑟琳·莫里斯正在给一群主日学校的八年级孩子上圣经课。这些青少年如脱缰的野马一般充满了活力，莫里斯懂得口腔运动的知识和方法，所以想出了一个很有创意的游戏，让那些淘气的孩子们沉醉其中。

虽然这个游戏的过程很刺激，游戏结束后却会让人感到平静。牧羊人赶完羊群后脸上出现的那种专心和认真的样子，会让您感到十分惊讶。好好把握这段美好时光，完成这个活动后，孩子们都非常配合地进行计划中的事情，同学们互相讨论功课、专心阅读、写作文或做数学习题了。“勇敢的小牧羊人”这个游戏可能就是您所祈祷的好活动哦！

适龄孩子

- 5~14 岁的孩子。

活动材料

- 宽阔、无障碍物的地板。
- 绳子或不透明的胶带。
- 准备棉花球充当绵羊。
- 马克笔或吹笔。

- 吸管（选择细一点儿的吸管，细的比粗的更能增加难度）。
- 箱子、碗或篮子，充当“羊圈”。

准备工作

- 把地毯卷起来，清理出一块空地来赶羊群。
- 在地上放一条绳子或贴上胶带，当作起跑线。
- 把“羊圈”放在地板的另一头。

孩子可以这样玩

- 拿五粒棉花球当作绵羊，用马克笔或吹笔在棉花球上做上记号，然后把棉花球摆在出发点。
- 在起跑线后面双手双脚着地跪下，拿一根吸管用力吹气，把自己的绵羊吹向羊圈，一次赶一头羊或同时赶数头羊都可以，把棉花球滚在一起。
- 用吸管贴近棉花球然后吸气，把绵羊吸在吸管上，然后快速地移动，让绵羊安全降落在羊圈里。

活动的益处

- 吹和吸的活动能增强孩子的呼吸系统，也能强化发音部位（舌头、脸颊和嘴唇），进而改善说话能力。
- 吹气会促使双眼视轴分离，拓宽孩子的视力范围；吸气则促使双眼视轴聚合，能让孩子看清近距离的东西。本活动使孩子的眼睛有运动的机会，能强化他的视觉技能。
- 趴跪在地上，手脚撑起身体压向地板，以及身体向前倾的动作，能改善触觉、本体觉、身体知觉、粗大动作控制能力、动作计划能力、运动觉、双侧协调能力、平衡能力和身体的稳定性。
- 孩子双手双脚撑在地上移动时会改变头部的位置，同时刺激前庭系统。
- 和一群孩子一起玩游戏，能培养社交技能和团队合作精神。

91. 吹羽毛

孩子对着东西吹气能强化口腔运动技能，也能给孩子上一堂生动的课，让他们知道物体是如何移动的。这个活动来自临床语言病理学治疗师乔安妮·汉森和凯瑟琳·莫里斯，以及科学教育工作者玛丽·F. 马尔库博士、康斯坦斯·卡米和莱特·德·弗里斯。

适龄孩子

- 3 岁以上的孩子。

准备材料

- 吸管。
- 不透明胶带。
- 各种不同形状与重量的东西，例如：
  - 轻的东西：面巾纸、棉花球、羽毛、吸管。
  - 圆筒状的东西：空的罐子、纸巾中间的圆筒、木头桶。
  - 圆锥形的东西：圆锥形积木、缠绳子用的纸板圆锥。
  - 球形的东西：乒乓球、高尔夫球和弹珠。
  - 扁平状的东西：冰棒棍、塑料瓶盖。
  - 不规则的东西：木头珠子、鹅卵石、手套、小木块。

准备工作

- 清理出一块空间——一张大桌子或平滑的地板。
- 用胶带贴出“开始”和“结束”的线。

孩子可以这样玩

- 拿一根吸管，选择一个东西，然后开始朝这个东西吹气，让它滚过地板。
- 找出哪些东西容易吹动，哪些东西很难吹动，以及哪些可能可以吹动或根本吹不动，请考虑如下要素。
  - 重量：在相同的表面上，重的东西比轻的东西所受的阻力大。
  - 形状：圆锥形的东西只会在原地打转，除非吹出的气大到可以抬起它。
  - 力量：强而持久的气比短的气更容易吹动物体。
  - 角度：直直朝下很难吹动，必须寻找最佳角度，然后瞄准去吹。
  - 方向：向一根吸管的一端吹气，会让它团团转；但若朝着中间吹气，则可以把它往前推动。
  - 如果第一个选择的东西完全吹不动，不妨试试其他东西。

变换玩法

- 试着不用吸管直接向物体吹气。
- 拿一个大碗，在里面放一堆羽毛，朝碗内吹气，会发生什么情况？
- 拿起很轻的卫生纸、羽毛或气球，从下往上吹气，让这些东西在空中停留一会儿，再找一个同伴，两个人轮流把它们吹向对方。
- 每个人选择类似的东西，然后来一场比赛，看看谁能把自己的东西先吹过桌子或地板。
- 利用积木、火车隧道、纸筒和其他东西当障碍物，建一条迷你障碍通道。想办法吹动物体，让它从上飞过、绕过或从下钻过、越过各种障碍物。
- 把孩子分成两组进行“吹吹球”比赛，要吹的东西可以选择乒乓球（年纪较小的孩子）或高尔夫球（10 岁以上或年纪较大的孩子）。

- 把孩子分成两组，一组先当裁判，另一组则用力吹，看他们能把多少东西吹到终点线。如果有人的吸管碰到东西，或有人把东西往前推，就必须带着东西回到起点重新开始。两队都轮流之后，再一起把物品分成两类：一类是很容易通过吸管吹跑的物品，另一类是很难吹动的物品。

活动的益处

- 吹气能提升口腔的运动知觉，同时运动脸颊与嘴部的肌肉。
- 深呼吸和吹很长的一口气，对呼吸系统很有帮助。
- 试着找到“正确的角度”来吹动各种东西，孩子能够学到物体的移动（力学）空间关系、逻辑、力和反作用力。正确地吹动东西，也能强化孩子的动作计划能力和力量。
- 操作各种不同材质的东西，能促进触觉辨别、手眼协调和精细动作技能。
- 和朋友进行友谊比赛，能培养健全的社交技能。

注意事项

- 请注意孩子是否出现过度换气的症状。许多有感觉统合问题的孩子，很难察觉到自己的呼吸状况，甚至可能已经喘不过气来了，自己也没发觉。

92. 神奇花园

吹气是个很好的活动，能解决呼吸问题以及经常与感觉统合障碍同时出现的口腔运动问题。艾德利安 • B. 豪斯曼是一位著名的活动专家，她为孩子和成人提供“神奇艺术”的工作坊。她告诉了我们这个吹笔游戏，这个游戏能提供有创意、快乐和有益的经验。

适龄孩子

- 3 岁以上的孩子。

活动材料

- 纸和笔。

- 吹笔（Blopen）。
- 选择性材料：贴纸。
- 用来铺在桌上的报纸。

准备工作

- 在一张横放的纸上画几个 ×（如下图）。

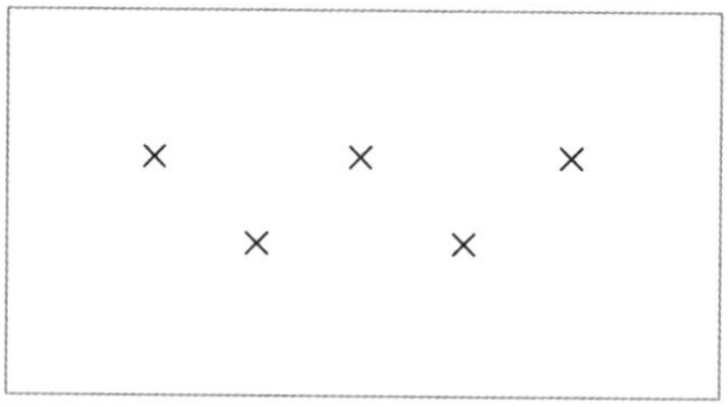

吹出一个美丽的神奇花园

您可以这样做	孩子可以这样玩
1. 您对孩子说："我们假装这些 × 都是花，你想要什么颜色的花呢？"	1. 建议使用任何自己想要的颜色
2. 指着一个 × 说："吹颜色时，每次只吹到一个 × 上。"	2. 调整吹笔的位置，距离纸张 5 到 12 厘米，把墨水吹到 × 上
3. 鼓励孩子尽量尝试。他每吹一次，您就毫不吝惜地赞美他	3. 尝试用不同的力气吹气，以及变换与纸张之间的距离
4. 在每个 × 下方用铅笔画一条直线，然后问："你认为这些花茎应该是什么颜色？"	4. 建议用绿色或任何其他颜色
5. 如孩子需要，请协助他使用吹笔	5. 把吹笔放下，换另一支
6. 在 × 上方画几个心形，假装这是蝴蝶	6. 帮蝴蝶上色
7. 赞美孩子做出来的漂亮花园，把漂亮的蝴蝶贴在冰箱门上	7. 贴上贴纸，把这幅画装点得更漂亮

变换玩法

- 把以下东西放在白纸上，在上面上色、印图案：
  - 羽毛。
  - 树叶、树枝和草。
  - 纽扣和钱币。
  - 纸夹、发夹、安全别针、橡皮筋和线。

- 小垫子（垫在碗、盘下的小垫子）和塑料叉子。
- 画一幅内容为街景、月色、全家福、一间房子、一种神奇动物的画或一幅抽象的画。

活动的益处

- 吹气能加强口腔的运动知觉。
- 吹气能提高呼吸的力度，对呼吸、持久力、肌肉强度、姿势和音量都有益。
- 随着孩子进行深吸气和深呼气，双眼视轴会分离（diverge，远看）与聚合（converge，近看），能提升视觉动作技能。
- 准备吹笔和贴贴纸，能改善触知觉、动作计划能力和精细动作技能。
- 一只手拿着吹笔、另一只手固定纸，能强化身体的双侧协调能力。
- 创作一幅美丽的图画，能加强孩子的艺术修养和自尊心。

93. 吹气比赛

您吹一口气能吹多久呢？这个游戏是看谁的气最长，能吹最久的那个人就是胜利者。语言治疗师莫里斯经常与一个或一群孩子玩这个游戏。与每个参与者比，看谁吹气能更长、更久，这个活动充满了乐趣。

适龄孩子

- 5 岁以上的孩子。

活动材料

- 秒表或是有秒针的手表。
- 可以拆卸的治疗笛，例如附带轮子、小火车或跑车的哨子，或是纸风车。
- 选择性材料：纸和笔。

准备工作

- 您对孩子们说：“大家来比赛，看看谁可以吹气让轮子（火车、汽车）跑得最久。”

◆ 选择性材料：做一个像这样的表格来记录成绩。

孩子可以这样玩

◆ 轮着向玩具吹气，进行三次、四次或五次比赛后，看谁让轮子转得最久。

◆ 记录每一次吹气可以维持的时间。

	莉莉	小明	小红	小雨	小兰
第一次吹					
第二次吹					
第三次吹					

活动的益处

◆ 吹哨子（或吹纸风车）能改善口腔运动技能。

◆ 深深吸一口气然后吹气，而且努力维持久一点，能强化呼吸系统，放松心情，也能改善本体觉的功能之一——力量。

◆ 吹哨子（或纸风车）的时候，眼睛同时注视着哨子，能强化动眼能力。

◆ 与其他参赛者竞争，能提升社交互动的能力。

94. 吹走坏心情

您经常听到孩子说“我不能”“我不要”“我讨厌大家”“人人都很讨厌”“没人喜欢我”“我很没用”等诸如此类体现心情不好的话吗？职能治疗师露西・简・米勒博士想出了一个解决问题的妙计，因为当她的孩子还小的时候，也常常心情不好。这个活动非常简单有效，会让人惊喜不断哦！

适龄孩子

- 5 岁以上的孩子。

活动材料

- 气球。

您可以这样做

- 要求孩子说出他现在的感受，如果孩子无法分辨，就帮他认清自己的感受，然后告诉他：“我想你的感觉是挫折（生气、沮丧、害怕、不快乐等）。”
- 您对孩子说：“我知道有一个神奇的方法，可以把你的坏情绪赶走哦！”
- 然后您带着孩子一起拿着气球来到户外。
- 对孩子说：“我们来吹气球，每吹一次，就能把坏情绪或烦恼从你的身体中赶出去一些。气球吹大以后，我们就把这些烦恼吹到了气球里，然后让气球把我们的烦恼带走。”

孩子可以这样玩

- 做几次深呼吸，对着气球吹气。
- 把气球口绑紧（如有需要，由您协助）。
- 挥手把气球打向天空，让风把气球带走。
- 找寻掉下来的气球，把气球丢到垃圾桶，以免污染环境。

变换玩法

- 如果没有风，孩子也可以忍受噪声，可以鼓励孩子用脚去踩气球。
- 在一张小纸条上写上自己的情绪，然后在吹气前先把纸条塞进气球里；或是在鼓起来的气球上，用马克笔写下自己的情绪。
- 气球吹大后不要打结，让孩子捏住气球口然后放手。气球会喷气乱窜，好像在跳舞一样，所有的怒气或挫折也会随着气球的嘶嘶声一起消失。

活动的益处

- 深深地吸气和呼气，有助于调节呼吸系统。
- 吹气球能培养口腔的运动技能。
- 感觉气球一直在变大，能强化触知觉。
- 看着气球变大和飞走，能改善视觉技能。
- 挥拳打气球是一种阻力活动，能提供本体觉刺激，增强力量和运动觉。
- 认识自己的负面情绪，也许能帮助我们消除自己的负面情绪。把负面情绪吹走，能将孩子的精力重新导向正轨，也能教会孩子如何面对自己的情绪。

注意事项

- 如果孩子还没有足够的力气把气球吹起来，可以改用纸袋代替。让孩子把他的情绪吹进纸袋，然后走到外面把气放掉。

95. 吹泡泡比赛

莫里斯建议大家来一场吹泡泡的比赛，即使十来岁的青少年对这种老套的游戏也会很着迷。“永远、永远不要禁止您的孩子嚼口香糖！”她说。吹泡泡会帮助孩子更有组织、更能专心做事，而且获得许多乐趣。

适龄孩子

- 6 岁以上的孩子。

活动材料

- 口香糖。每人至少两片（大块一点的口香糖比较好吹，也不会不小心吞下去）。
- 量尺。

您和孩子可以这样玩

- 嚼口香糖，把口香糖嚼到可以吹出泡泡来。
- 泡泡吹好后维持不动。
- 您可以用尺子量一量泡泡有多大。

活动的益处

- 口香糖越大越好，嚼口香糖可以强化口腔运动能力，提供给嘴巴、脸颊、舌头和下巴良好的本体觉刺激。

96. “南瓜，南瓜”

做鬼脸很有趣，而且能加强发音和沟通技能。感谢语言治疗师乔安妮·汉森提供的好点子，她创造了这个令人愉快的游戏。

适龄孩子

- 3~7 岁的孩子。

活动材料

- 准备几个小南瓜和几支马克笔，或是营养饼干和装饰蛋糕的工具。
- 一面大镜子。

准备工作

- 用马克笔或冰块在南瓜上画出各种面部表情，例如快乐、悲伤、惊讶、生气、皱眉、害怕。
- 一起讨论每一种面部表情所代表的是何种情绪。
- 一起站在镜子面前做鬼脸，试试以下这些口腔运动：
  - 鼓起脸颊，维持胖嘟嘟的样子数秒钟。放松，然后重复数次。
  - 伸长舌头去碰鼻子，接着再去碰下巴。
  - 伸舌头顶嘴内某边的脸颊，接着换另外一侧。
  - 慢慢伸出舌头，伸得越长越好，然后很快地把舌头缩回去。

您可以这样玩

- 面对镜子站立，把孩子拉到您面前，让他面对您、背对镜子。
- 温柔而且有节奏地揉揉他的头或背，嘴里唱着：

“南瓜、南瓜、又圆又肥，转过来变成南瓜灯，就像这样。”

- 或说：“饼干、饼干、烤饼干，转过来——现在看起来像什么？”
- 或说：“孩子、孩子、好乖的孩子，转过来做个鬼脸。”
- 把您的手放在孩子的头上或肩膀上，轻轻让他转过来面对镜子。

孩子可以这样玩

- 面向镜子做鬼脸，比如一个愚蠢、滑稽的面部表情，或其他夸张的表情。
- 让孩子告诉您，他正想表达怎样的情绪，例如：“这是一个非常害怕的表情。”

变换玩法

- 在橘色美工纸上画鬼脸。
- 在朋友或家人面前扮鬼脸，而不是在镜子前。

活动的益处

- 做鬼脸会用到嘴唇、脸颊和舌头，因此能改善口腔运动技能，对发音与说话都很重要。
- 孩子通过观看自己的表情，分辨不同的表情，能够自觉地推测出不同的表情，这些表情能教会孩子进行自我觉察。这种方法对那些无法用肢体表达自己的“dyssemia”孩子来说非常有用，dyssemia 这个词来自美国埃默里大学的心理学家斯蒂芬 • 诺威克和马歇尔 • 杜克，主要指在非语言沟通线索的接收与表达上有困难。当孩子“拥有”了自己的表情时，也会更擅长于辨认别人的表情。
- 被推着转过身去面对镜子，能给予前庭系统温和的刺激，能提升孩子被人移动的忍受度。

97. 亲亲镜子

这个有趣的口腔运动游戏是乔安妮 • 汉森的另一个最爱。她认为这个游戏特别适合一直流口水的孩子。

适龄孩子

- 亲亲镜子的游戏适合 2 岁以上的孩子。
- 创作唇印的游戏则适合 5 岁以上的孩子。

活动材料

- 旧口红。
- 镜子。
- 白纸。
- 笔。

准备工作

- 帮您的孩子擦一层浅浅的口红。

孩子可以这样玩

- 噘起嘴唇，在镜子上印下 1 个或 2 个唇印。
- 在纸上印几个唇印，然后依握笔的能力，拿笔在唇印上加一些细节，画出自己的创意，例如设计成小鸟、蝴蝶、金鱼、跑车或可爱的芭蕾舞裙。

活动的益处

- 噘起嘴唇能帮助孩子发展嘴部脸颊的肌肉。这些部位的肌肉发展有助于清楚地发音。
- 亲亲镜子或纸张能提供压力，改善力量和嘴唇的触觉。
- 在唇印上画画，能强化视觉和精细动作技能。

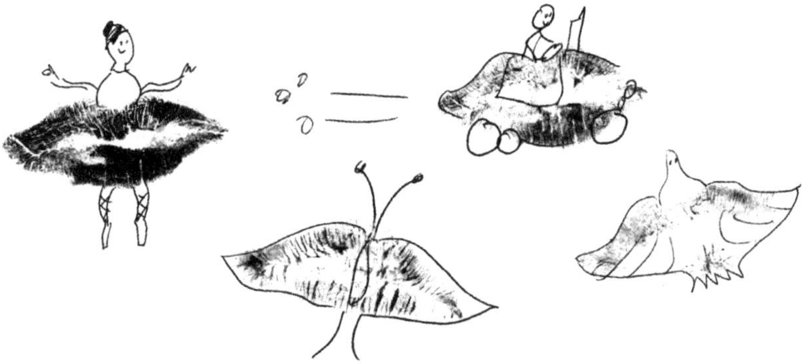

98. 恐龙早安

如果孩子有口腔触觉防御方面的问题，可能会拒绝糊状的食物，而只愿意吃松脆的食品，例如早餐麦片、饼干、爆米花和培根（与之相反，有些孩子也许只喜欢糊状、清淡的食物，而拒绝松脆口感的食物）。临床语言病理学治疗师劳拉•D. 格拉泽发明了这个游戏。这个游戏能同时改进口腔运动技能和语言发展能力，并能满足爱吃松脆食物孩子的口感需求。

适龄孩子

- 3 岁以上的孩子。

活动材料

- 又大又深的烤盘。
- 浅浅的小碗。
- 糊状的食物：苹果泥和蓝莓酸奶。

◆ 细小、松脆又很可口的食物：麦圈、燕麦片或爆米花。

◆ 需要嚼很久的食物：葡萄干或葡萄。

◆ 玩具恐龙。

准备工作

◆ 让每个参与者洗手，同时也把恐龙洗干净。

◆ 在烤盘的一边放几汤匙苹果泥，当作是“沼泽地”。

◆ 放入一些孩子喜欢的脆脆早餐麦片进去，这是“恐龙的食物”。

◆ 把小碗放在烤盘的另一边，当作“池塘”。

◆ 用汤匙舀一些蓝莓酸奶到“池塘”里，变成蓝色的“水池”。

◆ 加一些孩子不是非常喜欢、要嚼很久的葡萄干或葡萄到“池塘”里，这些是“恐龙蛋”，也可以当作“恐龙的食物”。

怎么玩

◆ 把恐龙玩具放在桌上或地板上，靠近“沼泽”旁，这样就可以开始玩了。您可以说：“我是剑龙的妈妈。你的呢？是小霸王龙吗？好，你是小霸王龙哦！让我们开始今天的活动，首先到沼泽地去走一走。”拿着您的恐龙假装在沼泽地里奔跑，邀请孩子和您一起做。

◆ 从沼泽地里捡起一片麦片，拿到恐龙的嘴边喂它，发出啧啧声，然后说：“好吃、好吃，剑龙妈妈喜欢吃这个食物，你也喂小霸王龙吃一些吧！”鼓励孩子从苹果泥里捡一片麦片起来，然后喂他的恐龙（孩子的恐龙让他自己喂）。

◆ 说：“真好吃！”同时用手指头挖一点麦片和苹果酱放进口中；对孩子说：“你要不要试试？”如果他说不要，可以轻松地对他说：“你不用一定吃掉，可以舔一舔就好。”

◆ 继续恐龙一天的活动。拿着您的恐龙假装走到池塘边，让恐龙在池塘里洗澡、吃东西，还有用鼻子去磨蹭恐龙蛋。鼓励孩子和您一起做。

◆ 这个游戏大约需要 15 至 30 分钟。游戏结束后，把烤盘里的食物丢掉，打扫卫生。苹果泥丢掉，不要重复使用。

变换玩法

◆ 加一些莴苣做“青草地”、芹菜和胡萝卜当成“树”，还有用西蓝花布置“树冠”，您的孩子就会忘记他有多讨厌蔬菜！

◆ 可以用其他食物取代苹果泥，例如其他水果泥、奶蛋糊或布丁、燕麦粥、蔬菜泥或莎莎酱。果冻也许也有同样的效果（做果冻的时候选用浅盘来装，然后加入比说明书上还少的水量，这样果冻会比正常的硬，凝固后把果冻切成细条）。

◆ 除了“史前沼泽地”，您也可以用下列东西来玩：

- 海滩。用玩具鲨鱼、海豚和龙虾取代恐龙。糊状食物代表沙滩。松脆的食物代表贝壳，有嚼劲的食物是大海的礼物，例如扇贝。
- 雨林。准备一些雨林生物，例如猴子、青蛙和蛇；糊状食物是泥泞的土地、松脆的食物是椰子，有嚼劲的食物是鸟蛋、树根、树干或树果。

◆ 变化食物的种类或材料方式：

- 温度（温的或冷的）。
- 质感（固体、液体、块状、糊状、松脆）。

- 口味（涩、酸、辣、甜）。
- 颜色（明亮的绿色苹果泥也许能吸引有口腔防御的孩子）。

活动的益处

- 拿着玩具在苹果泥里玩耍，对有触觉防御的孩子是很有益的体验，当他愿意用手去摸糊状的食物后，会愿意把这样的食物放进他过于敏感的嘴里。
- 吃一些糊状或有嚼劲的食物，能增加孩子的饮食种类。
- 围绕着恐龙、食物、活动、感觉和情绪等主题聊天，能提升孩子的语言技能和想象力。

注意事项

- 如果您不想和孩子吃同一个“沼泽”里的东西，可以在旁边另外准备一碗食物。孩子如果需要更多鼓励才愿意尝试食物，您可以很兴奋地从自己的“沼泽”里挖东西吃，告诉他食物有多么的鲜美，边吃边说：“好吃、好吃！”
- 可能玩过好几回“恐龙早安”后，孩子才愿意吃糊状或有嚼劲的食物。请不要灰心，因为本活动最初的目的就是“把孩子带到餐桌上”。也许他第一次只愿意用眼看一看，第二次也许愿意用手碰一碰，最后一次也许就会愿意舔一舔。当您知道了这个活动的迷人之处后，说不定最后他就愿意走向餐桌，开始吃啦！

99. 杰夫的幸运拿铁

杰夫·西瑞罗是科罗拉多火箭队的三垒手，也是职能治疗师奥布里·C. 兰德最喜爱的棒球球员。为什么呢？兰德说：“因为这位球员知道，若想在比赛中有好的表现，必须事先有最佳的热身仪式。所以在每一场棒球比赛前、练习前、打击前，他都会先喝一杯热的、加了一点酒精的姜味香草拿铁咖啡。孩子也喜欢有一套例行的方式，而最好的例行仪式就是能帮助孩子启动感觉系统、迎向成功的方式。”

适龄孩子

- 不限。

活动材料

某种特殊的食物，可以帮助您激励、组织和安抚孩子。食物根据以下的方式分类：

- 质感
  - 有嚼劲——口香糖、火鸡肉干、麦片饼干条、水果干、甘草糖。
  - 奶油状——布丁、奶蛋糊、酸奶。
  - 松脆——生菜、苹果、早餐谷物、爆米花。
  - 滑顺、绵密——花生酱、豆沙、香蕉泥或梨子泥。
- 口味
  - 咸味——咸脆饼、薯片、饼干。
  - 辣味——莎莎酱、辣椒酱、比萨。
  - 甜味——奶昔、葡萄、水果干。
  - 酸味——柠檬球、酸黄瓜、无糖酸奶。
  - 酸涩——蔓越莓果汁、无糖葡萄柚汁。
- 温度
  - 冷的——低脂冰淇淋、刨冰、果汁棒冰、碎冰、水壶里的冰水、冷冻橘子片，或是冷冻新鲜浆果、葡萄或已解冻 30 分钟的豌豆。
  - 热的——鸡汤、可可。

准备工作

- 建立一套“幸运拿铁”的例行仪式，每次孩子要进行比较有挑战性或是可能比较刺激的活动前，都举行一次。
- 事前向老师和教练解释例行仪式在您孩子生活中的重要性。
- 为所有孩子准备足够的份量。

孩子可以这样玩

- 无论是踢足球、上体育课还是参加生日宴会，在某些活动开始前，先好好嚼

一嚼、咬一咬、吸一吸或舔一舔他的“幸运拿铁”。

◆ 与其他孩子分享他的点心。

活动的益处

◆ 口腔运动游戏是极佳的组织活动，能帮助孩子集中精神和投入活动，也能安抚他们。

◆ 有感觉统合障碍的孩子不喜欢落单。帮孩子准备足够的食物与他人分享，例如足够整个球队分享的橘子干，或是足够整个班级分享的水果干，就能帮助您的孩子成为团体的一员。

注意事项

◆ 每个孩子都与众不同，所以食物也会对不同的孩子产生不同的影响。举例来说，麦片饼干也许是小女孩苏西起床时想吃的食物，但是小男孩布鲁睡觉前想吃的。请询问职能治疗师，和他讨论什么食物最适合您孩子的感觉需求。

◆ 即使在休息的日子里，也要维持正常生活作息。“幸运拿铁”并不是要拿来奖励孩子，而是要作为他们成功的垫脚石。

第 9 章

动作计划能力

9 岁的布兰妮事实上笨手笨脚的，不过她总是幻想自己是代表国家参加奥运的体操选手，并能获得优秀的成绩。当体育老师在四年级的课程里加入体操课的时候，她高兴得手舞足蹈。布兰妮乐观地想，只要自己认真练习，就能在双杠和平衡木上翩翩飞舞。但事与愿违，只是简单的移动就已经让她力不从心了，更何况充满挑战的体操课！这几乎彻底击垮了她的意志。回家后，布兰妮对妈妈说："妈妈，如果我不能跳体操，我就要改做其他事情了。"

对于布兰妮无法协调身体与意念的问题，她的妈妈请教了老师的意见。老师建议带布兰妮去接受触知觉的动作计划治疗（perceptual motor therapy），以改善她的动作计划能力，也增加孩子的信心。布兰妮发现治疗内容就是她梦想中的体操训练，她真是爱死了这项治疗。随着协调度与动作计划能力的逐渐进步，布兰妮的身体与意念也能更好地配合了。

动作计划能力是指把自己组织起来去做某项不熟悉和比较复杂的行动的能力，例如坐上朋友的车，系上安全带，或是第一次去游乐场玩旋转木马。"动作计划能力"（motor planning）经常被当作"动作运用能力"（praxis）的同义词，但其实动作计划能力只是动作运用能力的一部分。动作运用能力包括以下三部分：

- "概念化（ideation）"，也就是想象一个不熟悉的复杂连续动作；
- "动作计划能力"则是为了做动作而将自己组织起来；
- "执行"，也就是把动作执行出来。

有些孩子在看了其他人坐旋转木马，或知道了吹气球的步骤后，就能有较佳的动作计划能力。然而，只是先看一看和听一听还不够，最重要的是一一去做。

孩子越是能主动去接触其他东西和活动，他的动作计划能力和运动技能也会越好。孩子精通一种运动技能后，凭借归纳总结的能力，会将他已学到的技能运用到另一项更艰难的事情上。举例来说，当孩子熟悉如何在攀爬铁架上移动后，或许就能归纳出倒吊在单杠上的技能，这就是"适应性行为"。

动作计划能力不仅是粗大动作控制（指大肌肉能顺畅地合作）的基础，也是精细动作控制的基础，孩子建立粗大动作控制的基础后就会培养出精细动作控制能力。动作计划能力对吃东西、写字、穿越马路，顺利完成家里还有学校生活的各种要求，以及游戏和情绪上的安全感，都是必备的基础。我们必须有效地整合各种感觉，才能达到锻炼动作计划的能力的目的。

在接受治疗前，动作计划能力不佳——也就是动作运用障碍（dysptaxia）的一部分，阻碍了布兰妮正在做或想要做的所有事情。以下列出一些动作计划能力不佳的特征。

动作计划能力不佳的表现特征

存在动作计划能力不佳的孩子可能存在以下特征。

- 在做一系列身体的连续动作时，会出现计划性和组织方面的困难，例如，无法使用剪刀，不会骑自行车。与其他同龄孩子比较，某些熟悉的活动对他们来说比较难做到，特别是无法理解自己正在做什么。
- 很难定位自己的身体姿势，特别是有人正在帮他穿衣服或者脱衣服的时候，经常不知道自己的胳膊放在哪个衣服袖子里。
- 很难知道自己相对于某个物体的方位，经常摔倒、被绊倒或撞到障碍物上。
- 在某个空间移动的时候，很恐惧。
- 对一项新任务不能应用自己已经掌握的技能。
- 生活往往无法自理。
- 在奔跑、攀爬和跳跃方面很难控制自己的身体肌肉。
- 在精细动作方面无法控制自己的手指、脚趾，也无法控制自己的咀嚼能力和说话能力。
- 手眼协调能力不好。
- 存在低自尊的现象。

当孩子在动作计划能力方面出现问题的时候，请带他去接受以感觉统合为基础的职能治疗和物理治疗。对孩子进行知觉动作治疗，也会对孩子的发育有帮助。知觉动作治疗能提供感觉统合动作的经验，从而改善从粗动作、精细动作、视觉和动作计划能力衍生而来的问题。本章提供的 SAFE 活动也有帮助。

有益于动作计划能力的活动

100. 身体动作游戏

学龄前的孩子通常会喜欢上这个活动，如果教他们一次，他们立刻就能“学会”，而且还会对越来越复杂的命令做出反应。这个游戏和一个孩子一起玩很好，和一群孩子一起玩会更棒！

适龄孩子

◆ 3~5 岁的孩子。

活动材料

◆ 打击乐器，如一对节奏棒、鼓或盒梆。

◆ 选择性材料：每个人一个 30 厘米宽的塑料呼啦圈。

准备工作

- 把呼啦圈排成一个大圈。
- 每个人都坐在自己的呼啦圈里面。

您可以这样做

- 您对孩子说："游戏时我会说一些指令，例如把手放在脚趾上或用手指摸鼻子。当你听到这个声音（敲一下乐器），就是换动作的提示，要越快越好。"
- 慢且有节奏地说出一连串的口语指令，要使用不同的介词，例如向上面、往下面、在旁边等。
- 说出指令后，敲一下乐器，给孩子充足的时间去变换姿势。
- 赞美孩子的创新想法！孩子做出来的动作不一定要与您期待的一模一样。把下巴往下靠在膝盖上，抬高膝盖去碰下巴，都是适当的反应。有独特的想法和创意行动很棒！
- 为了增加一点挑战性，可以加一点背景声音，这样能强化主体与背景的辨别知觉，对听觉处理有益。
- 示范指令（说出指令时遇到身体部位的地方，要特别加重语气）：

  "用手摸摸你的头。"叩！（敲一下乐器！）

  "用下巴碰碰膝盖。"叩！

  "用拇指摸摸下巴。"叩！

  "用手指摸摸鼻子。"叩！

  "两手十指交握。"叩！

  "两脚脚趾相碰。"叩！

  "两手手肘相碰。"叩！

  "大拇指碰手肘。"叩！

  "两手放在髋部一侧。"叩！

“手指在背后互碰。”叩！

“一手摸耳垂、一手摸脚踝。”叩！

◆ 如果使用呼啦圈，以下是一些示范指令：

“手臂穿过呼啦圈。”叩！

“耳朵穿过呼啦圈。”叩！

“手肘穿过呼啦圈。”叩！

“脑袋穿过呼啦圈。”叩！

“呼啦圈放在脑袋后面。”叩！

“脚跟穿过呼啦圈。”叩！

“腰部穿过呼啦圈。”叩！

“呼啦圈放在两腿间。”叩！

“双腿穿过呼啦圈。”叩！

“一手一脚穿过呼啦圈。”叩！

“站在呼啦圈里面。”叩！

“身体在呼啦圈下面。”叩！

参加者可以这样做

◆ 仔细听敲击声，遵从您的指示。

◆ 轮流做发号施令的人。

活动的益处

◆ 这个游戏能强化动作计划能力、身体知觉、调节动作的能力和运动觉。

◆ 听口语指示然后做出正确的身体动作，能促进听觉辨别、语言技能和视觉空间知觉。

◆ 学习各种介词的意义，能加强接收与表达语言的能力。

◆ 运用身体两边，能改善双侧协调和跨中线动作的能力。

◆ 与一群小朋友一起玩游戏，能培养孩子社交互动能力。

注意事项

◆ 语言处理比较迟缓或身体知觉不足的孩子，可能需要先观察其他孩子，获得较多提示后，才知道怎么动和该摸哪里。

◆ 给他们充分的时间去观察和模仿别人的动作。

101. 鞋盒小路

这个迷你障碍跑游戏是由职能治疗师琳妮·艾赛尔设计的，是雨天最棒的活动。

适龄孩子

◆ 3 岁以上的孩子。

活动材料

◆ 8 个或更多的鞋盒。

◆ 触感特别的东西，例如纽扣、棉花球、沙子、毛绒地毯、人造毛皮、纱线、米、扁豆种子、豆子、纸或包装泡沫棉。

准备工作

◆ 在每个鞋盒里装一种材料，然后把鞋盒一个接一个排成一条线，让孩子可以踩着前进。排鞋盒时有些排近一点，有些距离远一点；但不要太近，也不能太远，以孩子不会踩到地板上为标准，根据孩子的步子来决定。

孩子可以这样玩

◆ 让孩子把鞋子脱掉，如果他能接受，最好把袜子也脱掉。

◆ 孩子可以按照如下顺序逐渐增加难度。

- 踩着排成一条直线的鞋盒。
- 踩着排成 S 形的鞋盒。
- 两脚交叉踩着鞋盒前进。
- 倒着走。

变换玩法

- 您对孩子说：“这些盒子是岛屿，周围都是蛇。不能把脚踩到盒子外面哦！”
- 在盒子周围点缀上脚印。
- 激发孩子用这些盒子作为基地、恐龙的洞穴、行星或者有轨电车等，增加其他的玩法。

活动的益处

- 能改善动作计划能力。
- 能提高本体觉。
- 移动自己的身体，能改善平衡感和运动觉。
- 脚踩到鞋盒里的各种材质的东西，能改善触知觉。
- 看着自己的脚移动能加强视觉技能，例如眼与脚的协调、深度知觉和空间觉察。

注意事项

- 如果孩子的平衡感有问题，可以牵着他的手向前迈步，或是让他抓着您的一根手指，扶着您来保持平衡。
- 如果孩子觉得某一种材质踩上去很不舒服，请把这个鞋盒拿走。也许改天再试试，他会比较容易接受。

102. 推推我，拉拉你

还记得修•洛夫廷在《怪医杜利特》书中所描述的动物家庭吗？这个活动的名字就来自故事中“推推我，拉拉你”的双头美洲驼，它是故事中最有觉察力且多才多艺的动物。如果孩子需要实体的界线（如带轮大桶）才能知道自己正往哪里去、怎样移动，“推推我，拉拉你”这个游戏对他会非常有益。

“推推我，拉拉你”活动的体验，不只提供许多实质的好处，而且充满了乐趣。这个活动的灵感来自儿童职能治疗师泰瑞•克兹洛夫斯基，制作带轮大桶的方法也是他提供的。如果您不擅长使用工具，可以试着找人帮忙，一起制作这个很棒的游戏工具。

适龄孩子

◆ 2 岁以上的孩子。

活动材料

◆ 带轮大桶（请参考下面的制作方法）。

◆ 一大张贴纸。

◆ 有重量的东西，例如沙包、有填充的动物玩具、米袋、椅垫或其他孩子。

◆ 制作障碍游戏场的材料：

- 交通锥、木块、呼啦圈、废纸篓、罐子、靴子。

- 粉笔或胶带。
- 喷水器、大片海绵或刷子。

被动的“推推我，拉拉你”游戏体验

您可以这样做

- 帮您的孩子爬进大桶内。
- 放几公斤的东西在孩子的膝盖上，渐渐地增加重量。
- 慢慢地拉着孩子直线前进。直线运动特别能安抚孩子，尤其是膝盖上有一些重量的时候。
- 快速拉着带轮的大桶蜿蜒前行、走斜线和绕圈，这样能刺激孩子的前庭系统。
- 如果孩子告诉您，他觉得这样一点儿都不好玩，那就放慢速度或停下来。

孩子可以这样玩

- 坐在大桶内，告诉您，什么时候可以开始、要去哪里、要朝哪个方向（往前或往后、直线或蜿蜒前行、绕圈）、速度要多快，以及何时要停下来。

主动的“推推我，拉拉你”游戏体验

您可以这样做

- 要引导身体知觉较差的孩子，您可以把贴纸贴在桶口边缘，来提醒他手该放在哪里。
- 站在一旁注意他。

孩子可以这样玩

- 在大桶内放一些重物，一开始先放几公斤就好，再慢慢地增加重量。除了放重物进去，也可以让另一个孩子爬进去。
- 慢慢地或快速地推动装重物的大桶。
- 手在身体后面用力拉绳子。
- 推或拉横杆。

- 手放在贴贴纸的地方，推动大桶。
- 邀请一个同伴，一起推或拉大桶。
- 利用大桶来做一些比较吃力的工作，比如：把日用品从门口搬到厨房，把要回收的垃圾卸掉。顺路把衣服从烘干机运到衣橱旁，把玩具从地板拿到架子旁等。孩子的职能治疗师可以把这些活动加进居家治疗计划（日常生活训练）里。
- 把推／拉的活动加进过家家的游戏里，例如假装在骑马和搭马车，进行汽车、火车或飞机之旅，购买日常生活用品。

“推推我，拉拉你”的障碍玩法

您可以这样做

- 在地板上或人行道上摆放几个障碍物，相邻障碍物之间的距离为 1.2~1.5 米，再慢慢地缩短到 1 米左右。
- 用胶带（室内）或粉笔（室外）作出两条平行线当“马路”，宽约 1.5 米，长约 4.5 米。当孩子应付障碍物的技能越来越好后，可以缩短马路的宽度并增加长度。您也可以只画出一条线，在线的左边或右边摆一些障碍物。

孩子可以这样玩

- 推／拉装了重物的带轮大桶，避开障碍物直线前进。
- 推／拉带轮大桶，绕着障碍物走 8 字形。
- 把障碍物捡起来放进大桶内，推着障碍物到处跑，再把障碍物从桶里拿出来，放在自己安排好的位置。
- 如果在户外，用喷水、海绵或刷子把粉笔线洗掉，就像魔术师变魔术那样。

变换玩法

- 用一般花园里的手推车推着婴儿来代替这个大桶。

活动的益处

- 孩子坐在大桶内被人推着走时，做出合适的反应来维持平衡，可以刺激孩子的前庭系统。

- 动手推着沉重的大桶能令人平静，让人有组织性并对本体觉有益。
- 拿取重物和身上压着一堆重物所提供的压力，能缓和并组织孩子的本体觉。
- 想办法越过障碍，能整合触觉、前庭觉、本体觉和视觉，同时强化动作计划能力。
- 用双手推／拉重物，能改善两侧协调、身体知觉和粗大动作技能。
- 喷水和擦洗粉笔痕迹，能改善手眼协调、动作计划和跨中线的能力。

制作带轮大桶的方法

活动材料

- 高约 60 厘米、直径 60 厘米的大型塑料桶，可以在规模较大的五金商店或家庭用品店买到。
- 一块约 60 厘米 ×60 厘米、2 厘米厚的三合板。
- 脚轮（4 个就可以了，但 8 个会更稳）。
- 比 1 厘米长一点的木螺钉。
- 钻孔机和 6 毫米的钻头。
- 3 厘米的螺栓和螺帽。
- 弹性运动带或普通绳子。
- 小呼啦圈或橡胶环，或是榫钉，直径大约 5 厘米、长度 60 厘米。

准备工作

- 把三合板放在地上，大桶倒放在三合板上，沿着桶边缘描一圈，把这个圆形锯下来（描桶顶部而非底部，因为顶部较大，会比较稳当）。
- 在锯下来的圆形三合板上找出垂直相交的两条直径线。
- 把脚轮固定在直径线上距离边缘 5 厘米的地方，用约 1 厘米的木螺钉锁紧（若想让大桶装上轮子后更稳固，可以在两条交叉的直径线上安 8 个脚轮）。
- 把大桶倒放，把圆形三合板放在桶底部，在直径线上距边缘约 6 厘米的地方钻孔，钻孔的地方要在两个脚轮中间，而且要穿过桶和三合板（为了能钻出排列正确的孔，可以一边钻新孔，一边暂时把螺栓推进钻好的孔里）。把三合板和桶合在一起，用螺栓和螺帽锁紧就可以了。

◆ 制作让孩子抓握的把手：

- 把 60~100 厘米长的弹力带或普通绳子的一端绑在桶的铁环上，另一端绑在一个铁环或橡胶环上。
- 在榫钉的两端各钻一个小孔，用一条 1.8~2.4 米长的塑料绳或普通绳子穿过桶的钩环，绳子两端各穿过榫钉的两个小孔，然后打结、绑紧。这个道具能让孩子推或拉榫钉来推动带轮大桶。

103. 障碍游戏场

每个人都喜欢障碍游戏场。有感觉统合障碍的孩子也像其他发展正常的孩子一样，内心想要挑战身体的动力。他们需要容易穿越的障碍和充足的时间，来练习移动自己的身体。

设计良好的障碍游戏场牵涉到各种动作，例如弯腰、伸展、平衡、手脚交替、爬行、蹑手蹑脚、攀爬、翻筋斗、掌握平衡、摇摆、滑动、向上倾斜和向下倾斜、跨越、跳、拉和伸长身体，以及大跨步。

对于协调能力不佳和动作计划技能差的孩子，障碍游戏场是非常理想的活动。只要造好一座障碍游戏场，孩子们自然就会跑来玩了。

适龄孩子

◆ 5 岁以上的孩子。

活动材料（以下材料可自由选择）

◆ 可从花卉商店或园艺店购买到这些材料，或者到大自然中寻找：

- 横木（铁轨枕木）以及一些坚固的长条形木块，宽度大约和体操用的平衡木或是人行道旁的路缘石一样。
- 石块或水泥块，约 30 厘米宽的平坦石块是很好的垫脚石。

- 不会破碎的花盆，约 20 或 25 厘米高，适合当作“交通椎”。
- 野餐桌和板凳，这类户外家具可以作为让孩子爬上爬下的障碍物。

◆ 可以从住家附近得到的材料：

- 找找 30 厘米或更粗，而且长度为 30~60 厘米的树干，您也许可以在附近有人修剪树木的人行道旁找到。让孩子帮您的忙，一起把几段免费的树干搬进他的小推车里运回家。如果有必要的话，把树干的一端埋进土里；如果底部够粗壮，就不必为了固定树干而埋进土里，您可以随便排放它们的位置。
- 圆木头是枕木的很好替代品，也许您能想办法弄一根到您家后院里。

◆ 可以从五金商店或出售建材的商店获得的材料：

- 绳子，约 5 厘米粗，可以让孩子走在上面，或像《人猿泰山》电影中的泰山一样荡来荡去（请参考第 4 章的“38. 好玩的绳子”）。
- 简单的梯子，横档最好是圆的，因为折叠式的也许会夹住孩子的手指和脚趾。

- 牛奶板条箱，这种塑料制、坚固、重量又轻的箱子，非常适合让孩子踩上踩下、踩进踩出，同时能作为收纳户外玩具的储存箱。
- 平滑、不需再加工的木板，约 0.3 米宽、2.4 米长，可以拿来做斜坡和桥。在木板的两端用螺丝各固定一条约 2.5 厘米 ×5 厘米 ×25 厘米的木条，还需要一根小木条把木板架在梯子横档或锯木架上，这样更稳固。

◆ 从玩具店、体育用品店或从某些公司的宣传单中查看。

- 隧道，使用自己手工制作的隧道（参考第 4 章的“48. 布制通道玩杂技”“36. 轮胎内胎”和第 3 章的“27. 充满乐趣的大圆桶”），或是准备一个可拆解又方便储藏的爬行隧道。您也可以给不喜欢待在黑暗里的孩子准备有“窗户”的隧道。
- 运动垫子，一块表面是树脂、可以折叠、约 4 厘米厚的运动垫子。它有多种用途。
- 呼啦圈——各种大小的呼啦圈是多用途的玩具。
- 五颜六色的交通锥，就是足球教练使用的那种。交通锥能提供有用的视觉提示，例如：“看到那个圆锥了吗？当你到那里时就通过一半了。”
- 体能攀爬架，用梯子、桥梁、绳子和单杠架设成的攀爬架，是一笔很好的投资。请在预算范围内买质量最好的东西。

◆ 从家里能得到的材料：

- 毯子或桌布，必须很旧，弄坏了您也不会心疼才行。浴室帘或画家的防水布围裙也可以。
- 料理碗，厨房柜子里五颜六色、不会破的大碗可用来替代交通锥。
- 面粉，可用来标示道路。面粉不会妨碍除草机通过，而且一下雨就会消失无踪。用鹅卵石或面包屑来标示道路，是另一种比较特别的做法。
- 纸箱，装新家电的大型纸箱，若大到可坐在里面，就能增加有创意的障碍，可惜的是纸箱很容易烂掉，尤其下过雨以后（请参考第 9 章的“101. 鞋盒小路”）。

准备工作

- 最容易建造也最容易穿越的障碍游戏场是围绕成一个大圆圈的那种场地。第一个障碍物接连第二个，第二个接第三个……最后一个障碍物又接回第一个。依序排列的障碍物会让孩子了解顺序的意义，也会让他们一直不断地前进。
- 将障碍物的顺序加以变化，这样孩子从一个障碍物换到下一个障碍物的时候，就必须同时改变姿势和运动觉，或是身体的动作。当您在设计障碍游戏场的时候，记得要不时应用下面几个和位置有关的含有介词的词语：向上、向下、进去、出来、在下面、在上面、夹在中间、在旁边、沿着、向内、往上和绕圈。
- 让孩子帮您一起建造障碍游戏场，只有他们最清楚自己喜欢什么和需要什么。把建造障碍游戏场设计成游戏的一部分，问孩子："我们今天用了几个介词？是不是用了太多'在下面'的东西这个词语呢？要不要多加一个'夹在中间'的障碍物？"
- 留意安全问题。障碍物和障碍物中间要保留充足的空间，让孩子可以调整姿势。要不时检查障碍物牢不牢固。千万别让孩子单独进行，一定要待在一旁，这样孩子要求帮忙时才能马上帮他。
- 用开放的心来看待孩子运用各种富有想象力的方式进行游戏。不要告诉他要怎么应付障碍物，让他完全按照自己的想法解决。动作计划能力就是这么一回事！

障碍游戏场的示范排列

障碍物 1——向上和走过去

先摆一个交通锥当作障碍游戏场的出发点。第一个障碍物是一个缓缓往上的斜坡，拿一块木板，一端放在地上，另一端架在一段短树干或垫脚石上。如果有需要，让孩子牵着您的手或手指头。

障碍物 2——跳下来和穿过去

在木板翘起来那头的终点附近，铺一些运动垫子或毯子，让孩子可以踏上或跳下来，孩子可以用翻筋斗、滚、爬、走、跳跃或奔跑等各种方法穿过垫子。

障碍物 3——进去

在地上摆几个呼啦圈，让孩子从呼啦圈外踏进去或跳进去。

障碍物 4——通过

接下来要搭建一个隧道。匍匐前进（身体贴在地上）和爬行（双手、双膝着地）是两种交错的移动形式。左手右脚或右手左脚配合同时向前的动作，能帮助大脑的左右半球互相“沟通”。当左右半球能一起顺利运作的时候，孩子的整体表现就会比较好。通常孩子的社交技能、移动技能和认知能力会有很明显的改善。

没有隧道吗？家里是否能找到装冰箱的大纸箱呢（请参考第 4 章的“44. 甜蜜的纸箱城堡”）？

有感觉统合障碍的孩子通常会想要一个安静、温暖而舒适的地方，让他们可以暂时离开嘈杂的环境。您的孩子可能会爬进隧道，然后在那边休息一会儿。

障碍物 5——穿越

在距离隧道出口至少一米远的地方，摆放一根枕木。孩子爬出隧道时，需要足够的空间站起来，并保持平衡。

以下是一些穿越枕木的方法：

- 双脚一前一后，好像在平衡木上一样。
- 侧身向前，双脚同时朝左边或右边。
- 一只脚在枕木上，一只脚踏在旁边的地上。
- 两腿分开，左右脚分别跨在枕木的两边。

比较受孩子欢迎的玩法，是把两根枕木挨着放在地上，中间只有两三厘米的空隙。两根合在一起的枕木比较能让孩子觉得安全，而且较容易成功穿越。

障碍物 6——向上、穿越、向上

如果您有攀爬架，就很适合做这项活动。

爬梯子能锻练手脚交替移动和强化两侧协调。走过一座桥或通道必须使用到触觉、本体觉、前庭觉和视觉。扶手和跨在横档间的木板，对有视觉问题或重力不安全感的孩子来说是最佳的练习道具。

从攀爬架上爬下来比爬梯子更需要相应的能力，能更好地锻炼动作计划能力。许多孩子此时会需要帮助。请提醒孩子往下爬时看一眼横档，同时用脚“感觉”一下它的位置。

有些孩子会跳过向上爬和向下爬的部分，而停留在攀爬架下面用手去抓横档，然后双手交替向前荡，好像猴子一样。还种游戏方式是发展上半身力量的绝佳练习，对于培养坐在桌前吃饭或写字的能力非常重要。

障碍物 7——沿着走

这个游戏很像“穿城门”的游戏，不过是沿着一连串的花盆、大碗或交通锥前进。利用 5 个花盆，在地上排出一个角度和缓的 S 形，每个花盆相距约 50 厘米。沿着 S 形把面粉撒在地上，让孩子有依循的方向。很多孩子都不太会转弯，有视觉空间障碍的孩子更是如此，此时有一条清晰可见的小路对他们帮助很大。

没有花盆、大碗或交通锥吗？也可以使用大石头、塑料水壶、洗衣液瓶子或纸箱。

障碍物 8——向上、穿越、向下

如果您能请另一位大人或年纪较大的孩子帮您监督，就可以增加一个“马修的跷跷板”（请参考第 3 章）。请记住一定要有人在旁看着孩子！

障碍物 9——走在中间

把两件大型物品摆在一起，中间只间隔约 30 厘米的距离，让孩子走在夹缝里。大型物品可以是枕木、圆木、塑料桶、院子里的椅子、窗槛花箱或其他大箱子。

障碍物 10——进去

把梯子平放在地上，游戏方的脚要踏进横档间的空地，这个游戏能强化脚眼协调和肌肉控制能力、调节动作和注意力。

没有梯子吗？用鞋盒小路来代替吧。

障碍物 11——爬上去，爬过去

把野餐桌和板凳搬过来，让孩子可以爬上爬下。没有野餐桌吗？那就利用 4 块砖头建一个矮矮的楼梯，第一阶先放一块垫脚石，接着两块垫脚石叠放在一起成为第二个台阶，最后是第四块垫脚石。没有垫脚石吗？那就用牛奶板条箱，或可以负载孩子的重量而不会倾倒的纸箱。

障碍物 12——从下面爬过去

在一张折叠桌上铺一条毯子，调整毯子的位置，让毯子两边垂在桌子的两侧，变成“墙”，让孩子从下面爬过去。

障碍物 13——从上面走

把粗重的绳子放在地上，成一条直线或曲线。让孩子在上面走，是一项培养注意力和平衡感的绝佳活动。

障碍物 14——滚来滚去

在地上展开另一条毯子，让孩子躺在上面翻滚，滚来滚去能让全身感觉都很棒。现在是滚回起点，再玩儿一回！

变换玩法

- 枕木：2 根或 3 根枕木头尾相接，变成一条很长的平衡木。或者在障碍游戏场中间的空地上，利用 3 根枕木排成三角形或 4 根枕木排成四方形。孩子可以把这个三角形或四方形当作休息或思考的地方，也可以把这里当作玩过家家游戏的房子，或者当成宇宙

妈妈心声

芭芭拉说：“当天气不好无法外出活动的时候，就在家里搭建一个小型游戏场。我们把最常在家里做的事称为‘四件事’。家里有练习足球的橘色锥，我把它们编成 1~4 号，用来设定几个游戏站或规划障碍游戏。对我儿子赛勒斯来说，如果活动场地里有很多阶梯，会让他觉得更有趣。所以我们让某个橘色锥代表是需要跳跃过去，某个代表能跳多远跳多远。我们也试着把一些地板上的活动加到这四件事里，例如爬行的时候，用上四个障碍物，而且不用占用很大空间，就能达到孩子活动的目的。如果您孩子需要更多的前庭觉刺激，您可以放一个转盘在地板上，因为转盘不会太占空间，却能提供许多感觉统合方面的刺激。”

飞船或印第安人的小木屋。

- 木板：每次布置障碍游戏场时，都要更换木板的位置，孩子才会具有挑战新障碍物的乐趣。
- 绳子：在两棵树中间绑一条绳子，当作临时幔棚的屋顶，在绳子上挂一条毯子，用晒衣夹固定住，垂到地上的部分则用垫脚石压着。这就成了孩子的休息场所或俱乐部。
- 呼啦圈：在呼啦圈的边缘压入一块泡沫棉（竖着放入），让孩子玩钻过去的游戏。

活动的益处

- 拥有丰富“介词”的障碍游戏能帮助孩子更了解空间关系。例如当孩子穿过隧道和夹在两张椅子中间的走道后，可能对“穿越”和“中间”的抽象意义有更清楚的理解。
- 在障碍游戏场上前进，能改善孩子的动作计划能力，强化运动肌肉的感觉，加强问题解决的能力，整合他们大部分的感觉，同时能让他们体会到自己有能力通过前方的挑战。

104. 节拍器游戏

人类的心脏每分钟跳动 60~80 次，难怪当我们把节拍器设定在一个缓慢、稳定的频率打拍子时，我们会感觉更有韵律感。

职能治疗师盖瑞经常与孩子们玩这个充满节奏的模仿游戏，他非常推崇这个游戏的效果。玩这个游戏能帮助孩子在音乐课、跳舞、武术和其他体育活动方面有更好的表现，因为他已学会这些活动所需的模仿能力、双侧协调、节奏和时间感。

适龄孩子

- 3~12 岁的孩子。

活动材料

- 节拍器。

准备工作

◆ 您和孩子面对面地坐下来。

◆ 把节拍器设定为每分钟 60 下，然后放在您和孩子中间。

您可以让孩子模仿您的动作（按难易度排列）：

1. 跟随着节拍器缓慢的节拍，用对称的方式拍打您的膝盖（或胸部、肩膀、头等身体部位），也就是用两手跟随着节拍同时拍打两膝。一次拍 8 下、12 下或更多下，直到孩子能“掌握”感觉，并能模仿您的动作和节奏。

2. 不对称拍打，一次拍一只手和一边的膝盖：左手拍左膝，右手拍右膝；左手拍右膝，右手拍左膝。

3. 跨中线：右手拍左膝，左手拍右膝。

4. 站着跳上跳下。

5. 做变化版的开合跳，只要打开和并拢双脚（不用手臂）。

6. 踢正步：左、右、左、右。

7. 跳起来交叉双脚：

◆ 双脚并拢，原地跳一下。

- 跳起来，落地时右脚横跨在左脚前面。
- 双脚并拢，原地跳一下。
- 跳起来，落地时左脚横跨在右脚前面。

8. 跳起来时手臂也一起挥动。
9. 根据“感觉负荷”来提高难度：
   - 把节拍器的速度调快；
   - 在您示范很多次后，鼓励孩子不看也不能模仿您的动作，自己做出节奏动作。
10. 根据“认知负荷”来提高难度：
    - 当您一边拍、敲或跳时，一边念字母或数字：

      “A”（敲），“B”（敲），“C”（敲）

      “1”（跳一下），“2”（跳一下），“3”（跳一下）
    - 给孩子看物品的图片，让孩子说出他看到了什么。这种玩法可以增加语言的挑战：

      “心”（敲），“四方形”（敲），“圆形”（敲）

      “房子”（拍手），“雏菊”（拍手），“长颈鹿”（拍手）
    - 提议一个类别的东西，例如食物、动物或卡通人物类，要孩子尽量想出一些在这个类别里的东西：

      “比萨”（敲），“苹果”（敲），“汉堡”（敲）

      “羚羊”（拍手），“猎犬”（拍手），“熊猫”（拍手）

      “米老鼠”（跳一下），“唐老鸭”（跳一下）

活动的益处

- 努力进行越来越难的游戏，能改善“概念化”（形成想法、考虑想法和联想的过程）、动作计划能力、排序、模仿和时间感。
- 同时运用身体两侧，能加强双侧协调能力；轮流运用身体两侧，能强化大脑的偏侧化能力。

- 模仿大人的肢体动作，能改进孩子的视觉技能、本体觉、身体感知觉和动作协调能力。
- 身体动作与拍子协调一致，能增强听觉注意力和专心技能，有助于孩子不被环境中容易使人分心的元素干扰。
- 在敲击、拍手或跳一下之前，先动脑想一想某一类别的东西，能提升概念化能力，也有助于发展说话和语言能力。

105. 午夜女巫几点了

这个游戏与非常适合在一想到黑猫和鬼怪就令人兴奋的万圣节进行。当然，不管何时何地都可以玩这个不具竞争意味的游戏，而且游戏人数不限。

适龄孩子

- 3~9 岁的孩子。

活动材料

- 黑猫手偶。
- 不透明胶带或粉笔。
- 缓冲垫（请参考第 4 章）或运动垫子。

准备工作

- 在房间或后院的一边，用胶带或粉笔画出一个方形，每边约一米就够了。当成是“午夜女巫”的安全地带，只有她能站在这里。
- 在房间的另一端画一条起点线，这是其他小朋友可以站的地方，而线的后面就是他们的安全地带，在地板上铺上缓冲垫，或在后院地上铺上运动垫，以保护孩子不会摔伤。
- 拿起黑猫手偶，走进午夜女巫的安全地带，向孩子示范玩法（请看下面的玩法）。然后选一个小朋友当下一个午夜女巫（这个游戏节奏很快，每个人都

有机会当午夜女巫。有时您也可以先指定好轮流的顺序，孩子会更清楚何时轮到自己）。

“午夜女巫几点了”的玩法

- 某个小朋友或是所有小朋友一起喊：“午夜女巫几点了？”
- 午夜女巫回答：“现在是 1 点。”（现在午夜女巫说了算，所以她可以回答“现在是 7 点”，或 1 到 11 点任何时间。）
- 一开始，小朋友先用走路的方式前进，等他们掌握游戏的诀窍后，就可以由午夜女巫或某个小朋友建议用其他方式移动身体，例如：
  - 踢正步
  - 跌跌撞撞学走路的样子
  - 跳
  - 单脚跳
  - 蹦蹦跳跳地走
  - 像热狗一样滚
  - 像青蛙一样蹦跳
  - 像小鹿一样跳跃

- 学螃蟹走路（手脚撑在地上走）
- 手和膝盖着地爬行
- 像蛇一样滑行
- 像鸭子一样摇摇摆摆地走
- 屁股拖着地走（坐在地上，脚向前伸，然后用屁股向前移动）
- 剪刀步（提高手肘，手放在肩膀上，形状像剪刀上的手握孔；一只脚交叉放在另一只脚的前面）
- 芭蕾舞旋转（一根手指放在头上，以一只脚为中心转圈，用这样的方式让自己旋转的同时向前移动）
- 用上述任何方式横向移动或向后移动。

◆ 大声报数，小朋友从起点往前跨一大步。

◆ 反复地一问一答。小朋友问：“午夜女巫几点了？”午夜女巫回答后，小朋友一边大声数数，一边往前跨步；一直数到午夜女巫回答的时间，同时必须要跨出一样数目的步伐。

◆ 当小朋友的脚即将踏到午夜女巫的安全地带时，最后一次问：“午夜女巫几点了？”

◆ 这时午夜女巫需要压低声音很夸张地说：“现在是午夜 12 点了！”

◆ 所有小朋友要赶快跑回起点，然后把自己摔在缓冲垫或运动垫上（午夜女巫要假装松了一口气，继续待在她的安全地带里面，不用去追赶小朋友）。

活动的益处

◆ 用不同的方式移动身体，能改善本体功能和前庭系统，包括动作计划能力、身体知觉、粗大动作技能、双侧协调、力量和运动觉。

◆ 和其他孩子一起移动身体，能改善视觉技能，比如眼耳与身体的协调、方向性、深度知觉、周边视觉和空间关系。

- 用手摆弄布制手偶，能有柔软、舒服的触觉经验。
- 大声数数能帮助孩子调节自己的动作；协调嘴里说的与身体做出来的动作，也能改善冲动控制。
- 扮演午夜女巫会经历紧张和放松两种情绪，这样的刺激体验能满足大部分的孩子。

注意事项

- 触觉防御可能会使一些孩子在扮演午夜女巫时拒绝把布偶套在手上，或者在其他小朋友刚跨出起点线，就立即喊出“现在是午夜 12 点了！”来结束游戏。没关系的，如果这些举动能让孩子继续参与游戏，就不要阻止。

第 10 章

精细动作能力

12 岁的哈利德有轻微的感觉统合障碍，他的精细动作能力不太好。上幼儿园的时候，他从不参与剪东西、画画、涂糨糊、拼拼图和敲木琴等活动。

到了小学的时候，哈利德因为不太会写字，所以成绩普通。他逃避需要写字的作业，就算交了，不是经常延期，就是字迹潦草难以辨认。他可以用一根手指头在键盘上找字和敲敲打打，但打字的过程也并不比写字容易。

上中学以后，哈利德的手已经适合学习打字了，对许多精细动作技能不佳的人来说，打字是一个很好的解决办法。打字老师建议哈利德使用 Dvorak 键盘，而不是 QWERTY 键盘。他解释说，QWERTY 键盘是依照键盘上第一排前六个字母来命名的，在 19 世纪时，因为担心打字员速度太快，机器会卡住，故意把键盘这样设计的，目的就是降低打字速度；而 Dvorak 键盘则是在 20 世纪由美国教育学教授奥古斯特 • 德沃夏克改良设计的。改良过的 Dvorak 键盘使用起来速度更快，不容易疲劳，正确度更高，也减少了打错的挫折感，而且 Dvorak 键盘和 21 世纪的电脑键盘完全兼容。

就这样，哈利德开始学习打字。现在他能按时交作业，而且老师也发现其实他头脑聪明。幸运的哈利德靠现代科技解决了问题，帮助他表达了自己的想法，并弥补了一部分精细动作不佳的缺陷。

良好的精细动作技能依靠有效的粗大动作技能。随着触觉、前庭觉和本体觉整合，孩子发展出大肌肉或粗大动作技能，用来控制身体、脖子、手臂和腿。良好的粗大动作控制是小肌肉控制亦即精细动作控制的基础。

小肌肉必须准确地使用，才能进行精细动作。我们全身上下都有小肌肉，分布在手指、手掌、脚趾、眼睛、舌头、嘴唇，还有嘴巴和下巴的肌肉也是。

精细动作技能是良好手眼协调的必要条件，只有精细动作功能正常，孩子才能学会绘画、写字、翻书、使用工具和器皿、堆乐高积木和玩拼图。精准的眼部动作（动眼），和清楚说话与表达意思，也都需要精细动作技能。用脚趾捡起掉到地上的铅笔、扭动耳垂、挑一边眉毛、张大鼻孔，以及对准马桶尿尿等，都需要小肌肉参与。

那些每天在宽阔的空间跑跑跳跳的孩子，要比每天在沙发上吃零食看电视的小孩更能锻炼自己的精细动作能力，他们拿剪刀、拿螺丝刀、用汤匙的技能都会比较好。

由于触觉防御和动作协调不佳等因素，有感觉统合障碍的孩子在发展精细动作技能上，可能会落后于一般正常的孩子。

哈利德的问题阻碍了他，甚至不能做所有自己想做的事。如下是一些精细动作技能不佳的特征。

精细动作能力不佳的特征

孩子的双手使用方面出现如下问题：

- 总是逃避正常的课堂活动，例如出现写字困难，不喜欢参加艺术课以及科学体验课。
- 逃避使用工具，例如，不喜欢用蜡笔、铅笔、剪刀、铅笔刀、订书器、螺丝刀、尺子、指南针或镊子。
- 存在书写困难。
- 总是掉饭粒，或者吃饭时把饭菜掉得到处都是。

口腔精细肌肉动作能力不佳（可参见第 8 章）：

- 不能按照正常的方式咀嚼食物或吃饭。
- 发音或吐字不清晰。
- 在交流的时候，因为无法控制自己的舌头、嘴唇和下巴，所以手势比语言用得多。

动眼能力比较弱（可以参考第 5 章）：

- 很难做到双眼一起看物体或追踪物体。
- 存在手眼不协调的问题。

如果发现孩子存在精细动作能力不佳的问题，请带他接受大肌肉和小肌肉发展的治疗。当然，本书提供的 SAFE 活动也会有帮助。

促进精细动作技能的活动

106. 用晒衣夹玩装扮

给自己装扮很有意思，帮别人装扮也一样有意思。注册职能治疗师芭芭拉·巴辛设计了这个滑稽又有趣的活动，让孩子在允许的情况下，有机会给别人当造型大师。帮别人装扮能加强孩子的精细动作技能，同时能提高孩子的本体觉、问题解决能力、艺术天分和幽默感。

适龄孩子

◆ 3.5 岁以上的孩子。

活动材料

◆ 洗衣篮。

◆ 一桶塑料或木制附有弹簧的晒衣夹。

◆ 围巾、手套、滑雪帽、睡衣、袜子、衬衫、领带等服饰。

◆ 一枚或两枚闪闪发亮的钱币，作为“幸运钱币”。

准备工作

◆ 把洗衣篮给孩子。

◆ 和孩子一起在屋里寻宝，看看有哪些适合拿来装扮的衣服或配饰。孩子跟随着您的指示，就可以自行把衣服收拾好。比如您可以说：“到我房间去，打开衣橱最上面一层抽屉，找出蓝色围巾，放到篮子里。”等他完成这个任务后，接着给他下一个任务，例如您可以说："现在去你自己的房间衣柜找找那件蝙蝠侠披风，放到篮子里。然后……"

- 让孩子把装满衣服的篮子放下来，然后捡起一枚"幸运钱币"。示范给孩子如何用无名指和小指把钱币压在掌心里，而大拇指、食指和中指则空下来，这时五只手指分成压着钱币与空下来的两个部分；接着，再用空下来的三只手指头正确地操作晒衣夹，这就是三指抓握（tripod grip）的方法。

孩子可以这样玩

- 练习使用晒衣夹。
- 从洗衣篮里挑出围巾、手套、领带或其他服饰。
- 从篮子里拿一个晒衣夹出来，用三指抓握的方式使用晒衣夹，把他挑的那件衣服夹在您穿的衣服上。可以把围巾夹在您的衣领后、把手套夹在您的裤脚、把滑雪帽夹在您的肩膀上，装扮得越呆越有趣。
- 一直玩到篮子空了为止，这时候孩子会非常开心，而且您看起来绝对滑稽透了！

活动的益处

- 压住钱币使用晒衣夹，能练习三指抓握技能，对有效使用一般"用具"非常重要，包括使用叉子、铅笔和画笔等。采用三指抓握时，手腕会弯曲或伸展。大拇指指腹贴着抓住的服饰的下面，食指和中指则压在上面。手指和手掌会有一个空洞，好像在展示"OK"手势一样。
- 照着指示一步步进行，能强化听力处理技能。
- 从一堆衣物里寻找"蓝色的围巾"能帮助发展主体 - 背景知觉这项视觉技能。
- 推动一个装满衣服、很重的篮子，能刺激本体觉。
- 用双手去抱重物，能加强身体的双侧协调能力。
- 收集衣服、带着洗衣篮在不同房间中穿梭、使用晒衣夹，以及把衣服夹在别人身上，这一切都能改善动作计划能力。

◆ 孩子的这个游戏有很多自由发挥的空间，因此能尝试新的事物，比如说可以用许多有趣的方式，把手套夹在别人的衬衫上。

注意事项

◆ 如果孩子不会拿晒衣夹，您可以在递给他时，将夹子的尾端垂直向着孩子，引导孩子用正确的方式握住夹子。

107. 好玩的气泡膜

试试这个会发出噪声的气泡膜游戏，可以让您的孩子释放被压抑的精力。

适龄孩子

◆ 3 岁以上的孩子。

活动材料

◆ 泡泡最大的包装气泡膜。

◆ 一个数字骰子和一个彩色骰子。

◆ 六支不会掉色的马克笔，颜色要和彩色骰子的六个颜色一样。

孩子可以这样玩

◆ 在气泡膜的一些泡泡上写上数字、涂上颜料，等几分钟让颜料风干。

◆ 把两个骰子一起摇一摇，然后掷骰子。

◆ 把和骰子上一样数字和颜色的泡泡捏扁。

◆ 可以穿鞋也可以光着脚，在气泡上跳一跳。

变换玩法

◆ 为了确保孩子在气泡膜上跳来跳去安全无恙，可以把它四周用胶带固定在弹簧床上。

◆ 也可以拿包装用泡沫棉块来代替气泡膜，在上面涂抹上颜色或用手指捏一捏。在一堆泡沫棉里跳来跳去也很好玩，不过会很吵闹。

活动的益处

◆ 颜色鲜艳又能捏扁泡泡，可以加强孩子捏东西和使用工具的技能，以及增加手的灵巧度、触知觉和手眼协调能力。

◆ 摇骰子、掷骰子和捏泡泡，能强化双侧的协调能力。

◆ 跳跃能训练本体觉、平衡、双侧统合和动作计划能力。

◆ 上下跳动的直线运动，会通过中耳传送强烈的刺激到前庭系统，这类刺激能提升孩子的说话技能。许多言语和语言病理学家在治疗中如果加入职能治疗的方法，就会发现治疗效果显著。

◆ 在气泡膜上跳来跳去，也会产生很多声音，并会通过外耳传送到听觉系统、刺激听觉系统。追求感觉刺激的孩子可能会更喜欢这种声音。

注意事项

◆ 如果踩气泡的声音吓到不喜欢感觉刺激的孩子，可以试着在户外人行道旁的空地上进行这个游戏，他们会比较能够接受在户外进行。

108. 牙签手工

看看谁能利用牙签做出最有趣的东西，无论何时，尤其是和一群兄弟姐妹或者和小朋友们一起玩的时候，这个多重感官的游戏都很受欢迎。

适龄孩子

◆ 3 岁以上的孩子。

活动材料

- 一盒牙签。
- 块状的食物，例如：
  - 葡萄、浆果、香蕉块、苹果、香瓜或黄瓜。
  - 四棱豆、白豆、豌豆、玉米粒、爆米花。
  - 块状奶酪、豆腐、鸡肉、火鸡、火腿、棉花软糖。

孩子可以这样玩

- 用牙签插上食物块来盖房子、搭脚手架，做机器人、宇宙飞船，做人偶、怪兽、豪猪、海胆和其他生物。

活动的益处

- 孩子做小动物和搭建物品，能改善手指抓握的技能、转移动作技能、手的灵巧度和双侧协调能力。
- 拿取各种材料能改善触知觉。
- 本活动能改善视觉形象化能力（心里浮现某种东西的影像）、手眼协调和视觉空间技能。

◆ 构思做一个小动物或小东西的过程，可以延长孩子集中注意力的时间、增强记忆力、拓展想象力和提高幽默感。

◆ 用食物当游戏道具，还能鼓励挑食的孩子尝试新食物。

妈妈心声

劳瑞·莱克说："我儿子杰克很喜欢一些不需要用到胶水和牛奶的活动，尤其喜欢棉花软糖和牙签的游戏。他会利用这些材料创造出各式各样的东西，包括动物、房子和各种形状。他还做了一个攀爬架的模型，而且想要把他的设计送给学校，这样学校就可以因为有一座全世界最大的游乐场而登上吉尼斯世界纪录了。这个攀爬架大概足足用了一千根牙签和两大袋棉花软糖。他还做了一个球放在橱桌中央，当成装饰品。这个球在那里放了一个月，每个来我家的人看了都非常惊奇，而且问了一大堆问题。他也因此更有自信。我们打算利用这样的东西来做骷髅，让他带去参加班上的万圣节舞会。这个游戏让孩子从中学习了数字和字母，而且也能学到形状。"

109. 喷射竞赛

这个无论小朋友还是大朋友都会爱上的比赛，是职能治疗硕士、职能治疗师罗德琳·惠特尼告诉我们的。

适龄孩子

◆ 5~10 岁的孩子。

每位参赛者都需要的道具

◆ 洗干净的瓶子（例如装芥末或番茄酱的瓶子、清洁剂的瓶子等）来做喷水罐，可用来挤压而喷出液体。

◆ 塑料牛奶罐或水罐（白色半透明的 4 升塑料罐，形状与立方体相似，一角是把手；如果把罐子上半部裁掉，就变成方形塑料盒）。

◆ 乒乓球。

准备工作

- 在喷水罐里装水。
- 把牛奶罐的上半部剪掉，让所有牛奶罐一样高。
- 每个牛奶罐都倒入同样多的水，约 6 杯即可。
- 每个牛奶罐里放一个乒乓球。

参赛者可以这样玩

- 把自己手上罐子里的水喷到牛奶罐里，看谁先让乒乓球滚出来，谁就赢了。

变换玩法

- 挤罐子喷水，在人行道上“写字”和“画画”。
- 拿粉笔在人行道上画一些图案，再和一个同伴比赛，看谁能先喷水把粉笔洗掉。
- 挤一些剃须膏在一块直立的板子上（不怕弄湿的板子），让孩子喷水把剃须膏冲掉。
- 拿一个大一点的番茄酱瓶子，放一些柠檬汽水粉在里面，把罐子装满开水，然后摇一摇，再分装到小杯里，就可以为家人和朋友做出柠檬汽水了。
- 喷气（不用水），和朋友比赛谁先把棉花球、卫生纸碎片、普通重量的美工纸和比较重的厚纸板吹到地板或桌子的另一边（请参考第 8 章的“90. 勇敢的小牧羊人”，您可能比较熟悉这个改善口腔运动技能的游戏）。

活动的益处

- 挤压和喷水能培养精细动作技能、手部的功能和双侧协调。用“适当”的力量挤压和喷水，能改善本体觉。玩水玩得到处都是，能改善触知觉。
- 把水对准牛奶罐喷进去，以及用眼睛盯住目标的动作，能加强专注力、视觉注意力和手眼协调能力。
- 友善的比赛能让孩子建立起社交技能。

110. 吹“海风”

这个充满想象力的游戏需要一小群鲸鱼、几只小船和强大的海风，而这几样东西都是从“美丽的垃圾”变身而来的。准备游戏器材、玩游戏，都能让一群年轻水手或捕鲸人度过愉快的时光，同时又能改善他们的精细动作技能。这个活动是由华盛顿特区的科学教师马尔库博士和职能治疗硕士、职能治疗师罗德琳·惠特尼一起提供的。

适龄孩子

- 3~10 岁的孩子。

活动材料

- 大的喷水罐（番茄酱或洗衣液的瓶子）。
- 美工纸或重量比较轻的硬纸板。
- 超市里装冷冻肉的塑料盘子。

◆ 牙签。

◆ 马克笔和剪刀。

◆ 线或绳子。

准备工作

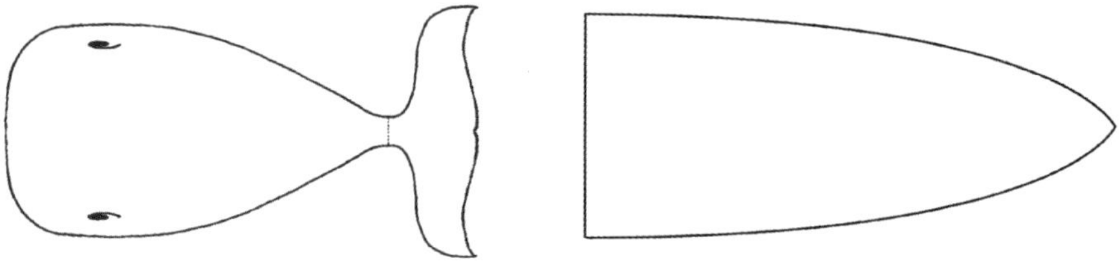

◆ 把上面的图放大 1.5 倍，然后按照圆形分别在纸上剪出鲸鱼的形状和泡沫船的形状。

◆ 把鲸鱼的尾巴往上折，这样更能感受到强烈的“海风”。

◆ 拿纸剪一个三角形当作“风帆”，在风帆中间插一根牙签，把风帆插在泡沫船上。

◆ 拿线或绳子在地上圈出一个圆圈，假装这是大海。

◆ 把鲸鱼和帆船放在海上。

孩子可以这样玩

◆ 跪着、蹲着或躺在大海附近，把罐子口朝向大海。

◆ 用力挤压罐子，朝着鲸鱼和帆船喷气，吹动它们绕海航行。

◆ 和朋友比赛，看谁把鲸鱼和帆船吹得更远、更快，或是互相追逐取乐。

活动的益处

◆ 制作鲸鱼和小船，能提升精细动作技能、使用工具的能力、触知觉和手眼协调。

◆ 用双手挤压罐子，能加强手的灵巧度和改善双侧协调。

◆ 用力挤、轻轻挤，身体要悬在大海上方而不跌倒，能改善平衡、力量、粗大动作控制、动作计划能力和运动觉。

111. 红鞋带和蓝鞋带

莎拉有个存在感觉统合障碍的孩子，她说：“我们的职能治疗师海瑟·米勒·库纳克非常厉害，她发明了一个教孩子系鞋带的绝妙方法，在和孩子解释怎么系鞋带时，只要利用两条不同颜色的鞋带，就能让他们理解。非常简单也好看哦！”

适龄孩子

- 5 岁以上的孩子。

活动材料

- 两对不同颜色的鞋带（例如红色和蓝色），不要太长。
- 鞋子。

准备工作

- 拿一条红色和一条蓝色鞋带，两条的一端系在一起。
- 把两种颜色的鞋带分别穿在鞋子上的两侧，只留下最后要打结的部分。
- 当孩子试着系鞋带时，您可以这样说：
  - “在鞋子上，把两条鞋带交叉成 X 形。”
  - “哪一条在下面呢？哦，是蓝色（或红色）的在下面。把蓝色（或红色）的朝你肚子这边折过来，然后穿过它形成的洞，再用力一拉。”
  - “在结的旁边，把蓝色和红色的鞋带各绕出一个圆圈，好像蝴蝶的一对翅膀。”
  - “把两个翅膀交叉成 X 形。”
  - “哪一个圈圈在下面呢？哦！是红色（或蓝色）的在下面。把这个红色（或蓝色）的圈圈折向你肚子这边，然后穿过中间的洞，用力一拉。”
  - 成功啦！现在你会系鞋带了，再继续另一只鞋子吧！”

变换玩法

- 一开始练习的时候先用铁丝绒毛条会比鞋带更容易，之后再用鞋带。

活动的益处

- 系鞋带是很好的精细动作活动，而父母大多也会要求孩子学会自己系鞋带。系鞋带是生活自理技能，学会了，会让孩子觉得自己长大了、很有成就感，也更独立，也不会再被其他孩子笑了。（有感觉统合障碍的孩子，在足球队里最容易被排挤和嘲笑的理由是他们不会系鞋带！）
- 系鞋带能改善手眼协调、双侧协调、动作调节和动作计划能力。

妈妈心声

美国俄克拉何马州的瑞安娜说：“哈里森·福特主演的《意外的人生》（*Regarding Henry*）中有绑蝴蝶结的绝佳示范。在这部电影里，哈里森·福特饰演一位头部遭到枪击的律师，必须重新学习、创造生活，因此他的小女儿教他如何系鞋带。我有一儿一女（他们都有感觉统合障碍，也有动作运用能力障碍），如果不是看到了这部电影，也许他们永远学不会如何自己系鞋带。当儿子五六岁的时候，我们会一起唱歌、讲故事，然后不断练习系鞋带，但他就是无法学会一般系鞋带的方法。我只能给他买没有鞋带的鞋，也放弃了教他系鞋带这件事。对孩子来说，不断尝试又不断失败，是很难过的事情。当我看到这部电影时，心想我的孩子也一定能够学会的。我又看了‘兔子耳朵’这个游戏，我就按照游戏教的方法让孩子试一试，果然有用，我的孩子们很快就学会了。从那以后，他们的鞋带自己都系得非常好。”

112. 小便超人

这是小男孩专属的游戏，各位小女孩抱歉啦！

适龄孩子

◆ 2.5 岁以上的孩子（仅限小男孩）。

活动材料

◆ 早餐麦圈或可生物降解的包装填充颗粒或手工制品。

◆ 幽默感。

准备工作

◆ 把麦圈或其他材料扔到马桶里。

小男孩可以这样做

◆ 准备、瞄准，然后发射。

变换玩法

◆ 如果觉得拿食物来玩这个游戏不太妥当，可以用纸代替：

- 给你们家的小男孩一个打孔机和一张纸，要他在纸上打孔，再捡起打下来的圆形小纸片丢到马桶里，把它们当靶子。

- 让他撕一片手纸，搓一搓、扭成环状或是揉成一团，撕成长条也行，然后把手纸扔到马桶里，就可以开始攻击了。

活动的益处

- 瞄准和攻击目标，当然是一件非常有趣的事，这个游戏可以鼓励那些上厕所比较慢的小男孩，而且孩子很快就能学会。
- 本游戏能改善双侧协调、力量和动作计划能力。
- 击沉目标能协助孩子视觉聚焦，同时强化……可以说是“眼睛和小鸡鸡”的协调吗？
- 使用打孔机（用纸片代替早餐麦圈时），能训练精细动作技能和手的灵巧度。

注意事项

- 职能治疗硕士、职能治疗师罗德琳·惠特尼提供了下面这个方法，可用来收纳孩子大小便训练的“意外”产物：买一个有盖子的小垃圾桶，在盖子上画一个滑稽的面孔；里面装一半水，并加入一点漂白水，每当发生尿到裤子上的“意外”时，就把受波及的内衣裤扔进去，等到要洗衣服时再拿出来，这样孩子就不会觉得尴尬了。

113. 涂鸦如厕

涂鸦的方式有很多种。如果您的孩子不喜欢坐马桶，可以试试这个活动。活动点子来自芝加哥的苏珊·姬丽，她利用这个天才的方法，在短时间内就让两个儿子学会自己上厕所了。

适龄孩子

- 2 岁以上的孩子。

活动材料

- 塑料袋。
- 马克笔。

- 大一点的金属垫圈或钓鱼用的铅锤。
- 约60厘米长的线。

准备工作

- 用塑料袋套住马桶盖。
- 把马克笔绑在线的一端，线的另一端则绑在金属垫圈上。把马桶水箱的盖子掀开，然后把金属垫圈丢进去（这个小步骤是为了避免马克笔掉到马桶里）。

孩子可以这样玩

- 反坐在马桶上，面对马桶盖。
- 在塑料袋上面涂鸦。
- 同时，便便就掉到马桶里了！

活动的益处

- 在即兴的画板（马桶盖）上涂鸦，能改善姿势、控制手的灵巧度、精细动作技能、手臂动作和手眼协调，这些都对以后写字有很大的帮助。
- 这个活动能培养触觉知觉和内感受（interoception，指内在器官有意识或无意识整体处理“调节”的一种感觉）。

◆ 有时候稍微分心一下，能帮助孩子放松，完成该做的事。

注意事项

◆ 孩子可能会因为重力不安全感而拒绝坐在马桶上。他必须感觉到双脚踩在地上，才能继续做其他的事情。为了让他感到安全与舒适，当他反坐在马桶上时，可以在马桶左右两侧放两个相同高度的盒子或凳子，让两只脚可以踏在上面。

114. 脚趾神功

这个能训练脚趾精细动作技能的活动，结合了玩水和单脚站立保持平衡的训练。住在宾夕法尼亚州的职能治疗助理罗莉 •L. 默克尔说：“我的很多接受职能治疗的孩子们或团体活动的孩子们都很喜欢这个游戏。玩这个游戏经常能达到预期的效果，而且也制造了很多乐趣。”

适龄孩子

◆ 3 岁以上（视玩法而定）的孩子。

活动的材料

◆ 大一点的水盆（足以帮小婴儿或小狗洗澡的大盆子）。

◆ 水（看孩子的接受程度准备温水或冷水）。

◆ 能沉到水底的小东西，例如鹅卵石、珠子等。

◆ 小盒子，拿来放东西。

◆ 干毛巾。

◆ 如果是在室内，要准备防水布或浴帘。

准备工作

◆ 在水盆里装水，约到 1/3 的高度即可。

◆ 和孩子一起把小东西摆在盆子里。

◆ 让孩子脱掉鞋袜。

孩子可以这样玩

- 站在水盆的旁边，一只脚踏在水盆里。
- 如果有需要，可以抓着旁边大人的手，脚趾在水里摸索。
- 用脚趾抓住某个小东西，然后试着把它夹起来。
- 夹住后，把脚抬起来去接近手，然后把脚上的东西放进手里。这样就成功了！
- 把小东西放在盒子里。
- 换另一脚试试，直到所有东西都被夹出来。

提高难度的玩法

- 闭着眼睛玩游戏。
- 用热一点或冰一点的水玩游戏。
- 用肥皂泡泡水玩游戏。
- 在盆子里放一些会浮起来的东西，例如橡树的果实、山核桃、葡萄、冰棒棍、软木塞、包装泡棉块等。

- 抓住串珠，然后把珠子穿起来。
- 找一位同伴站在脸盆的另一边一起玩（一定会引起一连串笑声）。

降低难度的玩法

- 坐在椅子上游戏。
- 捡起东西后放在地上就好，脚不用抬起来靠近手。
- 盆里不放水，甚至不用盆子。

活动的益处

- 脚趾神功游戏可训练脚趾的精细动作肌肉。
- 以有趣的方式用脚趾捡东西，也许能减低某些孩子的脚部过度敏感的问题。
- 脚在水中晃动是一种触觉体验。
- 练习单脚站立，能改善姿势控制和平衡反应。而平衡反应属于前庭觉的功能。
- 搜寻水中的小东西，然后移动脚趾，能改善脚眼协调和深度知觉。
- 伸展脚趾去触动水中的小东西，能强化本体觉、动作计划能力、动作平衡能力和运动觉。
- 提起左脚去接近右手，或是提起右脚去接近左手，能改善跨中线运动的能力。
- 串珠能培养两侧统合的技能。
- 找个同伴一起玩游戏，能练习社交互动和沟通技能。

第 11 章

双侧协调和跨中线活动

比利各方面的发展都受到了感觉统合障碍的影响，尤其是双侧协调和跨中线运动。比利的问题在他 4 岁的生日宴会上就表现出来了。生日会的重头戏是表演《三只比利山羊》（*The Three Billy Goats Gruff*），这是比利非常喜爱的故事。协助主持生日派对的邦妮小姐来到他的家，用桌椅排成一座临时的桥。她让比利和小朋友们把注意力转移到她身上后，就开始带着大家边唱边做动作。她教大家用《五只小鸭子》（*Five Little Ducks*）的曲调唱下面的歌词。

《三只比利山羊》之歌	**搭配的动作**
1. 有一天，三只比利山羊一起出了门	1. 伸出三根手指头
2. 穿过山丘，走了很远	2. 把手举高，然后伸在身体前方
3. 他们的蹄子发出“踢踏、踢踏”的声响	3. 两只脚轮流着踏步
4. 巨人大喊：“停下来、停下来、停下来。”	4. 两只手高举，手掌朝前，每喊一次“停下来”，双手就同时往左边摆放，然后向右边，再摆回左边

邦妮小姐先示范演出勇敢的比利山羊和饥饿巨人的故事。她表演巨人怎么赶走前面两只山羊。当巨人说“走开！”时，她配合做出挥赶的动作，一只手跨过身体挥舞到另一边。

模仿邦妮小姐的动作让比利很困扰。双侧协调不佳让他的双脚无法有节奏地用同样的力量轮流踏步。而跨中线运动障碍又让他在唱到“穿过山丘，走了很远”和大喊“停下来”时，无法配合歌词，做出把手挥舞到身体另一边的动作。唱到“停下来”时，他不知道如何同时高举双手挥舞到左边和右边。他的动作一直出错，而且看起来十分不安。

比利的妈妈也很替儿子担心，所有的朋友一起表演时，她注意到儿子的动作不像其他小伙伴那样顺畅。她不知道是否孩子有问题，所以决定和比利的老师谈谈，看看比利是不是有动作协调的困难而需要帮助。

小婴儿学着移动自己的躯体和四肢，同时就在培养身体的双侧协调性，有些动作属于对称性的动作，例如同时挥舞双手；其他则是非对称性的动作，例如两脚轮流踢。让宝宝用各种姿势躺卧，包括趴着或侧躺，这样对宝宝来说，比总是仰躺的姿势更有益处。

研究显示，许多婴儿练习爬行有困难，是因为缺乏充分体验各种姿势的机会（请记住：让婴儿"躺着睡"以避免猝死症的建议，只是针对"睡觉时"）。小婴儿清醒时，不要让他很多时间都以腹部着地（趴着），这样他才有机会探索自己的身体能做什么，同时培养良好的移动技能和双侧协调。

双侧协调是能同时运用身体双侧的一种能力。有时候我们运用身体两侧做同一件事，例如跳上跳下、使用擀面杖或投掷海滩球。其他时候我们会做出交替的动作，运用身体双侧先后完成同一个动作，例如在地上爬行或爬楼梯。双侧协调的另一功能，是运用身体双侧达成不同目标，例如：一只脚保持平衡、另一只脚踢足球，或是一只手固定纸张、另一只手写字，还有弹吉他、练习发音等。

跨中线动作能很好地锻炼两侧的协调能力。跨中线动作就是身体一边的眼睛、手或脚，在身体另一边的空间做动作。我们人体有三个中线：矢状中线、横状中线与额中线。

1. 矢状中线（sagittal midline）是垂直的，它将身体分成左右两边。当小婴儿学会把一只手横过胸部，然后转身从躺着变成趴着时，就是可以跨矢状中线。学龄前的孩子，在纸上由左到右或由右到左跨横线时，不用把笔从一只手换到另一只手，就是跨矢状中线。他可以用他的右手去拍左肩膀，反之亦然；坐着时，脚可以交叉成 X 状。等孩子上了小学一年级时，他能顺利地由左到右或由右到左阅读书上的文字。

2. 横状中线（transverse midline）是水平的，它以腰部为分界点，将我们的身体分成上半部和下半部。当五个月大的小婴儿开始玩他的脚时，就是在跨横状中线（如果他用右手去抓左脚大拇指，就同时在跨矢状中线）。一个四岁的孩子可以弯腰、伸直手去碰自己的脚指头，是在跨横状中线。当他用两只手抓着球高举过头，身体往前倾，将重心放在另一只脚上的时候，稍微弯一下腰、用力把球抛出去也是如此。

3. 额中线（frontal midline）是垂直的，将身体分成前半部和后半部。十八个月大的孩子站在床上，然后向后倒在枕头上，就完成了一个跨额中线的动作。随着渐渐长大，他学会走路或跑步时配合手臂前后摆，便能非常协调地移动。他会在倒着走的同时摆动双手，而且也会向前跳、向后跳。

两侧协调的问题使得比利不能像其他同伴那样灵活移动和玩游戏，治疗师推测，比利大脑的左右半球无法有效地传递信息。这类障碍的一些特征如下所示。

跨中线和双侧协调障碍孩子的表现特征

存在双侧协调问题的孩子可能会有如下表现：

- 婴儿期就不会爬也不能匍匐前进。
- 身体觉察力不足。
- 经常摔跤或绊倒，在活动中总是笨手笨脚的，就好像孩子有“两只左脚”似的。
- 跳弹力床、扔球、在平地上跳跃或者蹦上蹦下的时候，双手或双脚很难一起配合使用。
- 很难同时使用双手，无法拍手，上下楼梯是无法双手扶着扶梯，更无法随着节奏双手一起做动作。
- 很难一只手或者一只脚协助另外一只，不会单脚站着踢球，写的字总是深浅不一。
- 到了 4 岁或 5 岁，还没建立起惯用手的使用，孩子随意地使用任何一侧的手写字、画画等。
- 精细动作技能有问题，例如无法使用工具，表现在吃饭、用铅笔等方面。
- 很难弹奏乐器。
- 很难融入有组织性和纪律性的集体活动中。

存在跨中线障碍的孩子可能会表现为：

- 站在画架前绘画的时候，很难把笔从一只手换到另外一只手里，交替使用。
- 很难用一侧手敲打另外一侧的肩膀，特别是在做“西蒙说”游戏时，更是无法参与其中。
- 很难流利地从左侧阅读到右侧，往往停在中间的位置，眨眼或重新聚焦。
- 很难进行视觉追踪，例如无法追着一只球看。

有益于两侧协调和跨中线的活动

115. 刷篱笆

这个游戏好久以前就有了，而且对跨中线运动非常有益。

适龄孩子

- 2.5~12 岁的孩子。

活动材料

◆ 装着清水的水桶和一把刷子。

◆ 一面围墙。

孩子可以这样玩

◆ 像“漆”墙壁或围墙那样做。

活动的益处

◆ 左右挥舞能提升跨中线的运动技能。

◆ 所有挥舞刷子的动作，都能强化粗动作技能、动作计划能力、动作调节和手眼协调。

◆ 这个游戏可以让孩子玩水，玩水算是一种“干净的”脏兮兮活动，这样的活动也许能吸引有触觉防御的孩子加入。

116. 抓熊去

还记得这个随时都能玩的游戏吗？它是既能消磨时间，又能帮助孩子培养身体两侧协调的最佳游戏。

适龄孩子

◆ 3~6 岁的孩子。

怎么玩“抓熊去”

您可以这样说	您和孩子可以这样玩
1.“走！我们抓熊去。和我一起走。”	1. 坐在地上、椅上或T形椅上，围成一个圆圈
2.“一起走。走、走、走、走、走、走！”	2. 用手拍打大腿，或是左右脚轮流着跺脚
3.“前面遇到一片很高的野草，我们要把草拨向旁边才能前进。唰、唰、唰！”	3. 手背相碰，然后双手往左右分开做出拨草的动作
4.“哦！前面是一条小河，我们要游过去。游呀、游呀、游！”	4. 做游泳动作： • 蛙式 • 蝶式 • 自由式 • 侧泳 • 仰式 • 狗刨
5.“把身上的水甩干。甩呀、甩呀、甩！”	5. 甩甩头、甩甩手、甩甩脚，把身上的水滴甩掉
6.“看一下周围，你有发现任何熊的踪迹吗？我一只也没看到，你呢？”	6. 双手举起放在眉毛上，好像要挡阳光一般，然后左右看一看
7.“哦！那儿有一棵大树。也许我们可以从树顶往下看，看能不能找到熊。爬呀、爬呀、爬！”	7. 做爬上树的动作，手脚左右交替，手一次比一次伸得更高。爬到树顶后，伸长脖子到处瞧一瞧
8.“你看到什么了吗？没有，我也没有看到。下去吧。爬呀、爬呀、爬！”	8. 手先高高伸直，随着每一次往下爬，手就慢慢放下
9.“我的天啊！又有一条河了！还好这里有一条小船和船桨。来吧，我们一起划过河。划呀、划呀、划！”	9. 做两手划桨的动作

续表

10. “我们要把船拖到岸上才行，拉着这条船。拉呀、拉呀、拉！”	10. 假装把缆绳交到每个孩子手上，拉绳子把船拖上岸
11. “看到熊了吗？”	11. 看看四周
12. “我没看到任何熊的影子。我们踩进一片沼泽了，我们要跋涉过去才行。嘎吱、嘎吱、嘎吱！”	12. 用力把脚抬起来，左脚、右脚轮流，同时发出咕噜咕噜的声音
13. “前面有一座山，还有一个山洞。我们要进去吗？要！好，但我有一点害怕，你呢？”	13. 假装因为害怕而发抖
14. “哦，洞里好黑，什么都看不到。我们必须摸索前进。”	14. 双手在身体前面摸索，好像在黑暗中前进
15. “嗯，这是什么？拱起来很大、很温暖，还有毛……哦！是一只熊！大家赶快跑！跑呀、跑呀、跑！”	15. 双手快速拍膝盖，或是左右脚交替做出跑步的动作
16. “快跑！熊在我们后面！赶快穿过沼泽地！嘎吱、嘎吱。看到船了，赶快把船拉到河里，拉呀、拉——赶快划船，划呀、划！树到了，爬到树上，看看熊在我们后面的哪里。爬呀、爬！哦，我看到了！我们下去吧！”	16. 不要停止返回的脚步，重做刚刚做过的动作
17. “我们到家了！把门打开！把门关上！跑到楼上，躲在床上。嗯！我们安全了！我们一点都不害怕了，你呢？”	17. 呼一口气、身体放松

活动的益处

- 只要使用以下方式运用身体两侧，就能改善孩子的两侧协调能力：
  - 重复的和左右交替的动作（走路、以自由式或仰式游泳、爬树和跋涉穿过沼泽）。
  - 一前一后的动作（如拨草丛、划桨、遮住阳光）。
- 运用身体的各种动作，能改善身体知觉、粗大动作协调、动作调节、动作计划能力和运动觉。
- 对本体觉有障碍的孩子而言，围成一个圆圈，能方便他们看到其他人并模仿其他孩子的动作，也能从中学习。
- 参与本游戏能改善听觉知觉，以及言语与语言技能。
- 想象眼前有很高的草丛、小河、小船、树、山洞、房子等，能提高视觉形象化能力。

117. 拍泡泡

想进行一个简单、快速的双侧协调活动，拍泡泡绝对会令您满意。这个刺激多重感官的传统游戏，能带给每一个孩子成功的满足感。

可以利用跷跷板来提高难度。两个孩子踩在跷跷板上一边左右摇晃，一边用手去拍泡泡，对孩子的左右脑和身体两侧矫正都有很大的帮助。

同时左右摇晃和拍泡泡，若对有重力不安全感或协调不佳的孩子造成很大的困扰，那就先把跷跷板拿开。这个愉悦的游戏重点在于用两手拍，而不是要训练平衡感。

适龄孩子

- 2 岁以上的孩子。

活动材料

- 泡泡水。制作的方式是混合 4 杯水、1/2 杯玉米糖浆，以及 1~1.5 杯的洗洁精（混合后静置数小时）。

- 水桶，用来洗手。
- 选择性材料：跷跷板。

您可以这样做

- 对着孩子吹泡泡。

孩子可以这样玩

- 用拍手的方式把泡泡拍破。
- 左右手轮流攻击泡泡，或用食指去戳破泡泡。
- 一边拍泡泡，一边在跷跷板上保持平衡。

变换玩法

- 玩接球游戏，用海滩球或大沙包。要每天都玩才行。

活动的益处

- 伸出双手从不同方向去拍打泡泡，能强化两侧统合和跨中线动作能力。
- 拍手能增进平衡感、粗大动作控制、动作调节和动作计划能力。
- 眼睛盯着飘来飘去的泡泡，尤其是在跷跷板上移动，能加强视觉处理能力。
- 在跷跷板上左右走动，促使左右脑互相“交谈”，能安抚并组织前庭系统。好处之一是提升言语和语言表现。
- 拍泡泡游戏也是有触觉防御的儿童可以接受的“脏兮兮”游戏。

118. 花生酱与罐子

劳累了一整天后，或是假日过得不顺心，需要马上放松一下吗？不妨把孩子们叫到厨房里，让他们在吐司上涂抹花生酱（已经在室温下解冻的花生酱）。

适龄孩子

- 3 岁以上的孩子。

活动材料

- 塑料罐装花生酱。
- 抹刀或其他不锋利的刀子。
- 苹果片、苏打饼干、面包或吐司。

孩子可以这样玩

- 扭开瓶盖。
- 在饼干、苹果片、面包或吐司上抹花生酱。
- 把盖子盖回去。

变换玩法

- 拿一个孩子最想要的玩具放在干净的罐子里。把罐子放在明显的地方，过一会儿孩子会自动把它打开。
- 夏日的夜晚走到户外抓萤火虫，这个活动需要孩子双手配合，能改善两侧协调能力。先在一个干净的空瓶里放一片苹果，再把萤火虫放在罐子里，观察它们一明一灭地闪烁，过一会儿后就把它们放走（不必在盖子上打洞，因为萤火虫在罐子里停留的时间很短，罐里的氧气足够。而且萤火虫喜欢潮湿的空气，如果打孔，水分会跑掉）。

活动的益处

- 打开瓶盖需要两只手，一只手握着瓶子，另一只手扭开瓶盖。挖花生酱也需要两只手，一只手扶着罐子，一只手拿抹刀。抹花生酱需要两只手，一只手拿着面包，另一只手拿抹刀涂抹。
- 抹花生酱的动作，能培养动作调节、精细动作技能、使用工具的能力和手眼协调能力。
- 在面包上抹花生酱，是一种令人舒畅、安宁和平静的体验。
- 准备自己的点心，让孩子觉得自己有用，也学到生活自理能力，而且自己做，尝起来会更可口。

注意事项

- 如果您的孩子对花生过敏，请为他准备其他果酱，例如苹果酱或黄豆酱。

119. 弹珠印画

这个创作艺术品的过程，对两侧统合有绝佳的益处。完成的作品拿来作为聚会邀请卡或书本封面，就变成可爱的纪念品。罗莉 •L. 默克尔把这个活动变得更加完美，而且加入了“轮胎印画”而使活动变得更富新奇感。

这个活动一定会弄得一团乱，因为弹珠和小车子很容易从盘子里掉出来。请在好

清理的地方进行这个游戏。

适龄孩子

- 3~8 岁的孩子。

活动材料

- 蛋糕烤盘、自助餐厅用的托盘，或底部很浅的纸盒，如比萨盒子。
- 美工彩色纸。
- 可以洗掉的颜料，准备几种不同的颜色，或是用金色、银色都可以增加节日气氛。
- 弹珠。
- 纸杯或洗干净的金枪鱼罐头盒。
- 塑料汤匙。
- 工作服或旧的大件 T 恤，可以套在外面。

准备工作

- 在纸杯或罐头盒里倒进 1 厘米高的颜料，每个杯子只倒进一种颜料。
- 每个杯子里丢进一颗弹珠。

- 把纸铺在烤盘、餐盘或盒子里。

孩子可以这样玩

- 拿一个汤匙在杯子里搅拌，让弹珠沾满颜料，记得每一种颜料配一根汤匙，以免颜色混浊了。
- 用汤匙小心把弹珠捞起来放到纸上。
- 抓住烤盘比较短的两边左右倾斜摇晃，让弹珠在纸上滚来滚去留下颜色。
- 换其他沾了不同颜料的弹珠，用来滚一滚，直到满意自己的作品为止。

变换玩法

- 同时放好几颗弹珠在盘子里滚。
- 纸上的颜料还没干时，撒一些亮片上去。
- 找一个同伴，两人面对面一起拿着同一个盘子摇动。
- 用各种姿势站立并保持平衡，例如练习单脚站立，或一脚在前、一脚在后。
- 坐着玩。
- 等颜料干了后，把纸折一折，当作小笔记本的封面，或是做成贺卡、邀请卡。

轮胎印画

- 不用弹珠，改用玩具小汽车或小卡车，尤其是轮胎有特殊花纹的小车子，在餐盘里滴一滴颜料，要孩子捏着小汽车的车头，小心地让轮胎轧过颜料，然后把车子放到纸上，左右倾斜摇动餐盘，让车轮在纸上留下印迹。
- 大一点的孩子可以闭上眼睛玩这个游戏来增加挑战。拿一个小卡车，闭上眼睛用耳朵倾听，去分辨车子在盘子上滚到哪里了，他们必须掌握身体要怎么移动才能前后摇动车子的诀窍，过程非常有趣哦！

活动的益处

- 一手拿汤匙搅拌，一手拿着杯子，以及两只手一起拿着烤盘摇晃，能强化两侧协调能力。

◆ 使用颜料能增加触觉经验。

◆ 看着弹珠或小车子在纸上移动，能改善手眼协调和视觉追踪技能。

◆ 左右摇晃烤盘，同时控制避免弹珠掉出来，能提升本体觉、动作计划能力、身体的弯曲和伸展。

◆ 本活动能观察孩子对味道的容忍度，因为不同种类的颜料味道差异很大，有些甚至很难闻。

◆ 和另一个孩子一起玩能增加动作知觉，建立社交技能和沟通。

120. 豆袋沙包

对跨中线、视觉空间知觉、本体觉、动作计划能力等方面有障碍的儿童来说，这个游戏十分有帮助。本活动是知觉动作治疗师乔·纽曼在多年的实践中总结出来的，也是他在马里兰州主持的诊所（儿童活动公司）中最受欢迎的活动。

适龄孩子

◆ 3.5 岁以上的孩子。

活动材料

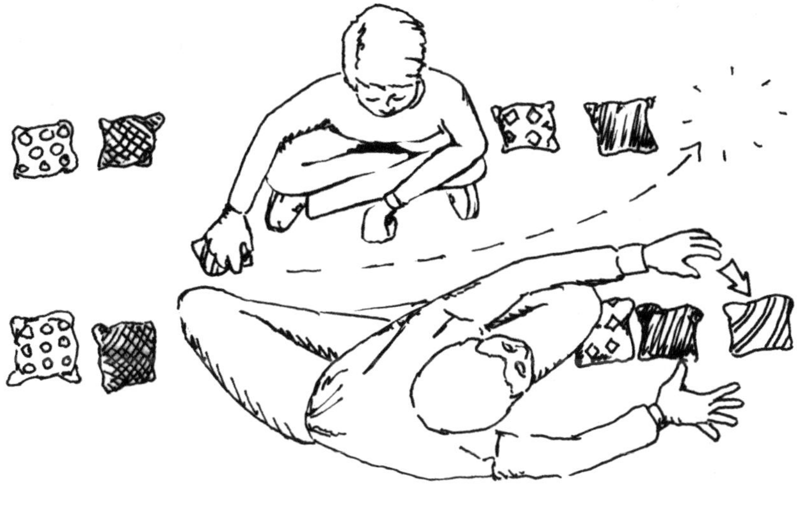

- 6 对沙包（总共 12 个）。

准备工作

- 面对面坐在地板上。
- 两个人分别挑 6 个不同花色的沙包，您可以说：“好，我要拿一个蓝色的，你也拿一个蓝色的；我拿一个红色的，你也拿一个红色的；你拿一个格子花纹的，我也拿一个格子花纹的。”
- 两个人在自己的左手边和右手边各放三个沙包，沙包对应排列，像照镜子一样，红的对红的、蓝的对蓝的、格子花纹的对格子花纹的。

怎么玩（按照难易度排列）

- 举起您的左手，然后说：“模仿我的动作，或当我的镜子。”孩子要举起他的右手。
- 举起您的左手放在左耳和肩膀旁；同样，右手也这样做一次。让孩子模仿您的动作（要像照镜子一样，动作与您的是同一边）。
- 做一些跨中线的动作，例如用左手去摸右边的耳朵、肩膀和膝盖。右手也重复一次。鼓励孩子在模仿您时，尽量把跨中线动作做得流畅。
- 慢慢地伸出您的左手越过身体，然后从右膝盖旁的地板上捡起绿色沙包，慢慢地把沙包拿回到左边，然后放在黄色沙包旁（记住不可以换手）。
- 对孩子说：“现在轮到你了！”孩子必须伸出右手，越过身体把绿色沙包捡起来，然后放在右手边的黄色沙包旁。
- 有时用左手，有时用右手，轮换多做几次这个动作，把沙包拿起来放在不同的位置。鼓励孩子使用正确的那只手，并把沙包放在正确的位置。
- 一次拿 2 个或 3 个沙包放到另一边。
- 让孩子接受挑战，模仿您一连串的动作：
    - 在您自己这边把沙包排成三角形、一条垂直的线、堆成一座立体的小山，或是其他结构。

- 拿起 2 个或 3 个沙包，在另一边摆出一个特别的形状。

- 当你们对游戏越来越得心应手后，就要加快速度。游戏的目的，是希望孩子对模仿他人的动作能非常熟练，可以紧接在您之后做出相同的动作，就好像在照镜子一样。
- 轮流当带头的人和跟随的人。

变换玩法

- 为了丰富触觉与视觉，可以利用各种布料缝制沙包（灯芯绒、天鹅绒、人造毛皮、粗麻布、缎子、羊毛或法兰绒），还有各种花纹（格子、小圆点、条纹、花朵、泰迪熊、小船等）。

活动的益处

- 手从一边移动到身体的另一边，能改善跨中线能力，跨中线技能对能否流畅地做动作和阅读都很重要。
- 协调自己的动作去捡起沙包，然后放在身体的另一边，能改善本体觉和身体知觉。
- 把沙包配对能培养视觉动作方面的技能，包括空间觉察和手眼协调。
- 组织自己的身体做出想做的动作，能改善动作计划能力。
- 预先设想，观察和响应其他人的动作，能培养使用身体语言的能力，这是与他人沟通时的基本要素（身体语言约占所有沟通的七成）。

注意事项

- 如果孩子因为跨中线动作太困难而想换手拿沙包时，不妨轻轻抓住他的手，协助他完成动作。
- 如果孩子觉得一次只用一只手很难，请轻轻抓住他的另一只手，不要让它乱动。

后续

更多游戏活动

如下这些活动是这个版本新加入的。就像这本书的其他活动一样，是所有孩子——包括有感统障碍和自闭倾向的孩子，都能从中受益的活动。

121. 粉红丝线（触觉）

我以前有一个中国学生，他的家长送给我 1 米长的粉色丝线。他们告诉我：“我们认为您一定会想到该如何用它设计一个游戏项目。”我的小孙女艾顿最喜欢针织玩具。她也发现了很多种利用丝线当玩具的好方法。（如果您的孩子不喜欢粉红色，您可以换成其他颜色，如蓝色的丝线。）

适龄孩子

- 3~12 岁的孩子。

活动材料

- 1 米长的丝线（什么颜色的都可以）。

准备工作

- 不用做任何准备。

您可以这样做

- 观看，鼓励孩子做，并加入其中。

孩子可以这样玩

- 假装这根丝线是一个斗篷、一件衬衫、一条纱丽、一张野餐垫子、一张床垫、一顶帐篷、一张魔毯或者是一对翅膀。
- 把它当成枕头或被子，拥抱它。
- 把丝线缠绕在布娃娃的身体上，或者缠绕在自己的手上或胳膊上。

活动的益处

- 用手摆弄丝线能增加孩子的触觉愉悦感，特别是那些过度反应的孩子也会喜欢这种游戏。
- 能与孩子度过愉快的地板游戏时间。特别是在孩子感到无事可做的时候，玩这个游戏会很不错。

- 有感觉统合障碍和孤独症的孩子在幼年的时候，想象力非常丰富，这个游戏也能满足他们的实践。他们会想象自己想要做的事情，而玩粉红丝线的游戏毫无限制，孩子可以自由发挥想象力，促进孩子的想象能力和动手能力。

122. 禅意花园（触觉和视觉）

在日本有个著名的“龙安禅意花园”，意思是“能让龙都觉得安宁的花园”，也是世界上最为安静的地方。这种花园是一个长方形的干沙床，上面摆放着 15 块石头。我们的这个游戏通过复制龙安禅意花园的这个能让“龙”平静下来的布置，让人们找到一个安静之所。

适龄孩子

- 5 岁以上的孩子。

所需材料

- 长方形的盒子，一边是 5 厘米高，例如装烤盘或木桌板的纸盒子。
- 沙子。
- 选择性材料：杯子或勺子。
- 叉子。
- 15 块石头，石头的直径大概在 2~5 厘米。

准备工作

- 和孩子一起在附近寻找石头。
- 搜集到所有材料后，找个地方开始着手搭建“龙安禅意花园”（也可以是一个沙子堆）。

您可以这样做

- 帮助孩子把沙子放进盒子里。
- 示范给孩子如何耙沙子，如何安放岩石，如果有必要，可以重新安排和设计，因为这是您孩子的艺术品。做一个自己的禅意花园吧！

孩子可以这样玩

- 舀一勺沙子放进盒子里，用勺子拍平。
- 用叉子当“耙子”耙沙子，让沙子变成环形的、锯齿形的、螺旋形的，或一排一排的。
- 在沙子上放上石头，单独放一个石头，或者放一堆石头。可以来回摆放石头，直到出现自己满意的效果为止。
- 不断耙沙子，直到看起来刚刚好。

活动的益处

- 用手触碰沙子、石头、叉子都能提高和改善触觉辨别能力和精细动作技能。
- 这个活动也能强化视觉空间的辨别能力，改善视觉动作（手眼）协调能力，有利于视觉形象化能力。
- 龙安禅意花园能让孩子形成秩序感并给他们带来内心的平静。

123.“榨汁”游戏（本体觉）

我的外孙亚瑟经常兴奋不已，有时候需要很大的力气才能让他平静下来。正因为家里有这样的孩子（也与我们的教养方式有关），所以我们一起发明了这个游戏，每次玩都很有效。

适龄孩子

- 适合所有孩子。

准备工作

- 无。

准备材料

- 无。

您可以这样做

◆ 您的孩子无论什么时候出现了沮丧的情绪、调皮捣蛋、兴奋不已或完全不配合活动的情况，您都可以这样做，蹲下来（如果孩子比较小），张开双臂，说："来我这儿，我们来玩个榨汁游戏！"如果孩子来了，您就拥抱着孩子，越紧越好。

孩子可以这样做

◆ 重新获得了控制和放松。

◆ 获得了预期自己所需的"榨汁"满足后，要求再来一次。

活动的益处

◆ 对孩子紧紧地拥抱，能提供给孩子最基本的触觉体验和本体觉提升。

124. 元音活动（前庭觉和听觉）

唐•坎贝尔提供的"莫扎特效应"活动启发我设计了这个万能型的活动，其中还加入了一些手势。这个活动可以在任何活动的间歇时间玩，也可以安抚吵闹的孩子或者过动的孩子，而且这个活动只需要 1 分钟！

适龄孩子

◆ 6 岁以上的孩子。

准备工作

◆ 无。

活动材料

◆ 无。

您和孩子可以这样做

◆ 说并写下一个元音字母："A""E""I""O"或"U"。如果您愿意，也可以加入"Y"。

◆ 对于元音活动，从"A"开始说起，站直身体，颔首挺胸，再略微弯腰，深吸一口气。当您放低自己的身体时，轻声并柔和地发出“A”的声音。

- 仍然在说“A”，渐渐直起腰来。随着您直起腰，张大嘴，增大音量，让自己的声音越来越大。
- 当您站直的时候，抬起下巴，抬起手臂，双手指尖相碰，做出一个字母“A”的形状。随着您的身体不断伸直，您越来越洪亮地发出“A”的声音。
- 您仍然在说“A”，重复之前弯腰的动作，双手向下伸展，声音再次变得轻柔。
- 随着音量的变化和手势的变化，您非常优美地发着“A”这个音，所有的活动只需要 10 秒钟！现在站直身体，深吸一口气，准备说下一个元音。
- 在您说“E”的时候和前一个音一样，开始和结束的时候，音量都比较低。在直起腰来说的时候，为了表达出 E 的形状，可以头偏向左侧肩膀，左侧胳膊向左侧伸出，右侧胳膊伸过头顶，尽可能比左侧胳膊长出来一些。
- 在说“I”的时候，弯腰后抬起的过程中双腿并拢，直接伸直手臂，超过头顶，双掌合拢，接着再弯下腰。
- 在说“O”的时候，弯腰，站直，用双手在头顶做出一个大圈的形状，然后再弯腰。
- 在说“U”的时候，不用弯腰，站直身体抬高或降低音量说。面对一位您喜欢或想更多了解的人说，效果更好。
- 与别人的距离大约是 2 米。在低声说“U”的时候，用手指着自己的胸部，当您大声地说“U”的时候，双手朝着水平线形成一个 U 的形状，指向但不能碰到您的同伴。当您的“U”变得柔和的时候，把您的双手再指向胸部或心脏部位。很可爱，不是吗？
- 在说“Y”的时候，弯腰，站直，高高地把手向身体外侧伸展，然后再弯腰。

活动的益处

- 这个活动能调节很多感觉：听觉、视觉、本体觉和粗大动作计划能力。

- 能促进感觉处理功能的发育，例如平衡感、身体的警觉能力、两侧协调能力、动作计划能力和动作控制能力。
- 随着深呼吸说元音的方式，能改善呼吸功能。
- 能强化言语和语言能力以及书写技能。

125. 弹跳（前庭觉和本体觉）

来自佛罗里达那不勒斯的一家感觉统合治疗机构的负责人巴布·林达（Barb Lindner）说："我这儿有个孩子们都喜欢的活动，孩子们爱死了这个游戏！我们这里有一个 14 岁被诊断为孤独症的孩子，竟然能跳得够到天花板了。我们也鼓励他做一些更复杂的活动，包括绘画、涂鸦，裁切星星，然后每次他跳高的时候，都把他的作品贴在天花板上。现在他跳起来，还能触到那些作品。很多小孩子也给自己定了目标，也要跳到那么高，也要碰到天花板上的星星图案。"

适龄孩子

- 适合所有年龄阶段的孩子。

您需要准备

- 弹簧床。

活动材料

- 在弹簧床周围需要有一些靠垫，避免孩子跌落。如果可能，挖出一个深坑，再放入弹簧床，孩子可以跳到地面。

您可以这样做

- 当孩子在弹簧床上跳的时候，您可以躺在上面。
- 让孩子躺在弹簧床上，您来跳一跳。

孩子可以这样玩

- 在大人躺在弹簧床上的时候，跳到床上面；要当心别跳到大人的身上哦！
- 在大人跳的时候，孩子躺、坐、跪在弹簧床上，但要非常小心，别掉下去哦！

- 当几个孩子在跳的时候，大人可以躺在弹簧床上。

变换玩法

碰触星星

- 收集图画纸、蜡笔、剪刀和双面胶。
- 有可能的话，制作一个画着星星的纸板，然后孩子可以这样做：
  - 让孩子按照星星的痕迹绘画星星，涂颜色，剪切星星图案，再在星星的背面涂抹上胶水。
  - 站在弹簧床上，一次拿一颗星星，尽力跳到足够高，把星星贴到天花板上。
  - 跳啊，跳啊，去碰触天花板上的星星。

一边跳，一边唱

- 就像玩跳绳游戏一样，一边跳，一边唱。可以找某一个熟悉的歌谣，配合着一起唱。
- 家长或老师唱歌来配合孩子的跳跃动作。比如大人唱歌的速度加快，孩子跳跃的速度也加快。如果大人唱歌的速度放慢，孩子的跳跃速度也变慢。如果大人唱歌的速度保持正常，孩子就正常地跳跃。孩子跳跃的速度与成人唱歌的速度一致。

活动的益处

- 这是一项非常好玩又充满了乐趣的活动，能刺激前庭觉和本体觉，还会欢声笑语一片。
- 在弹簧床上抖动而不是跳的时候，有助于孩子的感觉信息输入。
- 跳起来去碰触星星能改善视觉统合，同时还能改善触觉、运动觉、平衡感，以及姿势和其他感觉的整合。
- 跳一跳，唱一唱，能提高听觉的辨别能力、听力感应能力，以及耳朵和身体的协调。对孤独症和阿斯伯格症患儿来说，能促进他们与其他孩子的交流能力。

126. 感觉机器人（视觉和动作计划能力）

这个活动整合了视觉、听觉和本体觉，的确是一项非常好的活动！这项活动能帮助那些有感觉统合障碍的青少年，也能帮助有多动症的孩子、亚斯伯格症患儿和孤独症患儿，这些孩子都存在动作协调困难，缺乏韵律感和聚焦困难（两只眼睛不能同时盯着一点，无法一起看东西）。这个活动的目的是让孩子更加精准、流畅和有韵律，并获得更多的乐趣。非常感谢来自美国马里兰州的职能治疗师芭芭拉·巴辛（Barbara Bassin）和验光师斯坦·阿佩尔鲍姆（Stan Appelbaum）提供的这个游戏活动。

适龄孩子

◆ 青少年或者 5~6 岁的孩子，依据孩子的能力而定。

准备材料

◆ 一个遥控器，一个节拍器，一个稳定的鼓掌器。

准备工作

◆ 无。

第一阶段（睁开眼睛，口头指令提供线索）

您可以这样做

1. 面对着孩子。
2. 说“向前”，对孩子示范如何把手举过头顶。
3. 说“两侧平举”，对孩子做示范。
4. 说“向前走”，再一次做示范。
5. 说“向下”，给孩子做示范。
6. 重复一次，直到孩子掌握了从一个姿势到另外一个姿势的基本动作。

孩子可以这样玩

1. 睁着眼睛站着，手臂放下，双腿岔开站着。
2. 说“向前”，然后举起双手与肩膀同宽，手与头部成 90 度。

3. 说“两侧平举”的时候，伸开两个手臂，与肩膀平行。

4. 说“向前”的时候，把手臂伸向前方。

5. 说“向下”的时候，把手臂放下。

6. 重复这些指令，直到掌握为止。

第二阶段（睁着眼睛，听着指令线索和节拍器的节奏）

您可以这样做

1. 除口头指令之外，使用节拍器，每分钟敲60下的那种节拍器。开始的时候向孩子介绍如何掌握节拍，您可以按照正常的速度说：“一，二，三，四，左手臂，准备向前，向侧，向前，向下。”

2. 按照正常速度说：“右手臂准备向前，向侧，向前，向下。”

3. “左脚准备，向前，向侧，向前，向下。”

4. “右脚准备，向前，向侧，向前，向下。”

5. “双臂准备，向前，向侧，向前，向下。”

6. “左手，左脚准备……”

7. “右手，右脚准备……”

8. “左手，右脚准备……”

9. “右手，左脚准备……”

10. “双手，左脚准备……”

11. “双手，右脚准备……”

孩子可以这样玩

1. 按照节拍器的节奏和大人的指令，向前抬起左手臂，向前伸，向侧伸，放下。

2. 用右手臂重复同样的动作。

3. 用左脚重复同样的动作。

4. 用右脚重复同样的动作。

5. 用两只脚重复同样的动作。

6. 用两只手臂重复同样的动作。

7. 用左手和左脚重复同样的动作。

8. 用右手和右脚重复同样的动作。

9. 用左手和右脚重复上面的动作。

10. 用右手和左脚重复上面的动作。

11. 用双手和左脚重复上面的动作。

12. 用双手和右脚重复上面的动作。

第三阶段（睁着双眼，用节拍器，没有指令提示）

您可以这样做

- 没有任何语言提示，只是通过节拍器重复之前的动作。

孩子可以这样玩

- 按照节拍器的声音完成之前的 11 个步骤的动作。

第四阶段（闭上双眼，利用节拍器，没有指令提示）

您可以这样做

- 用节拍器打出节拍，而不发出任何语言提示。

孩子可以这样玩

- 做 11 步动作的过程中一直闭着眼睛，直到完成所有的动作，再睁开眼睛。试着去感受身体的位置，不用通过视觉反馈就能完成，尽力做到更精准，动作更流畅。

变换玩法

您可以这样做

- 比较容易的玩法：建立一个稳定的节拍。
- 比较难的玩法：改变动作模式，让孩子随意地更换手臂和腿等。

◆ 最难的玩法：同时下达两个命令，例如“停止左手臂，开始抬起右腿”。

孩子可以这样做

◆ 比较容易的玩法：按照指令重复完成 11 个步骤，例如“手臂一起向前，向侧伸展，向前，再向下”，直到掌握所有的动作和指令后，才开始新的动作。

◆ 比较难的玩法：在不打断节奏的情况下，一个指令改变一种动作模式。

◆ 最难的玩法：为了提高能力，同时执行复杂的动作。

活动的益处

◆ 按照精准的节奏玩这个“感觉机器人”的游戏，能改善身体和大脑的双侧统合能力，能有效地练习双眼的聚焦能力（双眼同时看某一点）。

◆ 能改善协调能力、自我监控的能力和自我调节身体活动的能力。

◆ 听着语言提示和节拍器，能强化听觉辨别能力。

◆ 强化手臂和腿的本体觉。

◆ 集中注意力来完成这 11 个步骤，能改善注意力和动作计划能力。

◆ 这个游戏也能提高动作和姿势控制能力。

127. 坐在球上跳舞（前庭觉和姿势）

注册职能治疗师戴安娜•亨利给我们介绍了一个适合在学校、在家和任何与孩子打交道的机构都适用的游戏活动，虽然看起来很难，但这个游戏一旦掌握就易如反掌。

适龄孩子

◆ 青少年和成人。

活动材料

◆ 治疗球。

您可以这样做

◆ 青少年们先站在摆放球的一个“地方”，您要站在离孩子们比较近的地方，伸手就能触到他们。您扶住他们的腰部。

◆ 在孩子们骑着治疗球的时候，您要持续地观察并站在比较近的地方，根据孩子们的动作和平衡能力做相应的辅助。

孩子可以这样玩

◆ 站在球的后面（球的“脚”应该放在外侧，这样方便进行活动）。

◆ 身体先前倾，把手放在球上。

◆ 孩子的两腿夹着球，坐在球上。

◆ 慢慢地抬起一只脚，再抬起另外一只脚，让身体在球上维持平衡（利用双膝，松开手）。这个活动的目的并不是静止，而是在运动的球上保持平衡，也就是戴安娜•亨利治疗师所谓的“坐在球上跳舞”。

活动的益处

◆ 这个活动能改善前庭觉、触觉和本体觉，能改善孩子的姿势和自信，并锻炼腿部大肌肉动作能力。

128. 摔跤（本体觉和触觉）

这个活动是孩子在书写课和其他久坐的课程中非常需要的一项重体力活动。感谢加利福尼亚的职能治疗师伊丽莎白•哈伯－洛佩兹提供给我们这个活动方案。

适龄孩子

◆ 2~13 岁的孩子。

材料准备

◆ 一个长袋子或练习拳击用的吊袋，长袋子可以用一个枕头套或一条运动裤装入填充物做成，或者直接购买一个拳击吊袋。

准备工作

◆ 无。

您可以这样做

◆ 把拳击吊袋或长袋子拿给孩子，并对孩子说：“无论什么时间你想玩拳击，都可以使用这个哦！”如果有必要，您可以示范给孩子。

- 如果有必要的话，您可以让孩子变换位置和姿势来进行此项运动。

孩子可以这样玩

- 在安全的规则之内，孩子可以踢长袋子、用拳头重重地击打或者抛掷袋子。
- 给不同的动作命名，例如“空手道”或“五雷轰顶”。

活动的益处

- 踢打、拳击或抛掷重重的袋子能增加孩子的本体觉，并能改进神经系统，提高孩子集中注意力的能力，特别是在孩子从事富有挑战性的任务时，这个活动更有助于孩子投入到任务中去。
- 孩子集中精力对付一个静止的物体，能缓解孩子的焦虑感和挫折感。
- 在运动中时常中断，能改进孩子的身体觉察力、肌肉控制能力和实践能力。
- 摔跤活动能缓解自闭症儿童的烦躁不安。

注意事项

- 请记录孩子在写字、做家庭作业、读书等活动的时候需要做几次这种摔跤游戏，并注意这种重体力的活动是否能改善孩子的注意力和行为。如果孩子对完成这些任务仍然有困难，可能需要减少活动的次数。

129. 橡皮筋球（本体觉）

来自加利福尼亚的职能治疗师罗德琳•惠特尼是《缩小差距：养育非言语型学习障碍的孩子》一书的作者，她说自己医治过很多有阿斯伯格症的中学生，这些孩子都很喜欢这项活动：“有些孩子还自己制作了 50 英寸长的橡皮筋球。”

适龄孩子

- 中学生。

活动的材料

- 小的橡皮球。

◆ 各种颜色和尺寸的橡皮筋。

准备工作

◆ 无。

您可以这样做

◆ 向孩子示范如何把橡皮筋缠绕在橡皮球上。

◆ 接着，递给孩子另外一根橡皮筋，让孩子用橡皮筋算一算加减法，或者用橡皮筋摆出一个字母。

孩子可以这样玩

◆ 在橡皮球四周缠绕上橡皮筋，一般缠绕一到两圈。

◆ 把橡皮筋缠绕到球上后，再给球缠上另外一条长的橡皮筋。

◆ 在等待的时刻，把这个橡皮筋球当成一辆长卡车的急躁乘客。

活动的益处

◆ 在橡皮球上缠上橡皮筋这个动作，能达到锻炼手的本体觉的目的。

◆ 这个活动有助于孩子手眼协调，增强精细动作能力和手指的灵活性。

◆ 随着孩子逐渐灵活地玩橡皮筋球，让孩子看到自己多厉害，进而建立起孩子的自尊和自信。

130. 顺管而下（视觉）

我孙子亚伦过生日的时候，我送给他一个纸筒芯管子、一个麻布袋和一些河里的光滑石头。我们在一起玩了很长时间，他非常喜欢这个游戏。我儿媳说这是孩子最好的生日礼物。

适龄孩子

◆ 3~6 岁的孩子（只要孩子过了什么东西都往嘴里塞的时期就可以玩这个游戏）。

材料准备

◆ 纸筒芯。

- 纽扣、硬币、骰子、小的圆润石头或者干花（装饰用的那种）。

准备工作

- 把所有的小东西放在碗里，花放在孩子的脚旁。

您可以这样做

- 如果孩子想帮忙的话,可以让他站在地板上帮您握着纸筒芯做成的管子的一端。
- 无论孩子正在玩什么，您都在旁边陪伴着。

孩子可以这样玩

- 站着握住一个纸筒芯管子，弯腰去捡一些小东西。
- 把那些小物品放进管子里。
- 掀起管子，看着小物品从管子的另外一端出来。
- 把这些小物品摆放在您的胳膊上，让这个管子去撞击它们，小物品从胳膊上掉落下来，然后再把这些小物品放入这个长管中，从管子里滑落下来。
- 用最长的管子可以清理沙发下面藏着的东西。

活动的益处

- 这个安静又令人愉快的活动能改善孩子的视觉整合、精细动作技能和触觉辨别能力。
- 弯腰又站直身体，能强化孩子的前庭系统。
- 这个游戏不会让孩子感到筋疲力尽，与孩子之间进行温和的交流，彼此都感觉到开心和快乐，无论用语言还是身体语言表达，都能共享亲子时光。

131. 感觉交响乐（听觉和视觉）

科罗拉多的职能治疗师洛伊斯·希克曼提供了这个有趣的游戏。一个人开始摇摆、打着节奏拍、用手边的物品互相撞击发出声响，或者来回推拉某个东西而发出“音乐”的响动，格外有意思；如果是两个人或三个人甚至四个人一起玩，就成了交响乐。快要结束演奏的时候，一个接着一个地放下乐器，完成最后一个音符，所有的孩子都会注意力集中。而有孤独症的孩子可能有捕捉音乐旋律的天赋。

适龄孩子

- 3 岁以上的孩子。

您需要做的事情

- 一群 6 岁以上、20 岁以下的孩子。
- 交给“乐队指挥”一个节奏棒或者指挥棒、魔杖，或者比较大的勺子。
- 对于“管弦乐队”，可以用一些能发出各种声音的物品。例如：
  - 可以用一对勺子、两支铅笔、大的金属螺丝当“节奏棒”。
  - 可以用纸张、钥匙圈、门铃、装满豆子的布袋、把小瓶盖装入大的塑料桶里。
  - 用瓦楞纸板来回摩擦来充当“刮鱼”。
  - 用一对木棒或一双鞋做成的“节拍器”。
  - 奶牛铃或学校里的铃铛。
  - 还可以利用其他材料，如雪茄盒和橡皮筋充当“吉他”，弹奏出美妙的音乐；偶尔按动圆珠笔，发出嗒嗒声；轻轻拍打记事本发出声响；用燕麦盒发出击鼓声。

准备工作

- 把收集好的音乐器材收集在一个篮子里，让孩子有更多的物品可以玩。接着，孩子就会慢慢领会怎么使用这些乐器，并决定使用哪些物品演奏。
- 在地上围圈坐着。

您可以这样做

- 对孩子说：“现在，我们假装是一个管弦乐队。我们正要演奏一曲‘感觉交响曲’，我们要认真地看、认真地感受自己肌肉里的感觉。我会充当乐队的总指挥，告诉你在哪里停顿，在哪里开始演奏，需要大家配合我的手势。”
- 在孩子面前摊开所提供的这些演奏“物品”。邀请他们选择一个三角铁、振动器、一对汤勺或其他能发出响声的物品，让孩子亲手试一试，体验一下。
- 用一个滑哨发出下降的声音，作为一种“指令”，意思是从高音到低音的演奏，并让孩子们集中注意力。您对孩子们说：“大家停下来，放下你手中的乐器。看看我这个乐队指挥。当你听到我吹出的哨音由高到低（您再吹一次滑哨），意思是说你应该停止演奏。当你听到我的哨音从低到高（您也吹一下这个声音），意思是你要开始演奏了。”（如果没有哨音？听到砰的一声也可以作为“开始”演奏的意思，用手指向你们的脚的时候，作为“停止”演奏的意思。）

- 这个游戏适合一群孩子玩。
- 对孩子说：“当我指着滑哨并看着你的时候，也是开始演奏的意思。”当我指向第一个孩子，看着她的时候，意思就是在说：“玛德琳，请拿起你的乐器开始演奏。开始演奏颤音，知道我是让你停下来。”
- 按照一定顺序，指着并专注地看着每一个孩子，直到每个孩子的演奏都和谐一致。
- 吹出下降的哨音，跺跺脚，说：“停下！”
- 当每个孩子都停下的时候，说：“我们一会儿重新演奏一遍，当我指着哨子并看着你的时候，就停止演奏。当我的哨音升高的时候，每个人就可以再次开始演奏了。”然后指着第一个孩子，看着她的眼睛，并说：“玛德琳，放下你的树枝。”
- 轮流看每个孩子并指着每个孩子，直到每个孩子都停下。
- 吹出一个完美的下降哨音或者用手语“嘘！”，意思是要停止演奏，保持安静。
- 让一个孩子练习哨子的低音，并让这个孩子当指挥。让孩子有机会管理一群“演奏家”，直到孩子们互相配合了，您再放手。

孩子们可以这样玩

- 探索着演奏不同的乐器，并选择自己喜欢的一个。
- 一群人练习演奏，学习根据指挥的命令：什么时候开始，什么时候停止演奏。
- 渐渐地学会轮流演奏，以及密切配合。

变换玩法

- 孩子也可以坐在 T 形椅或治疗球上演奏。
- 演奏这个“感觉交响乐”可以就地取材：
  - 节奏棒用树枝代替。
  - 振荡器可以用干的蚕豆荚、干枯的带叶子的树枝、茂盛的草和芦苇、干的葫芦或者干海带来代替。
  - 刮鱼可以用干的玉米棒代替。
  - 光滑的石头用核桃代替。

活动的益处

- 感觉交响乐能改善孩子的听力、视觉、触觉和本体觉。
- 这项活动既能改善大脑双侧的协调能力，又能改善动作计划能力和精细动作技能。
- 这项活动能改善孩子的非语言交流能力和转换能力，也让孩子有归属感。
- 孩子学会了恰当的开始和结束，就能改善孩子的冲动控制能力。

注意事项

- 场面是否很嘈杂混乱呢？为了更好地控制这些“演奏家”们，需要一位助手配合您。
- 是否出现了孩子不停地击打乐器的现象呢？各种金属叮当作响，那就请拿走某些响动比较大的大圆铁盘、三角铁和其他金属制品。

132. 神秘的掷骰子游戏（姿势和动作计划能力）

如下要进行的这个游戏是感觉统合失调的孩子、孤独症患儿和阿斯伯格症患儿都比较喜欢的游戏。这个游戏是由斯坦福的注册职能治疗师珍妮特·怀特·斯坦福德发明的。

适龄孩子

- 中学生。

活动材料

- 硬纸板、尺子、剪刀和书签。
- 粗大动作所需的人体挂图，例如玩开合跳、俯卧撑、翻跟斗和伸展运动等。

准备工作

- 需要用硬纸板做两个大骰子（骰子的长、宽、高都是 7.6 厘米）。在第一个骰子的 6 个面分别写上数字 1~6。
- 在第二个骰子的 6 个面上分别画上 6 项活动的图案。

您可以这样做

- 解释游戏规则、邀请孩子加入并监督游戏。

孩子可以这样玩

- 轮流掷骰子，并大声地说出动作的次数，例如“四下俯卧撑”。
- 分组做规定的运动次数。

变换玩法

- 用障碍赛跑或精细动作、触觉活动和口腔肌肉运动代替粗大动作的活动。

活动的益处

- 这个活动能提供姿势控制最基本的感觉动作技能和实践应用（孩子们设想自己想要做什么，如何管理自己的身体，如何去做的动作计划能力，并且实施这个计划）。
- 孩子通过投掷骰子和执行动作会刺激触觉、前庭觉、本体觉和视觉。
- 这个游戏能强化交流能力和社会互动，这也是自闭症孩子需要改善的重要能力。
- 虽然这个游戏不具有竞争性，但也可以达到大量练习的目的。接下来要做什么呢？神秘的地方就是根据孩子自己投掷出来的骰子决定！

133. 角色障碍游戏（动作计划能力和视觉）

注册职能治疗师珍妮特·怀特·斯坦福德说：“我发现很多孩子都有自己喜欢的电子游戏，所以我们设法在诊所里重新设置一个三维的越障训练。孩子们也可以根据自己的兴趣付诸行动。”

适龄孩子

◆ 中学生。

活动材料

◆ 能锻炼各种各样的粗大肌肉、精细动作和口腔肌肉材料，例如篮球、隧道、平衡木、轮胎内胎、镊子、米饭、哨子、吸管、棉花球、碎纸等。

◆ 能够设置障碍训练的大场地。

◆ 展开您的想象力，大胆创造吧！

准备工作

◆ 从电子游戏中挑选一个适合您的角色。

◆ 把那个人物的特点画出来，粘贴在天花板上或者用胶带贴在墙上。

您可以这样做

◆ 通过这个游戏和孩子互动。

◆ 在孩子描述自己的行动时，您也参与到这个障碍训练当中，增加游戏场景的真实感。

孩子可以这样玩

◆ 根据自己喜欢的电子游戏，请大人帮助建立一个真实的训练情境，并邀请大人参与其中，扮演一个角色。

◆ 在靶子上吹棉花球或比较小的纸张。

变换玩法

◆ 根据孩子的不同发展水平，增加不同的活动挑战，并适度增加活动的难度。

◆ 让其他的孩子参与其中，扮演游戏的各种不同角色。

◆ 孩子在游戏的不同地方出现，会提高孩子的排序能力。

◆ 鼓励孩子创作自己的电子游戏，并在大体育场里表演。孩子们在创作完自己的作品后，也喜欢把自己的作品绘在纸张上。

活动的益处

◆ 设计并参与“角色障碍游戏”，能帮助孩子们发展实践应用能力。在设置这个训练的过程中，孩子忙着各种不同的步骤，能达到发展姿势控制能力、力量强化、耐心培养和动作计划能力的作用。

◆ 在靶子上用吸管吹棉花球和小纸片能改善口腔肌肉的能力。

◆ 这个游戏能让孩子增强问题解决的能力、团队合作和社交能力。

注意事项

◆ 有些孩子可能在“表演”方面能力不足，如果孩子没有注意到这个问题，可能就无法像电子游戏中那样进行。如果是这样，就让孩子选择一个自己最喜欢的游戏中的人物进行表演。

134. 感觉寻宝游戏（整个感觉系统）

注册职能治疗师珍妮特·怀特·斯坦福德喜欢和一群初中生玩这个能锻炼各种感觉体验的生动游戏。作为一项自然性质的活动，该活动适合在室外玩。

适龄孩子

◆ 中学生。

活动材料

◆ 适合把东西藏在其中的物品，如信封、塑料袋等。

◆ 记录下来要找的物品，例如一些小玩具，和明显能被感官记住的东西。

◆ 提供一份能够找到物品的地图，物品的照片或者带着线索的索引卡。线索可以是一幅隧道的图片或者某些提醒词语，例如“摸起来柔软”或者一小块天鹅绒碎布，然后孩子就会进入某个隧道去找到一大块的天鹅绒，其他的线索可以是如下容易找到的物品：

- “在上面能保持平衡的时候很有趣”——木板或泡沫板（前庭觉）。
- “拖拽起来很有趣”——弹力球（本体觉）。
- “在旋转的时候，会感到很眩晕”——陀螺（视觉）。
- “当你吹它的时候，会发出古怪的声音”——小笛子（听觉）。
- “闻起来像浴缸的味道”——肥皂（嗅觉）。
- “尝起来像薄荷”——口香糖（味觉）。

- 其他设备，如滑板车、秋千、隧道、治疗球、内接管和感觉箱等。

准备工作

- 为孩子准备寻宝时需要的设备。
- 通过环境“隐藏”某些东西。
- 在各种地方提供线索。

您可以这样做

- 设定一系列需要孩子找到的物品清单，并给每个项目设置一个有价值的位置范围。
- 如果您愿意，可以为每次找到的宝物设置一个奖品制度，这样能增加孩子寻宝的积极性。

孩子可以这样玩

- 根据提供的指令，找到一个线索，进而根据这个线索，找到更多其他的线索。
- 搜寻更多的感觉珠宝。

变换玩法

- 隐藏的线索需要孩子做出某些动作或进行某些活动（例如，为了增加挑战，每个线索都要完成一个谜语、一道数学题或者一个智力拼图）才能知道下一个线索。分派给孩子具体要求——也决定了这些活动具有多大的挑战性，进而让每个活动得以完成。例如：

- 在 T 形椅上坐 30 秒，可以加 1 分。
- 摇晃 1 分钟，加 1 分。
- 在房间周围的时候，一边抱起“正在吃奶的布娃娃”，一边说字母，加 1 分。
- 在跷跷板上保持平衡，加 1~2 分。
- 滚动 10 个小珠子，加 2 分。
- 在单杠上做 1 个引体向上，加 3 分。
- 做了 10 个开合跳，加 4 分。

活动的益处

- 按照提供的线索解决问题能锻炼孩子的问题解决能力和动作计划技能。
- 按照所提供的丰富感觉体验寻找物品，能发展动作的协调性、两侧技能、耐力、姿势控制和动作技能。
- 很多孩子一起玩这个游戏，能提高社交能力。

注意事项

- 如果孩子因为提供的线索而变得气急败坏，您应该给孩子提示。
- 鼓励孩子和同伴商量，进而想出解决问题的方法。

135. 瑜伽三重奏（多种感觉）

美国马里兰州的杰西卡·斯威兹曼专门教孩子们瑜伽。如下是她特别喜欢的活动。让那些有感觉统合障碍的孩子、自闭症的孩子和阿斯伯格症患儿练习这些姿势，能改善他们的症状。

适龄孩子

- 所有人都适合。

活动材料

◆ 有地板的空地。

准备工作

◆ 脱掉鞋和袜子。

您和孩子可以这样做

1. 日出，日落

◆ 站直身体，深呼吸两到三次。

◆ 在头顶十指交错。

◆ 吸气、呼气。说“日落”，弯下身体，指尖触碰地板。

◆ 吸气、呼气。说“日出”，站直身体，手指尽量举向上空。

◆ 重复两次，每次都深深地呼吸，并尽可能地向外扩展身体。

2. 火山的姿势

◆ 坐在地板上，脚跟对脚跟，吸气，呼气。

◆ 手掌并拢，手指指向胸部中央或者心脏的中心位置。

◆ 大口地呼气，再大力地吸气，用力向上推举双手，双手分开，大大地环绕臂膀，双手位于心脏的位置。

3. 蝴蝶

◆ 坐在地板上，脚跟对着脚跟，吸气，呼气。

◆ 握着脚趾和膝盖。

◆ 在头上方摆动大拇指，形成一个“天线”。

◆ 弯腰并向周围伸展身体，“就像蝴蝶在花上飞舞一样”，通过这个敏感的“天线”感触着四周。

活动的益处

◆ 瑜伽能提供一个理想的感觉套餐模式，能让人警觉、有组织性和平静。当肌肉拉伸的时候，能锻炼孩子的本体觉、触觉。在运动的时候，能增加前庭觉；在孩子观看、听指令和模仿的时候，能增加视觉和听觉能力。

- 瑜伽能改进身体觉察相关的各种感觉，也能提升双侧协调能力、改进姿势反应能力、动作计划能力、呼吸能力以及增加身体的灵活性。
- 瑜伽能提升注意力，让孩子投入学习、改善交流技能以及与其他人的人际关系等。